JOÃO DORIA
O PODER DA TRANSFORMAÇÃO

Thales Guaracy

JOÃO DORIA
O PODER DA TRANSFORMAÇÃO

© 2023 - Thales Guaracy
Direitos em língua portuguesa para o Brasil:
Matrix Editora
www.matrixeditora.com.br
/MatrixEditora | @matrixeditora | /matrixeditora

Diretor editorial
Paulo Tadeu

Capa, projeto gráfico e diagramação
Patricia Delgado da Costa

Checagem
Gabriela Erbetta

Revisão
Cida Medeiros
Silvia Parollo

Créditos das imagens
Foto da capa: Bob Wolfenson
Págs. 122/123: Caio Guatelli /Folhapress
Págs. 182/183 e 206/207: Arquivo do Governo do Estado de São Paulo
Demais fotos: arquivos pessoais de João Doria e Raul Doria

CIP-BRASIL - CATALOGAÇÃO NA PUBLICAÇÃO
SINDICATO NACIONAL DOS EDITORES DE LIVROS, RJ

Guaracy, Thales
João Doria – o poder da transformação / Thales Guaracy. - 1. ed. - São Paulo: Matrix, 2023.
320 p.; 23 cm.

ISBN 978-65-5616-320-8

1. Doria, João. 2. Políticos - Brasil - Biografia. I. Título.

23-82299
CDD: 923.2
CDU: 929:32(81)

Gabriela Faray Ferreira Lopes - Bibliotecária - CRB-7/6643

SUMÁRIO

Prefácio, por Fernando Henrique Cardoso 9
A derrota e as vitórias 17
O exílio e a volta 23
Outro Doria na política 59
Discover Brazil 85
Um jeito de fazer 103
O anti-Lula 123
O prefeito voador 153
BolsoDoria 167
Diante da realidade 183
O salva-vidas 207
A política e seus resultados 237
Saída para o Brasil 251
O passado e o futuro 281
Notas 295
Caderno de fotos 301

Aos servidores da Saúde no Brasil e a todos que lutam pela verdade, maior instrumento para salvar vidas.

Thales Guaracy

João Doria e Fernando Henrique Cardoso em 1982

PREFÁCIO

POLÍTICA E CORAGEM

Por Fernando Henrique Cardoso

A essência da política é juntar pessoas. E a política no Brasil tem precisado cada vez mais de lideranças que juntem pessoas em torno das boas ideias, para tomar as decisões mais certas, mesmo quando às vezes elas são as mais difíceis.

É a política grande, o contrário da política pequena, que é imediatista, eleitoreira, populista e, por estar geralmente baseada em promessas vazias, sempre acaba em nada, ou, melhor dizendo, num país pior.

Por isso, em nome de princípios e pela defesa do que é mais certo, às vezes a política tem de ser feita com sacrifícios, lidar com resistências, olhar para as necessidades, e não somente para o radar eleitoral. Sobretudo em tempos difíceis, é preciso liderar: fazer o que precisa ser feito, com realismo, custe o que custar. Essa é a base que, ao final, dá credibilidade e autoridade ao governante e mostra as grandes lideranças.

É assim, com credibilidade e autoridade, e não com autoritarismo, que se chega à eficiência, à solução real dos problemas, e se governa de verdade. Autoridade não é falar grosso, e liderança não é alimentar seguidores com mentiras ou falsas promessas. É encontrar os meios de resolver os problemas em sociedade, unir as pessoas em torno de soluções concretas e executá-las.

O caminho para o progresso nem sempre é o mais fácil. Para fazer a grande política, é preciso coragem. Coragem de insistir no certo, mesmo quando há o risco de se pagar um preço por isso. Coragem para contrariar interesses, quando estes procuram difundir a mentira, se protegem e se beneficiam do retrocesso.

João Doria foi provado em tempos difíceis, sobretudo no governo de São Paulo, quando durante a pandemia do coronavírus tomou a frente na política de vacinação do país. Ficou não apenas contra o negacionismo do governo federal, como praticamente sozinho no meio de boa parte dos políticos, que preferiram manter silêncio, para não arcar com o ônus das decisões mais difíceis.

Como mostra este livro, Doria nunca morreu de amores pelas restrições durante a pandemia, mas, diante da avaliação do que precisava ser feito, e como vinha sendo feito no mundo inteiro, de acordo com a ciência médica e o realismo responsável na política, abertamente defendeu e deu início à vacinação contra a covid-19 no Brasil. O governo federal teve que vir atrás e, graças a essa iniciativa, muitas vidas foram salvas.

Nisso está a coragem. João não teve problema de assumir o ônus político, porque sua prioridade era a sociedade: a grande política, que faz a grande liderança. Hoje, passada a emergência da pandemia, há quem discuta se ele devia ter confrontado tão diretamente o governo federal, e se a sua maneira aberta de fazer política não teria sido responsável por sua saída da corrida presidencial. Nesse caso, é de se perguntar qual política queremos, e quais políticos. E especialmente se queremos a política pequena ou a grande, que coloca o espírito público na frente.

Em defesa da grande política, essa que nem sempre faz a opção mais fácil, está o fato de que ela é a única que dá resultado. Isso acaba sendo reconhecido, no fim das contas, cedo ou tarde. O tempo mostra a virtude de quem a tem, assim como os seus resultados.

João sempre foi um realizador, como mostrou tanto na iniciativa privada como na gestão pública, mas é mais que isso. É alguém com esse espírito do servidor público, demonstrado mais uma vez na prefeitura e depois no governo de São Paulo. Exemplo para o Brasil de que a democracia funciona. Ela pode servir para a escolha de liderança com espírito público, competência, realismo e coragem, no caminho de uma política construtiva, voltada para resultados reais.

Digo isso, mas a própria história de João, contada aqui, fala por si. Sua vida está ligada à democracia e à construção não só de São Paulo como de um Brasil melhor. Eu o conheci ainda muito jovem, quando já era um profissional bem-sucedido na comunicação e trabalhava na campanha de Franco Montoro para o governo do estado de São Paulo, no início da década de 1980. Foi um período muito importante da história do Brasil, que era ainda a luta pela retomada da normalização da vida democrática e da restauração econômica.

Num país que vinha do autoritarismo e de um estatismo muito grande, as ideias e as práticas liberais, o espírito criativo e sobretudo a busca obstinada pela eficiência deram impulso a um jovem idealista e trabalhador, que tinha o objetivo de mudar não apenas sua vida, como a maneira com que se faziam as coisas no Brasil, tanto na política quanto na economia, que andam juntas.

O João sabe muito bem o valor da liberdade, porque sabe também o que é a ditadura. Seu pai foi deputado federal, cassado no golpe de 1964. Em consequência, João teve uma infância de dificuldades. Foi forjado na necessidade pessoal de, desde criança, ajudar a sustentar a família. Daí vem sua postura pessoal, diante da realidade mais dura, e seu compromisso com a democracia e a liberdade, que, depois da eleição de Montoro, seguiu com a campanha das Diretas Já.

Ele sabe na prática como é um regime autoritário e o efeito que a arbitrariedade traz para um país e a vida de todos nós. Sabe, também, que o progresso verdadeiro só é possível dentro de um regime de liberdade. É a liberdade, dentro do regime democrático, que permite detectar o erro, a corrupção, o desacerto, e, dentro de um ambiente de competição, com mais eficiência, melhorar. Algo em que ele é um homem provado, com um empenho, eu diria, obstinado, em busca da eficiência na gestão pública e do progresso.

João fez uma carreira bem-sucedida como empresário, na comunicação e nos eventos empresariais, mas seu perfil também o levou desde muito cedo à gestão do poder público. Foi o mais jovem secretário de Turismo do município de São Paulo, acumulando a presidência da Paulistur, e depois também o mais jovem presidente da Embratur. Já mostrava nessa época, nos anos 1980, capacidade de levar adiante ideias inovadoras, com grande ênfase nas parcerias público-privadas. Ganhou uma experiência que ajudou muito quando se tornou prefeito de São Paulo e depois governador do estado.

Depois de longo tempo na vida empresarial, João se elegeu prefeito como uma novidade, trazido por uma grande onda popular em São Paulo. Ressurgiu para a administração pública como um liberal, o verdadeiro novo, apesar de conhecer a política há tanto tempo e tão de perto, porque nos desacostumamos a ver o político como um gestor da coisa pública, em busca de eficiência e de resultados para a população. O caminho da eficiência e do progresso econômico é o mesmo da democracia, porque a transparência e a liberdade são essenciais para o combate à corrupção, a renovação e, assim, o aperfeiçoamento do serviço público.

As dificuldades que João enfrentou, não somente na prefeitura, mas sobretudo no governo de São Paulo, são as dificuldades de quem não trocou o certo pelo mais fácil, pelo interesse pessoal, pelo populismo, que é fazer tudo para ser popular, ganhar eleição, ficar no poder, sem resolver nada. Com quem só age para a plateia, sem pensar na gestão pública, o país sempre fica pior.

As coisas que João fez no governo de São Paulo, da vacinação contra a covid-19 à limpeza do rio Pinheiros, apontam para a coisa certa. Mesmo que não sejam compreendidas de saída, como a ideia de colocar uma câmera em cada policial, criticada no início, mas que reduziu o número de mortes violentas e só fez aumentar a segurança, em todos os sentidos, inclusive para os próprios policiais.

Com seu perfil, João representa o avanço que pedimos hoje em dia na vida política e empresarial brasileira. Em uma e outra, ele deixa sua marca, dá sua contribuição ao país. Sua visão, treinada no campo da iniciativa privada, cuja necessidade de eficiência ele transporta para o serviço público, é hoje ainda mais essencial. Avançamos muito no Brasil nos últimos 40 anos, mas o bom caminho é algo que tem de ser sempre defendido. O Brasil ainda tem muito por fazer, se quisermos prosperar e ganhar um lugar ainda mais importante no mundo.

No momento em que escrevo esta breve apresentação, passamos por desafios importantes. A continuidade da construção do Brasil depende somente de nós. Ainda mais comparado comigo, João é ainda um jovem, para o empreendedorismo e a política. Tem um perfil liberal e democrático e, ao mesmo tempo, uma genuína preocupação social, com a consciência de que o progresso só ocorre quando é o progresso de todos. Sua trajetória, apresentada aqui, mostra quais são as capacidades necessárias para levar o Brasil adiante.

Acredito que os interesses, com as barreiras criadas diante do melhor caminho, não são maiores do que aquilo que realmente funciona. Um bom governo favorece a todos, inclusive aqueles que procuram agarrar uma fatia maior que a dos outros. A política é também a ciência da realidade. E a realidade se impõe, ao final, e melhor para quem lida com ela sem medo. Em São Paulo e no Brasil, precisamos disso mais do que nunca.

Doria anuncia a decisão de não concorrer à Presidência do Brasil

A DERROTA E AS VITÓRIAS

Eram 11 horas da manhã do dia 30 de junho de 2022, e o escritório de campanha do ex-governador de São Paulo João Doria estava em silêncio. Dentro do sobrado da Avenida Brasil, em São Paulo, não havia ninguém nas salas de reunião – paredes pintadas de branco e cinza, com mesas e portas pretas, fotografias de São Paulo em preto e branco dentro de molduras negras nas paredes. Sobre as mesas, repousavam em profusão canetas e lápis pretos perfeitamente apontados; em todas as dependências, sobre os aparadores, deitavam-se exemplares de *Uma terra prometida*, livro do ex-presidente norte-americano Barack Obama, para João um modelo inspirador. E despontavam orquídeas brancas, que decoravam todos os lugares onde ele se instalava. A flor era por ali o único sinal de vida.

Encontrava-se vazia até mesmo a sala onde a equipe de marketing digital monitorava, num longo painel na parede, atualizado em tempo real tudo que se falava nas redes sociais sobre cada um dos candidatos a presidente em 2022 – a "zona de guerra".

Todos estavam concentrados num pequeno auditório: 50 colaboradores da campanha, sentados em cadeiras de plástico, além de seis auxiliares – faxineiros e serventes –, uniformizados de preto, aos fundos, encostados em pé contra a parede. Diante da plateia, ao lado de uma TV onde flutuava em fundo azul o *slogan* de campanha ("TMJoão", ou "*tamo* junto, João"), João fazia um breve discurso.

Nada de pronunciamento à nação, gravação de vídeo para o YouTube ou declaração à imprensa: era somente uma despedida. Vestido de preto, com mocassins e jaqueta estilo Mao, abotoada até o colarinho de padre, evitou estender-se sobre as razões de sua repentina desistência da candidatura à Presidência. "Vocês não erraram", disse. "Circunstâncias da política me obrigaram a deixar o pleito. Porém, não saí pela porta dos fundos. Saí com dignidade, respeitando a todos, sem culpar quem quer que seja."

Três meses depois de deixar o governo de São Paulo para se candidatar à Presidência pelo PSDB, em 31 de março, João mantinha a postura de autoridade pública, à qual se acostumara ao longo de três anos e três meses de exercício do mandato. Foram tempos fervilhantes, em que não apenas teve de enfrentar a pandemia da covid-19, como se colocou em direta oposição ao presidente Jair Bolsonaro, em defesa da adoção de medidas de restrição ao convívio social para conter o alastramento da doença. Um desgaste que só aumentou com a batalha em defesa da vacina, como solução definitiva para salvar vidas.

Achou que tudo que havia feito o habilitava a postular o gabinete do Palácio do Planalto, mas de repente aquela porta se fechava. "Os próximos anos serão difíceis, mas, se desistirmos, quem cuidará do Brasil senão as más pessoas, que só olham seu interesse pessoal e político?", disse. "Isso não pode prevalecer." Para encerrar, agradeceu o apoio e a colaboração. "Não foi possível agora", disse. "Quem sabe, amanhã." Recebeu os aplausos com as mãos cruzadas sobre o peito.

A desmobilização do seu pessoal era o último ato da campanha à Presidência, antes de realmente começar. Tudo tinha sido preparado para ir adiante, mas, uma vez decidido a parar por ali, João não hesitava. Com a mesma prontidão com que montou e deixou o QG de campanha pronto para pleno funcionamento, ele o desativava, como num jogo no qual a morte súbita faz parte da regra.

*

João podia considerar aquela uma derrota política – a primeira em uma intensa trajetória de seis anos, em que se elegera prefeito da maior capital do país e governador do estado mais rico e populoso, com mais de 46 milhões de habitantes. Nesse período, não apenas enfrentou a pandemia da covid-19, que no Brasil chegou a matar 4 mil pessoas por dia em seu pico, em abril e maio de 2021, como o fez diante da resistência pública do governo federal, contrário às medidas de distanciamento social e depois à vacinação.

Acabou envolvido num confronto com o presidente da República, Jair Bolsonaro, responsável pela postura da União, como peso adicional de uma crise dramática, com dimensões planetárias: deixou 15 milhões de mortos pelo mundo, até maio de 2022, segundo dados da Organização Mundial de Saúde (OMS)[1]. No Brasil, foram 695 mil mortes, até janeiro de 2023.

Com tudo isso, saía do governo paulista como se a pandemia não tivesse ocorrido, em todas as áreas, da economia à cultura. Nos três anos, entre o início de 2019 e o final de 2021, mesmo atravessando a depressão pandêmica, a economia de São Paulo cresceu acumulados 7,5%, cinco vezes mais que o Brasil como um todo, que cresceu 1,5%. Como o estado respondia por 60% da economia brasileira, sem São Paulo o Brasil teria caído 2,5% nesse período.

Foi como criar desenvolvimento em meio a uma guerra de verdade – onde, para dificultar ainda mais as coisas, o general de um só batalhão lutava contra as decisões do marechal, no caso o presidente da República, que desdenhava do inimigo.

Para quem foi acusado pública e sistematicamente por Bolsonaro de ser o governador que paralisou a economia com o fechamento do comércio, chegava a ser uma ironia. "Foi tudo ao contrário do que disse o presidente", afirma o ex-ministro da Fazenda, ex-presidente do Banco Central e secretário da Fazenda e Planejamento de João no governo de São Paulo, Henrique Meirelles. "São Paulo cresceu e o Brasil caiu."

Ainda assim, candidato oficial do PSDB, nem sequer disputaria a Presidência. Embora tivesse construído uma carreira de sucesso na iniciativa privada, e no poder público tivesse se acostumado a não perder, conhecia profundamente a derrota na política, na sua face mais cruel.

Aos 64 anos, João sabia como a política historicamente flerta com o absurdo, a arbitrariedade, o inesperado, contrariando a lógica e a civilidade, podendo derrubar e até mesmo destruir a vida de alguém, de um momento para outro. Sabia também, na pele, como era longo, duro e penoso o caminho da volta.

Essa era, na verdade, a história de sua vida.

Os pais, João Agripino Doria Junior e Maria Sylvia Vieira de Moraes Dias Doria, seguram o pequeno João Doria

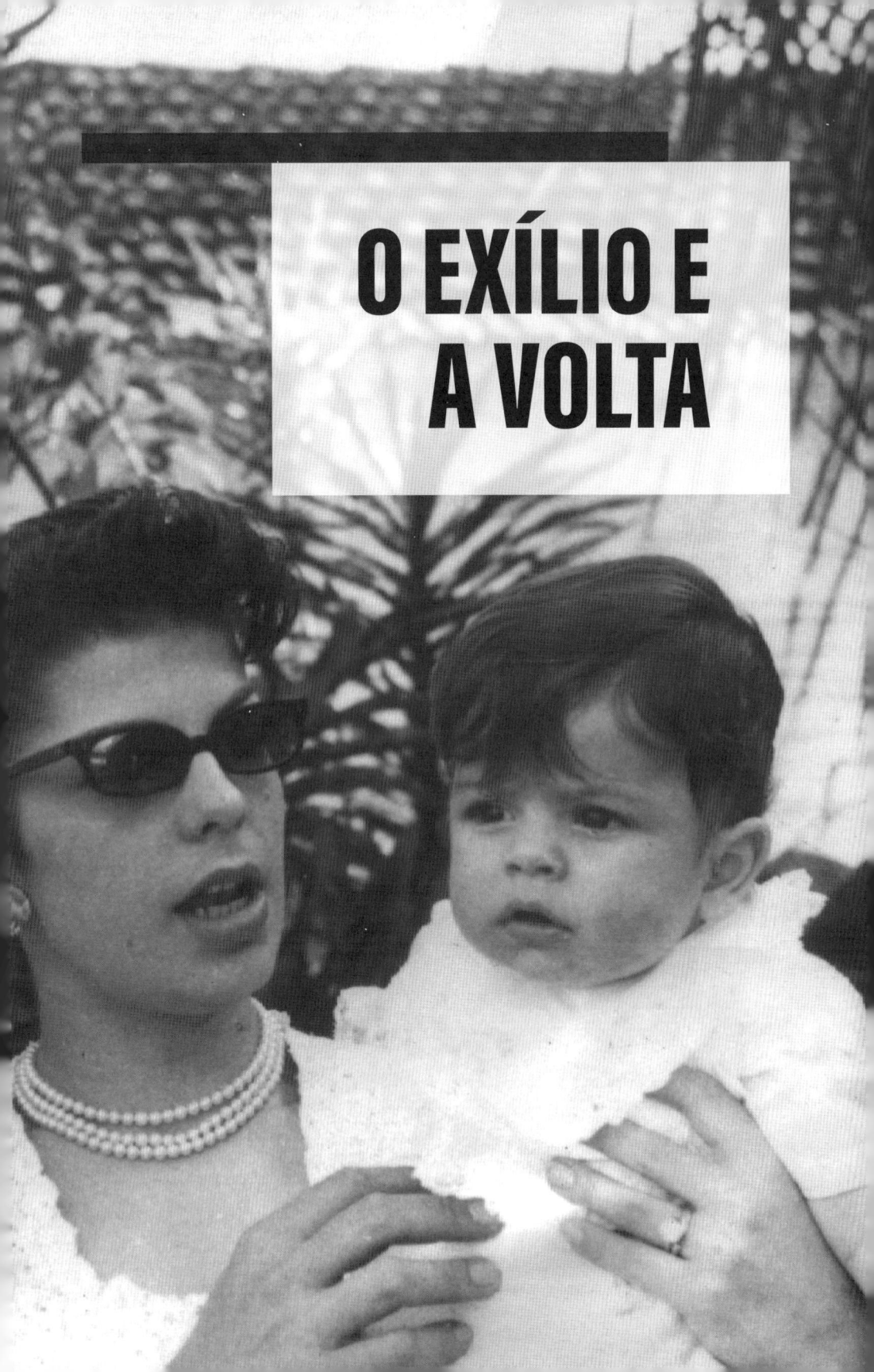

O EXÍLIO E A VOLTA

Nascido em 16 de dezembro de 1957, em São Paulo, João Agripino da Costa Doria Junior tinha 6 anos de idade quando a mãe, Maria Sylvia Vieira de Moraes Dias Doria, o levou pela mão para a embaixada da Iugoslávia, a primeira a ser inaugurada em Brasília, considerada oficialmente território estrangeiro, onde seu pai tinha se refugiado às pressas para não ser preso pelo recém-decretado regime militar. Era o início de abril de 1964, e Maria Sylvia carregava uma sacola para o marido, com roupas, pasta e escova de dentes, além de um aparelho de barbear.

"Caminhamos até a casa, que ficava longe, andando por aquela terra vermelha, no meio da poeira", recorda João. "Lembro da casa cercada pelos militares, do tanque de guerra na porta, da forma grosseira com que trataram e revistaram minha mãe."

O conteúdo da sacola foi jogado ao chão, a pretexto de uma revista, com "palavras agressivas". Uma situação "constrangedora", lembra ele, na posição de criança, ao lado da mãe, que recolheu as coisas sujas do chão empoeirado. Ele ainda não sabia quanto, mas aquele dia mudaria sua vida para sempre e forjaria sua maneira de ser.

João Agripino da Costa Doria, seu pai, era um bem-sucedido publicitário que entrou para a política, para onde levou ideias próprias e seu charme pessoal. "Ele era cativante, de uma grande energia, o sorriso enchia a sala", diz James Rubio, executivo da área de comunicação, amigo da família desde o segundo grau, que cursou no Colégio Rio Branco com Raul, irmão de João.

Doria, o pai, nasceu em Salvador, na Bahia, filho de um juiz de direito de Rio de Contas, Nelson da Costa Doria, e de uma professora primária, católica fervorosa e disciplinadora, Maria Carolina de Oliveira Doria – prima de Ruy Barbosa. Aprendeu com o pai o senso e a defesa da justiça. "Se você tem direito, tem a justiça, está do lado certo, não se entregue, custe o que custar", afirmava Doria, instituindo o princípio familiar, repetido pelo filho.

Doria foi para o Rio de Janeiro, que era então a capital do Brasil e Distrito Federal, para completar o curso de Direito na Universidade do Brasil. Foi auxiliar técnico no gabinete do secretário-geral do Instituto Brasileiro de Geografia e Estatística (IBGE), mas voltou à Bahia, onde começou a trabalhar como jornalista, graças à capacidade de comunicação e talento para escrever.

Seu primeiro emprego em jornalismo foi o de revisor da Imprensa Oficial do Estado da Bahia. Acabou nomeado redator-chefe do Departamento Estadual de Imprensa e Propaganda, além de oficial de gabinete de Landulfo Alves, interventor federal na Bahia no Estado Novo, período que o deixou contagiado pela política.

Foi repórter em jornais locais, como O Imparcial e O Estado da Bahia, e conseguiu o emprego de redator no Correio da Manhã, que lhe permitiu em 1942 mudar de vez, como desejava, para o Rio. Trabalhou na Revista do Brasil e no lançamento do jornal Folha Carioca. A qualidade dos seus textos no jornal chamou a atenção de Cícero Leuenroth, fundador no Brasil da Standard Propaganda S.A., a maior agência de propaganda do país, mais tarde vendida à americana Ogilvy. Leuenroth entusiasmou-se com a personalidade magnética de Doria e lhe ofereceu um salário cinco vezes maior que o anterior, em 1944.

Na Standard, Doria começou como *copywriter*, ou seja, redator. Escrevia com grande velocidade e ganhou prestígio na agência. Passou sucessivamente a chefe de redação e gerente. Até que, no ano seguinte ao da sua contratação, Cícero lhe pediu que fosse abrir o escritório da empresa em São Paulo, nomeando-o diretor da filial.

"Meu pai era uma pessoa ousada, corajosa", diz João. "Para ele não tinha o difícil, nem o impossível." Doria abriu o escritório da Standard na Praça Roosevelt, então local nobre no centro da cidade. Almoçava diariamente no restaurante A Baiuca, onde encontrava empresários – prática para cultivar relacionamentos, unindo o útil ao agradável, adotada correntemente pelos publicitários.

Dado o seu magnetismo pessoal, a competência no trabalho e sua obsessão pelos detalhes, a filial de São Paulo da Standard teve grande impulso. Surpreendeu a velocidade da conquista de novos clientes, com a qual produziu resultados financeiros quase equivalentes aos do Rio, então não somente centro político, mas também maior polo econômico do país. Em 1948, já era vice-presidente da agência.

Tendo aprendido inglês sozinho, Doria ia aos Estados Unidos com frequência. Numa dessas viagens, teve a ideia de instituir no Brasil o Dia dos Namorados, em 1948. Diferentemente do *Valentine's Day* americano, que é em fevereiro, escolheu o mês de junho, com o pretexto de ser o mês de Santo Antônio, o "santo casamenteiro". Contudo, a data estava mais vinculada às necessidades do comércio: pretendia ativar um mês tradicionalmente de baixo faturamento.

De saída, Doria obteve a cota master de patrocínio da Associação Comercial de São Paulo, além do apoio do amigo Nilo de Souza Carvalho. Era o dono das lojas Clipper, então o maior magazine da cidade de São Paulo, com roupas masculinas, femininas, calçados e artigos para a casa. A Exposição Clipper ficava ao lado do Teatro Municipal, que concentrou outras lojas, como Sears, Mesbla e Mappin.

Para fazer sua ideia funcionar, Doria precisava criar novos hábitos, especialmente o de presentear a mulher com algo que não fossem flores, como se fazia tradicionalmente. Criou então um *slogan* – "Não é só com beijos que se prova o amor". A Clipper vendeu como nunca, o Dia dos Namorados foi um sucesso, Doria ganhou o prêmio de agência do ano e dali em diante sua carreira no mercado publicitário foi vertiginosa.

Três anos depois, em 1951, ele criou sua própria agência, a Doria Associados Propaganda. Ali ele podia implantar suas ideias mais à vontade. Não gostava de fazer nada malfeito – "Se é para fazer, faça bem-feito, ainda que com sacrifícios" – dizia aos filhos. Alugou os dois últimos andares do CBI, o mais prestigioso edifício de São Paulo, no Vale do Anhangabaú. Era uma área quatro vezes maior que a de outras grandes agências, como a Standard, McCann e Norton. Nesse espaço ele criou um cinema, onde o filho João chegou a ir quando criança. Nessa sala de exibição, Doria apresentava os filmes comerciais aos clientes, como se estivessem numa sala de cinema de verdade.

Trabalhava numa grande mesa de jacarandá, com "muitos lápis, papel, caneta", lembra João. Todas as mesas da agência tinham recipientes cheios de canetas, lápis, lápis de cor, algo feito para impressionar. "Ninguém vai usar 200 canetas, mas aquilo dava sensação de abundância", conta João. Adotou o hábito de sempre verificar a ponta dos lápis. Como o pai, onde João trabalhava nunca havia "lápis de ponta quebrada".

Adotava outros cuidados, quase como obsessão. "Meu pai adorava flores", diz João. Doria deu a ele e ao irmão Raul, quando crianças, um livro – *A vida secreta das plantas* – e chegou a desenvolver uma máquina fotográfica para registrar, por meio de imagens, a energia vegetal. "Aprendi com ele que as flores mudam o ambiente, e se duram muito é porque a energia do lugar é boa", diz ele. "Elas têm vida, têm sentimento: quando há um clima ruim, a planta sente."

Ao longo da vida, João passou a tratar bem as flores, conversar com elas, numa relação de carinho, assim como com os animais. "Ser zeloso com plantas e animais mostra a pessoa com sentimento, afeto, carinho, um comportamento. Quem respeita as plantas e os animais, respeitando a vida, será também zeloso com as pessoas."

Preferia as orquídeas. "A orquídea para mim é símbolo de perfeição: fica em pé, bonita, mas tem sua curva; tem beleza, nobreza, e é branca, o branco traz paz", diz. Espalhava-as pela casa, na empresa e em todo lugar onde se instalava. Criavam o clima de que ele gostava e simbolizavam, inspirado no pai, um jeito de ser, viver – e trabalhar.

*

Quando ia aos Estados Unidos, Doria visitava a irmã mais velha, Virgínia Doria Montenegro, a "tia Vivi", em Washington – mas ficava mesmo em Nova York, onde estava o mundo dos negócios. Cada vez que voltava, trazia ideias novas. Assim, implantou na Doria uma nova forma de trabalho: as "duplas de criação". Antes, o *copywriter* ficava numa sala, escrevendo; depois, o texto ia para o *layout man* – o designer gráfico, que desenhava como seria a futura peça publicitária. Colocando-os para trabalhar em duplas, Doria agilizou e melhorou a criação.

A agência cresceu, favorecida pelo crescimento também do mercado publicitário. Doria investia no talento, recrutando profissionais, como o artista plástico Aldemir Martins, que fazia *layout*, e José Scatena, seu homem de rádio, que depois trabalhou na RGE – um dos maiores estúdios de gravação de discos das décadas de 1950 e 1960.

Premiado como publicitário da década, Doria fez campanhas históricas para empresas como a Rede Zacharias de Pneus, biscoitos Duchen, cobertores Parahyba, cujo *jingle* se tornou famoso ("está na hora de dormir, não espere a mamãe mandar / um bom sono pra você e um alegre despertar"). Para suas campanhas, convidava celebridades, que conhecia em toda parte. "Era um sedutor danado", lembra Doria.

Contratado para fazer a campanha do Quarto Centenário da cidade de São Paulo, idealizou a festa de lançamento, com a inauguração do Parque Ibirapuera, em 1954. Foi a Los Angeles e convidou Marilyn Monroe, Debbie Reynolds e outros artistas célebres de Hollywood para o evento. Na inauguração, fez jogar de um helicóptero pétalas de rosas sobre o parque. Não bastava fazer as coisas. Pensava grande e executava as ideias em grande estilo.

Morava em uma mansão no Pacaembu, onde reunia celebridades e também políticos, incluindo dois presidentes – Juscelino Kubitschek e Jânio Quadros, que João conheceu em casa, ainda criança. Mais que publicitário, Doria tornou-se um próspero empresário, enriquecendo rapidamente. Associou-se à Clarks, tradicional indústria inglesa de calçados, que tinha fábrica na Bahia, e lhe deu impulso: foi a primeira e maior rede do ramo em sua época no Brasil.

Em março de 1957, Doria casou-se com Maria Sylvia, de uma tradicional família de fazendeiros paulistas, os Vieira de Moraes, descendentes de Prudente de Moraes, presidente da República entre 1894 e 1898. Tinha sido dos Vieira de Moraes a fazenda que deu origem ao bairro paulistano de Campo Belo, onde se localiza o Aeroporto de Congonhas. Chamava-se Traição – por causa do córrego da Traição, que deu também nome à usina hidrelétrica rebatizada por Doria, como governador, com o nome de "Usina São Paulo".

Já em decadência financeira, porém com o velho orgulho das "famílias quatrocentonas" de São Paulo, tanto o pai de Maria Sylvia como os tios e irmãos de sua mulher, Sylvia, então já falecida, a censuraram por casar-se com um baiano, ainda que naquela época já rico e bem relacionado. Em São Paulo, "baiano" era um termo usado pejorativamente para indicar qualquer migrante nordestino, sinônimo de gente indesejável, pobre e sem educação.

O casamento com Doria, portanto, era uma traição de outro tipo – ainda assim, Maria Sylvia sustentou sua decisão. Em 16 de dezembro de 1957, tiveram seu primeiro filho, João, nove meses depois da lua de mel em Campos do Jordão, passada no hotel Toriba. Sempre voltavam à cidade nas férias de julho, razão pela qual João passou a ter com a cidade forte ligação afetiva, que transformaria também em negócios.

Para Doria, o pai, tudo corria bem. Rico e bem-sucedido, andava num Cadillac branco com *chauffer* e colecionava arte. Cercava-se de artistas, como Di Cavalcanti, e sua casa do Pacaembu era quase uma galeria. Seu perfil sedutor encantou também um político: em 1962, recebeu convite de André Franco Montoro, então deputado estadual pelo Partido Democrata Cristão (PDC), para disputar uma vaga de deputado federal pela legenda em São Paulo, no pleito que ocorreria em outubro.

Tendo começado a carreira ainda como *office boy* no governo baiano, Doria gostou e aceitou. Porém, com a condição de concorrer pela Bahia – sua terra. Montoro argumentou que o partido só tinha estrutura em São Paulo. "Aqui eu tenho como te apoiar", disse. "Lá não vai dar, é impossível." Como a palavra impossível não existia no vocabulário de Doria, para lá ele foi, sozinho e por conta própria, fazer campanha em Salvador.

Usando sua experiência como publicitário, fez uma revolução. Naquele tempo, os políticos ainda não pensavam em fazer *jingles*, músicas que vendiam produtos. Para aplicar aquele método das campanhas publicitárias em campanhas políticas, Doria chamou Elizeth Cardoso, a mais famosa cantora do rádio na época. O *jingle* da campanha (*"João Doria deputado federal, João Doria da justiça social"*), propalado no rádio e em alto-falantes pela cidade, foi um sucesso.

Mandou imprimir filipetas com a letra do *jingle* e fez grandes cartazes, com sua foto de galã em frente e verso, para serem levados na rua pelos lambe-lambes. Nos jornais, publicava um anúncio em forma de tira. "Vote nos Moços!", dizia. "Vote para mudar! Votando em João Doria quem ganha é você!" Sua imagem, assim, estava por toda parte, em Salvador. "Ele foi o precursor do que hoje chamamos de marketing político", diz João.

Eleito deputado federal em 1962, manteve a agência de publicidade e foi para Brasília, inaugurada dois anos antes. Dividia com José Richa, então deputado federal do Paraná pelo PDC, um apartamento no hotel Nacional, um dos dois hotéis da cidade – o outro era o Brasília Palace. Defendia propostas nacionalistas de esquerda, como a instalação de uma CPI para apuração da espoliação das riquezas naturais brasileiras por empresas estrangeiras[2].

"Meu pai sempre foi um liberal, nunca foi comunista", diz João, o filho. "Porém, tinha muita preocupação social, até pela origem humilde da família. Sempre teve muito cuidado com os mais pobres, nunca discriminou ninguém. Ele nasceu na Bahia, e ninguém da Bahia pode discriminar alguém, é o berço dos negros no Brasil."

Era, também, intransigente na defesa das suas posições. Empenhou-se na denúncia de uma conspiração para depor o presidente João Goulart, com recursos do governo americano. Naquela época, os Estados Unidos se preocupavam em neutralizar os avanços da esquerda na América Latina, depois da revolução cubana de Fidel Castro. Tais recursos passariam por empresários ligados a uma entidade empresarial, o Instituto Brasileiro de Desenvolvimento (IBAD), que promovia campanhas políticas por meio de uma agência de propaganda, a S.A. Incrementadora de Vendas Promotion. "O foco era derrubar o Jango, como se Jango fosse comunista", diz Raul. "Quem pode duvidar de que os recursos do IBAD sejam estrangeiros?", escrevia, na época, o jornalista Paulo Francis. "Não há cruzeiros [a moeda da época] para custear esses traidores todos."[3]

Em 4 de agosto de 1963, o *Diário Carioca* registrou que o Ministério da Justiça, por decisão de Jango, informava que as contas e as atividades do IBAD tinham sido suspensas por três meses, por "atividades impatrióticas". Pelos mesmos motivos, Jango mandou também fechar as instalações da Ação Democrática Popular (ADEP), na Rua México, em São Paulo. A decisão, porém, não foi cumprida pelo governador do

Rio de Janeiro, Carlos Lacerda, de perfil conservador, sem sequer dar explicações[4]. Em São Paulo, a ADEP também não fechou[5]. Dois dias depois, o ministro da Guerra, general Jair Dantas Ribeiro, declarou que os militares iriam garantir a decisão presidencial[6].

A instabilidade política se media pelas greves, que se espalhavam. Estavam paralisados os serviços portuários e ferroviários em Santos, ameaçando o estado de São Paulo a ficar sobretudo sem combustível. O governador paulista, Adhemar de Barros, mandou prender 36 líderes grevistas. A Baixada Santista estava ocupada por tropas do Exército e da Força Pública. Os preços dos remédios foram congelados – deviam ser impressos na embalagem, por força de lei, aprovada no Congresso.

Em nota, o *Diário de Notícias* de 5 de setembro de 1963 escreveu que o ministro da Justiça, Abelardo Jurema, após conversa com Jango e o ministro da Guerra, negava que o presidente considerava a instalação do estado de sítio pelo governo federal. Jango aventou a realização de uma "marcha sobre Brasília", em apoio às reformas que planejava, especialmente a agrária. Era desaconselhado por parlamentares de sua intimidade, porque poderia constituir uma "autêntica provocação aos setores reacionários"[7]. "O que o presidente da República pretende, mesmo, é fechar o Congresso e instalar no nosso país uma república sindicalista", afirmou o deputado federal Peracchi Barcelos, do PSD do Rio Grande do Sul, que, não obstante, era o presidente da CPI sobre o IBAD[8].

No dia 5 de setembro, após fazer um violento discurso na Câmara, contra a dissolução da Comissão Parlamentar de Inquérito que investigava as atividades do IBAD, Doria foi agredido a socos pelo deputado federal Emival Caiado, da UDN de Goiás. Tentava entregar à mesa da Câmara uma gravação de seu discurso, feita segundo ele de forma clandestina, por uma "organização proibida de funcionar", ligada a Caiado. Este tentou tomar a gravação de volta e ameaçou sacar seu revólver no plenário – foi impedido por outros parlamentares, que se interpuseram entre ambos[9].

Doria teve ainda outros entreveros com os deputados Amaral Netto e Anísio Rocha, a quem chamou no plenário de "vendilhões da pátria e canalhas do IBAD". Eram os mesmos deputados que, com Gil Veloso, preparavam no Congresso um pedido de *impeachment* de Jango, com base no artigo 141, parágrafo 12 da Constituição, que protegia "a liberdade de associação para fins lícitos"[10].

Em requerimento timbrado da Câmara dos Deputados, Doria requeria a formação de uma CPI para apurar também a presença da imprensa estrangeira no Brasil, segundo ele em desacordo com a Constituição, que proibia a propriedade de veículos de comunicação por estrangeiros no país[11]. Havia capital estrangeiro em veículos de conteúdo considerado politicamente não sensível, especialmente revistas especializadas, como *Visão, Dirigente Industrial* e *Dirigente Rural, Política & Negócios*[12].

Em seu depoimento à comissão, aprovada com 139 assinaturas no início de 1964, Doria afirmava que a imprensa estrangeira no Brasil estava "associada à conspiração ibadeana, que pretendia, em uma operação em três etapas: 1) a alienação da consciência nacional pela propaganda dirigida; 2) intervir na política interna do país pela corrupção e o controle do processo eleitoral e da ação parlamentar; 3) finalmente, o golpe militar de direita para o assalto ao poder à moda nazifascista".

Doria propugnava pela transformação do Congresso em Assembleia Constituinte. Em 19 de março de 1964, defendia-se em carta perante o governador do Paraná, Ney Braga, presidente do diretório Nacional do PDC, como o único deputado federal pela Bahia, contra o seu desligamento dos quadros partidários, assinado por Hélio Machado, presidente do diretório regional. Afirmava que sua decisão de permanecer na Frente Parlamentar Nacionalista, que apoiava Jango, com os deputados Paulo de Tarso e Plínio de Arruda Sampaio, não estava em conflito com as posições do partido. "Sou fiel aos princípios da Democracia Cristã e por eles tenho me batido", escreveu. "Ainda que em eventual discordância com a orientação tácita ou os desvios ideológicos que ocasionais maiorias pretendam impor."

*

Doria enxergava a expansão rápida do conservadorismo, não somente no Brasil como no mundo. Enviou um telegrama com 205 assinaturas de políticos ao senador americano Edward Kennedy, fazendo votos de que fosse apurado às "últimas consequências" o assassinato de seu irmão, o presidente americano, John Kennedy do Partido Democrata[13].

A realidade, porém, é que o partido de Doria rumava para a posição conservadora que criaria o alinhamento para o golpe militar. Aos jornais, em crítica a Braga, declarou que "o IBAD ganhou a convenção do PDC". O evento, realizado em Águas da Prata, em março de 1964, para ele já era um movimento pré-golpe. Doria chegou a ligar para o presidente, no dia 1º de março, alertando-o sobre o golpe. "Você vai ser deposto", disse, ao telefone. Jango não acreditou. "Imagina, Doria", disse. "Você é um estressado. Estou aqui jantando com o ministro do Exército."

O golpe ocorreu logo depois, em 31 de março de 1964. Em 9 de abril, o Ato Institucional Número 1, decretado pela junta militar que assumiu o governo federal, tirava o mandato e suspendia direitos políticos de cem pessoas por dez anos, a começar pelo presidente da República e seus apoiadores no Congresso. Com isso, os militares manobravam para que o parlamento, restringido e censurado, legitimasse o novo presidente por meio de um colégio eleitoral.

O nome de Doria entrou em 17º lugar na lista de 40 deputados cassados, com direitos políticos suspensos, junto com parlamentares como Leonel Brizola e Plínio de Arruda Sampaio. Na prática, isso significava a prisão iminente. Doria fugiu somente com a roupa do corpo. Internou-se na embaixada da Iugoslávia – então a primeira e única a ter se mudado do Rio de Janeiro para Brasília – onde pediu asilo político para não ser preso.

Mandou para Maria Sylvia, então com os filhos em São Paulo, uma carta datada de 11 de abril de 1964. "Como previa, o pior aconteceu", escreveu à mulher. "Espero, portanto, que você se capacite de realidade e procure conformar-se. Peço também que aguarde com discrição, paciência e confiança a solução que necessariamente teremos que dar às nossas vidas."

Indicava que procuraria um país da Europa que lhe concedesse asilo político e onde eles pudessem "reconstruir a vida". "Isso, se você estiver disposta a uma vida modesta no exílio", escreveu. "Caso não queira me acompanhar, irei só." Dizia não ter se arrependido das posições que assumira, e que estava com a consciência tranquila, pois sua posição, "embora seja a menos vantajosa, e mais ingrata, é contudo a que melhor corresponde às minhas convicções. Não abro mão delas a troco de uma vida cômoda, ou de uma prosperidade negociada, às custas da miséria do povo brasileiro".

*

Quando João e a mãe passaram pelo portão de ferro, depois da revista, em abril de 1964, chegaram à garagem da embaixada, sob uma marquise. O embaixador tinha apenas um carro – no espaço restante havia uma mesa de pingue-pongue, onde estavam Doria e os outros deputados cassados, asilados ali, como ele.

João abraçou o pai. "Chorei muito", diz ele.

Na embaixada, improvisada como albergue dos asilados, dormiam quatro ou cinco deputados por recinto. João e a mãe passaram ali parte da manhã, até a hora de ir embora. João veria o pai de novo somente dois anos depois, em 1966, quando a família foi encontrá-lo em Paris.

Para sair da embaixada, Doria se escondeu dentro do porta-malas de um Opala, dirigido pelo deputado federal Ulysses Guimarães, que o levou assim até o Rio de Janeiro. Na capital fluminense, Ulysses apresentou-se no aeroporto com sua carteira de deputado federal, assim como Doria. No balcão da Varig, disse ao atendente que o "deputado Doria" deveria ser embarcado imediatamente para Paris.

Assim, com forte risco de ambos serem presos, Doria embarcou no primeiro voo para a França, conforme relatado aos filhos de Doria por Severo Gomes, dono da fábrica de cobertores Parahyba, ministro da Agricultura do regime militar, e um dos articuladores da redemocratização. Senador por São Paulo, era muito próximo de Ulysses – morreram juntos, com as esposas de ambos, Mora e Anna Maria, num acidente de helicóptero, em outubro de 1992.

*

A França era um dos poucos países que concediam asilo político. "Não eram férias, nem ano sabático", diz João. A carta escrita por Doria à mulher foi guardada pelos filhos como uma relíquia – e referência.

No final, ele mandava um beijo à mulher e aos filhos, cuja ausência, segundo anotou, era o "sacrifício mais duro de se suportar". Os termos indicavam os valores do pai – e também que todos teriam de arcar com as consequências. "Aí veio a fase mais dura da nossa vida", diz João. "Essa é a claquete de todo o drama", acrescenta o irmão Raul.

Ainda um bebê de colo, que causara comoção no Rio de Janeiro ao nascer, por ter ficado entre a vida e a morte após uma queda acidental, Raul tinha um ano de vida, em 1964, e não chegou a conhecer os tempos de fartura, como João. Por isso, a mudança abrupta na vida da família atingiu mais duramente a mãe e o filho mais velho. Doria, o pai, sabia que, sem ele no comando, e mais a perseguição do regime, os clientes deixariam a agência e a situação financeira da família iria piorar. Deixou instruções para dois irmãos que trabalhavam com ele, Ilza e Rafael, para vender a Doria. "Venderam mal", diz João. "O grande talento da agência era meu pai. E quem ia querer comprar uma agência de um exilado?"

Muitos amigos se afastaram, pelo medo de perseguição por parte do regime. A participação na Clarks também foi vendida, com pagamento parcelado. Com dois filhos pequenos, Maria Sylvia tinha de trabalhar, sem saber onde ou em quê. Formada em Letras, mas educada para ser dona de casa e mãe, como muitas mulheres da época, no lugar da profissão, quando solicitada, escrevia: "do lar".

Com Doria no exílio, João falava com o pai no máximo uma vez por mês. Telefonemas internacionais custavam muito caro e demoravam – pediam uma ligação às 10 horas da manhã e ela era completada às quatro da tarde. Assim, correspondiam-se sobretudo por carta. João aprendeu a escrever mandando mensagens ao pai – e sabendo que as cartas eram violadas por um censor, instalado nos Correios.

Doria pediu a Maria Sylvia que fosse com os filhos a Paris – e levasse nas malas as obras de arte que havia comprado nos tempos de fartura. "Tire as telas dos eixos dos quadros e enrole", pediu a mãe a João. As telas foram colocadas em tubos utilizados para a circulação de *layouts* de peças publicitárias da agência de Doria e levados nas malas.

Maior comprador de mídia dos Diários Associados, admirador e amigo de Assis Chateaubriand, também nordestino, ousado e corajoso, Doria tinha sido convidado por ele para ser diretor do Museu de Arte de São Paulo (Masp), instalado à época na Rua 7 de Abril, centro de São Paulo, ao lado da redação dos jornais. Assim, conheceu o primeiro diretor do museu, Pietro Maria Bardi. Sempre na Europa, para negociar obras a pedido de Chateaubriand, Bardi ajudou Doria a vender seus quadros a empresários brasileiros, o que lhe garantiu o sustento por boa parte dos dez anos de exílio. Ironizava a própria tristeza. "Comi todas as mulatas de Di Cavalcanti", dizia ele.

Com a chegada da família a Paris, Doria alugou um apartamento na Rue Des Belles Feuilles, travessa da Avenida Victor Hugo. No apartamento ao lado morava Samuel Wainer, também cassado, dono e editor do jornal *Última Hora*, empastelado pelos militares. Também eram vizinhos Juscelino Kubitschek e a ex-primeira-dama, dona Sarah. Todos sabiam que eram monitorados pelo Serviço Nacional de Informação (SNI), orientador da polícia política do regime militar.

Poucos amigos o visitavam, como Franco Montoro. Doria sempre tinha a oportunidade de almoçar fora, quando alguém vindo do Brasil o visitava e pagava a conta, como Di Cavalcanti, que chegou a rascunhar desenhos retratando Maria Sylvia em guardanapos e no verso do cardápio de restaurantes onde se encontravam. Outro deles era Adolpho Bloch, dono da revista *Manchete*, de quem Doria tinha sido grande anunciante, da mesma forma que nos veículos de imprensa de Chateaubriand. Num dos almoços com Bloch, Doria tirou do pulso um relógio Vacheron, de estimação. Propôs deixá-lo empenhado com Bloch. "Se você puder me emprestar, preciso de mil francos", disse. "O relógio fica como garantia. Quando voltar do exílio, eu pago o empréstimo e você me devolve o relógio." Bloch recusou ficar com o relógio, mas no dia seguinte deu-lhe o dinheiro. "Se puder, um dia você me devolve", disse.

Doria nunca mais pôde. E nunca esqueceu aquele gesto. (O filho, João, teve a oportunidade de relembrar essa história ao próprio Bloch, mais tarde, quando tinha um programa na TV Manchete, no Rio de Janeiro.)

João e Raul moraram em Paris por dois anos. João estudou na École Polyvalente des Belles Feuilles, escola pública que ficava na mesma rua de sua casa. Doria, porém, ficava pouco em casa, sempre envolvido em conversas políticas, e seus recursos com a venda de bens pessoais rapidamente acabavam.

A família teve de voltar ao Brasil, enquanto ele seguiu em Paris, morando num *pied-à-terre* – expressão francesa para a quitinete – no Quartier Latin, bairro boêmio, recheado de intelectuais que gravitavam ao redor da Sorbonne, de aluguéis então mais baixos.

Doria só conseguiria o primeiro emprego na cidade bem mais tarde, em 1968, quatro anos depois de chegar, contratado como professor de Ciência Política na Sorbonne. A família, de volta ao Brasil, estava agora por sua própria conta e risco.

*

De volta ao Brasil, onde tinha vendido a mansão no Pacaembu, Maria Sylvia instalou-se com os filhos num apartamento modesto, hipotecado, no primeiro andar de um edifício em uma rua de terra. Ficava próxima à Avenida Faria Lima, então calçada de paralelepípedos, e perto de onde está hoje o Shopping Iguatemi. "Era uma corrida desesperada para pagar as parcelas da hipoteca", diz João.

Seguiram-se anos de "enorme dificuldade". A mãe pediu ajuda à família. Esta, porém, deu-lhe as costas. Os Vieira de Moraes sempre tinham sido contra seu casamento. Agora, que se virasse sozinha.

Por receio de aproximação com a família do deputado cassado, dentro do processo persecutório do regime militar, as amigas de Maria Sylvia tinham se afastado. Restou apenas uma, Heloísa Bueno Neto, a Helô. As poucas vezes em que João comeu carne ou um pedaço de bolo, entre os 8 e os 16 anos de idade, foi no apartamento de Helô, em Higienópolis, para onde a mãe levava João e Raul, de ônibus. Nos dias de hoje, na mansão de João no Jardim Europa, já ex-governador, costume da casa, todo e qualquer convidado sempre é servido com um pedaço de bolo, tão obrigatório quanto o cafezinho na recepção dos convidados.

Em casa, os Dorias não tinham telefone, nem dinheiro para comprar carne, ou mesmo para pagar a conta de luz e gás. A comida que compravam era deixada na geladeira de uma vizinha do andar de cima. Nos meses em que não havia dinheiro para comprar gás, então de botijão, João esquentava a comida usando uma lata de sardinha com álcool, acesa como uma espiriteira, sobre uma tábua com quatro pregos, para não virar. Nenhuma coincidência que João, governador de São Paulo, cinco décadas depois, em 2021, durante a pandemia do coronavírus, tenha implantado o "Vale Gás", que entregou mais de 170 milhões de reais como subsídio a 427 mil famílias carentes – cerca de 2 milhões de pessoas beneficiadas.

João sabia perfeitamente o que era não ter dinheiro para o gás de cozinha. Compravam sardinha, que era barato, e salsicha. O feijão, que exigia panela de pressão, era feito na vizinha uma vez por semana. "Comíamos arroz, feijão, farinha e ovo – e olhe lá", conta João, e brinca: "Quando a gente variava, era ovo, feijão, arroz e farinha". Suco, o "luxo", era Ki-Suco – pó doce e colorido, adicionado à água.

Do lado de fora do edifício, o apartamento dos Dorias era o único, à noite, com as luzes apagadas, toda vez que a luz era cortada pela Light – a companhia de eletricidade. Tão ruim quanto a pobreza em si, ou ainda pior, era o desespero da mãe e a humilhação diante da vizinhança, especialmente para quem tinha vindo de uma vida de abundância. "Ter a luz cortada nos deixava muito envergonhados", conta João.

Como irmão menor, que não tinha vivido a fase boa, Raul sentia menos. Para João, aquela fase foi uma experiência indelével. "Lembro até com certa graça que a gente almoçava pão frito com sal, e a sobremesa era o mesmo pão, frito com manteiga, açúcar e canela, de que eu gosto até hoje", diz Raul. "Eu só conhecia isso, mas para João, como irmão mais velho, era uma desgraça, porque uma coisa é não ter, outra é perder. Ele foi uma criança rica, que virou uma criança pobre, com uma mãe deprimida e um irmão pequeno, situação que tinha de resolver. Aí foi forjada a personalidade dele: a pessoa que não bebe, que trabalha, de responsabilidade."

Sem o marido, afastada da própria família, Maria Sylvia, que nunca tinha trabalhado, montou uma pequena confecção, na Rua Cunha Gago, em Pinheiros, zona oeste de São Paulo, com uma loja de fábrica na porta, para vender ao público. Fazia cueiros: uma fralda mais grossa, usada naquele tempo sobre a fralda mais leve. Uma peça retangular de algodão, de confecção muito simples – "o que ela conseguia fazer", diz João. Precisava vender para ter algum dinheiro. "Todo dia era uma luta", diz.

Os filhos estudavam no Colégio Rio Branco, então uma das melhores escolas privadas de São Paulo, em Higienópolis, mas Maria Sylvia ficou sem dinheiro para as mensalidades. Solidária com a situação da família, a diretora da escola, Soledade Santos, pediu duas bolsas de estudo à fundação responsável pela instituição – conseguiu somente uma. Maria Sylvia optou por deixar com a bolsa o filho mais novo, Raul, que poderia usufruir mais tempo dela. Em 1972, João foi para uma escola estadual pública, a Marina Cintra, na Rua da Consolação, onde estudou até 1975.

João assistia de perto ao sofrimento de Maria Sylvia, solitária, com o marido no exílio, sem apoio da família, despreparada para enfrentar as dificuldades. "Ela tinha de garantir a vida de dois filhos, minimamente", recorda João. "Mesmo a vida modesta custa." Ela tomava dinheiro com agiotas. Levava as poucas joias que tinha – aliança de casamento, um anel, dois pares de brincos – no prego da Caixa Econômica Federal, na Praça da Sé, para levantar empréstimos. Tinha depois 90 dias para pagar o banco, senão as joias iam a leilão. "Durante oito anos foi assim", conta João. Uma vez, assistiu a um leilão ao lado da mãe, no salão ao lado do escritório onde estavam as joias em custódia. "Foi triste, dramático", conta. "Havia mulheres chorando, desesperadas", recorda. "Nem era pelo valor afetivo, e sim porque aquelas joias eram o último recurso que tinham."

Essa ciranda enfraqueceu a mãe. "Tudo isso me fez mais sensível a tudo e solidário com minha mãe", diz João. Com 15 anos de idade, foi procurar emprego. Não tinha dinheiro para comprar os jornais, onde havia os classificados de empregos. Anotou os que via na *Folha da Tarde* e na *Última Hora*, que os jornaleiros penduravam na banca. Foi a 14 diferentes endereços, sem sucesso.

Procurava qualquer emprego – especialmente de *office boy*, mais ao alcance de quem, como ele, não tinha experiência nenhuma. As entrevistas de emprego eram duras. Perguntavam se tinha telefone de contato, em caso de ser chamado – a resposta era não. Durante quatro meses, ouviu "não, não, não..." Na décima quarta vez, ele pensou que precisava de uma alternativa.

No início de 1974, com 16 anos recém-completados, teve a ideia de procurar a Standard, agência onde o pai havia trabalhado. Naquele tempo, adquirida por uma empresa inglesa, já se chamava Standard, Ogilvy & Mather. Descobriu o endereço, um conjunto de três casas na Rua Joaquim Eugênio de Lima, esquina com a Alameda Santos. Esperava que alguém se lembrasse de seu pai, do tempo em que havia trabalhado na agência como diretor, e se sensibilizasse.

Chegou às 8 da manhã, muito cedo – só havia um segurança e a recepcionista, para quem foi encaminhado.

– Antes que você diga que não é com você, queria explicar por que estou aqui – começou a dizer.

Contou a história do pai na agência e a dele mesmo. A recepcionista pediu que esperasse. A secretária do diretor da agência só chegava às 9h30. João esperou, sentado na recepção, lendo uma revista – o que para ele já era um "privilégio". Quando a secretária chegou, a recepcionista foi falar com ela. Ali, ninguém se lembrava de Doria. Cícero Leuenroth, que o contratara, havia morrido em 1972. Porém, a secretária prometeu interceder para ajudá-lo.

O diretor da Standard era então Maurice Cohen, egípcio de origem judaica, que tinha sido diretor de marketing da Shell, cuja conta a agência atendia. Um homem bronzeado, que chegou todo arrumado, vestindo um terno de jeans, gravata e camisa branca. "Eu nunca tinha visto um terno de jeans", diz João.

Quinze minutos depois, a secretária pediu para João subir. "A sala do Maurice era enorme, a mesa dele era lá no final", lembra. Falava com o erre puxado dos franceses. João perguntou se ele havia conhecido o pai. "Não, mas conheço a história dele, e agora estou conhecendo a sua história", disse Maurice. "Hoje não tenho como te ajudar, mas eu te asseguro que, na primeira oportunidade, eu vou te chamar. Você tem telefone?"

– Não.

– Mas você vai ficar com o telefone da minha secretária, vai ligar para ela e, tendo a oportunidade, ela te avisa.

João ligou uma vez. Não havia ainda emprego. Porém, ouviu o pedido de ligar novamente na semana seguinte. Dessa vez surgiu uma esperança. "Vem aqui amanhã", disse ela.

Na agência, foi encaminhado para a área de rádio, TV e cinema. Fez uma entrevista com o diretor da área, que lhe ofereceu um emprego de *office boy*. Devia cuidar do arquivo e "fazer tráfego": levaria e traria material entre os diferentes departamentos. "Está ótimo", disse João.

No Largo de Pinheiros, tirou fotografia no lambe-lambe – câmera antiga que fazia fotos instantâneas – para a carteira de trabalho. Fez ainda uma abreugrafia, chapa dos pulmões, requerida para a admissão naquele tempo, como garantia de que o candidato ao emprego não tinha tuberculose. A carteira foi emitida em 20 de março de 1974 e, com registro retroativo a 4 de março, foi contratado ganhando 800 cruzeiros – salário mínimo da época, ótimo para quem até então não ganhava nada. Como ajuda de custo, a agência dava ainda uma cartela de passes da Companhia Municipal de Transportes Coletivos (CMTC). Os *tickets*, destacáveis, valiam por um bilhete de ônibus.

Dedicava-se para ajudar a mãe e também porque se apaixonou: era a empresa onde o pai havia trabalhado, o mundo da comunicação. Trabalhava até durante a hora do almoço, porque, para quem ficava, a empresa dava um sanduíche e um suco de laranja. "E o sanduíche era hambúrguer: carne, que eu não tinha em casa, além de alface, tomate – uma refeição extraordinária", diz ele. Para justificar sua presença na hora do almoço, pegava qualquer trabalho. Assim, arrumou todos os arquivos da agência – fitas de rádio e filmes, ainda rolos de celulose, caixas pequenas que tinham de ser etiquetadas, com nome do cliente e data.

Estava feliz: deu à mãe o primeiro salário inteiro, com um beijo. "Agora eu posso te ajudar", disse. Nos meses seguintes, passou a guardar dinheiro para si, de modo a fazer um lanche no fim da tarde, entre o trabalho e a escola, que cursava no período noturno. Comia uma coxinha e tomava um refrigerante, mais barato que o suco, num bar na Rua Antônia de Queirós, perto do colégio.

Durou pouco, porque logo depois, em agosto de 1974, como lance de novela, a mãe morria, ao mesmo tempo que seu pai voltava ao Brasil.

*

Em 1974, houve uma epidemia de meningite no Brasil. O principal sintoma da enfermidade era dor de cabeça. Maria Sylvia ficou sob suspeita de ter contraído a doença e foi internada. Sofreu ainda mais, ao ser tratada como paciente de meningite, sem ter a doença. Fizeram introdução de líquido raquidiano na coluna vertebral. "Uma injeção enorme", lembra João. "No leito, ela se queixava muito das dores advindas da aplicação."

A verdade é que, "fumando desbragadamente", segundo João, Maria Sylvia estava com a saúde deteriorada. A vida sacrificada cobrava seu preço. Anos de sacrifício, para os quais não estava preparada, a tinham feito perder a vontade de viver – e ela definhava. "Minha mãe morreu de depressão", diz Raul. "Ela se matou, mas não foi um suicídio clássico, como alguém que dá um tiro na cabeça. Foi lenta e conscientemente."

O que mais a chocava era ter a recusa da família em ajudar até mesmo quando os filhos passavam fome. Perguntava a Raul e João com quem queriam ficar – com "qual tio" –, depois que ela morresse. Supunha que os Vieira de Moraes cuidariam deles, se ela, que os desafiara casando com um baiano, não estivesse mais viva. "Na cabeça de minha mãe, se ela não existisse mais, os filhos teriam pelo menos comida", diz Raul.

Maria Sylvia dormia tomando remédios com álcool e, numa dessas ocasiões, entrou em coma em casa. Quando foi para o hospital, estava em estado grave. Ela já estava internada quando o marido voltou da França, em maio de 1974. Doria tinha cumprido os dez anos de exílio que lhe permitiam voltar sem ser preso. Ainda assim, muito antes da anistia, havia riscos. A ditadura perdurava – ele entrou no país clandestinamente, passando pela Argentina, onde tinha algum apoio, em razão de suas boas relações com o então presidente, Juan Domingo Perón. Cruzou a fronteira com o Brasil de carro, sem outro documento além da carteirinha de deputado federal, a mesma com a qual saíra do país, uma década antes.

Ao chegar, quis fazer um *check-up* no Rio de Janeiro, com o dr. Paulo Niemeyer. Pediu um carro emprestado e foi dirigindo até o Rio, levando Raul. No caminho, foi parado em uma barreira da Polícia Rodoviária na Via Dutra. Em vez de intimidar-se, sacou a velha carteira e apresentou-se ao policial.

"Comandante!", disse. "Sou o deputado federal João Doria! Fiz questão de parar para lhe cumprimentar pelo excelente estado de conservação da rodovia e a atenta vigilância! Farei moção no Congresso Nacional pelo trabalho heroico e eficiente da polícia nessa estrada!"

Foi liberado por policiais efusivamente agradecidos – e partiu.

*

Mesmo com a volta de Doria, as circunstâncias eram dramáticas. O estado de Maria Sylvia, que sugeria a João "uma gripe fortíssima", transformou-se em pneumonia durante o inverno, naquele ano muito frio. O pai acompanhou Maria Sylvia até o momento da sua morte, no início de agosto.

A internação num hospital privado agravou a situação financeira da família. Recém-chegado do exílio, Doria não tinha dinheiro. Para liberar o atestado de óbito, era preciso pagar o hospital. Dado o afastamento da mãe de sua própria família, ainda em razão do casamento com o pai baiano, João foi pessoalmente pedir dinheiro a um tio-avô de Maria Sylvia. Ele emprestou o dinheiro, mas a juros usurários, que João, com o pai, depois foi pagando à prestação.

Com o retorno ao Brasil, Doria começou a trabalhar fazendo em casa sanduíches de atum com maionese para vender na rua, especialmente na porta dos colégios. João e Raul passaram a morar com ele. Doria começou a namorar a diretora do colégio Fernão Dias Pais Leme, Maria Teresa Fernandes da Silva, a "dona Teresinha". Com seu salário, ela, que nunca tinha casado nem tinha filhos, ajudou Doria a se reerguer. "Fome, a gente não passou mais", diz Raul.

Doria e os filhos passaram a morar com Teresinha. Ele e Teresinha pagavam a metade das despesas, e os dois filhos, acomodados cada um num quarto, dividiam a outra metade. Raul saiu de casa logo depois, aos 15 anos: desde os 14 já trabalhava como repórter do *Diário Popular*, ganhava salário e namorava – com 16, se casou. "No começo, a dona Teresinha sustentou meu pai e o ajudou, chegou a comprar um carrinho para ele, um Corcel", diz Raul. João seguiu morando com o pai e Teresinha. Por gratidão, mais de trinta anos depois, João ainda trocava o carro da sobrinha de Teresinha, sua única herdeira, e pagava suas despesas com o veículo – um Audi importado –, incluindo um motorista.

Doria tornou-se diretor comercial de uma empresa exportadora de vinhos argentinos e montou uma editora, a Pro-Service, em sociedade com o ex-deputado federal José Aparecido de Oliveira. Fazia livros patrocinados – como a *História dos bancos e do desenvolvimento financeiro no Brasil*, vendido para a Federação Brasileira de Bancos (Febraban). "Ganhou com isso um bom dinheiro, mas eram projetos episódicos", diz João.

O exílio foi um período muito duro. "Meu pai falava das razões que teve para defender o Brasil, denunciar o golpe de 1964, e sobre o exílio, mas evitava se estender muito sobre isso", diz João. Por algum tempo, eles se sentiam vigiados pelo Dops, a polícia política do regime. Uma Veraneio azul-clara os seguia, de São Paulo a Campos do Jordão. "Onde a gente estava, ela estava", lembra Raul.

Depois de algum tempo, Doria levou os dois filhos para morar em uma casa na Rua Traipu, no Pacaembu, ao lado de uma delegacia. Dormiram nela por dois dias. No terceiro, ao voltarem para casa, encontraram a cadela de João, uma pastor-alemão chamada Laica, morta na cama de Raul, com a cabeça no travesseiro. "Na porta da casa estava a perua do Dops", diz Raul. Nunca mais voltaram – passaram para outro apartamento.

Apesar de tudo, o pai não se referia aos militares ou ao regime com ressentimento. "Condenou o golpe, mas, mesmo no período mais duro, nunca pregou o ódio, fosse aos militares, fosse aos seus apoiadores", diz João. Aprendeu a lidar com o que havia lhe acontecido de uma maneira própria. Em Paris, Doria tinha se graduado em Psicologia pela Sorbonne, em 1967, e obtivera o mestrado dois anos depois, pela Universidade de Sussex, na Inglaterra. No curso, praticara um método de autoterapia apoiado na busca da paz, do bom sentimento, do diálogo. Incluía exercícios de respiração vindos da ioga e outros métodos de tratamento pavlovianos e sobretudo junguianos, que relacionavam mente e corpo. "A Sorbonne tinha um método desse tipo para os alunos, que o usavam para se autoclinicar, e ele ampliou esse trabalho", conta Raul. "Era algo muito à frente do seu tempo."

Com essa experiência, Doria decidiu vender cursos, em parceria com um amigo, o antiquarista Cláudio Basile. Criou para isso o Instituto Mind Power, que desenvolveu e colocou em prática aquelas ideias. O negócio teve rápido desenvolvimento. Passou a ocupar, como sede, uma casa na Rua Groenlândia. Doria tratava de se reerguer, terminar um período de sofrimento, e transmitiu a João a atitude de não nutrir o ressentimento, ou o sentimento de injustiça, e sim o "espírito de dedicação, de trabalho".

"Ele próprio, com seu triunfo sobre a adversidade, era um exemplo do que pode a vontade, quando servida pela energia mental", escreveu sobre ele o jornalista Jorge Calmon. "A vida de João Doria foi uma sucessão de êxitos e dissabores, uns e outros encarados por ele com o mesmo *fair play*, como contingências normais da existência."[14]

João passava pouco tempo em casa. Praticava esporte, principalmente vôlei, que jogava no clube Pinheiros. Chegou a ser relacionado para a seleção paulista dessa modalidade – mas a carreira esportiva foi cortada pelo diagnóstico de um descompasso cardíaco, depois de passar mal durante uma partida. Foi levado pelo pai para "dona Philinha", curandeira que cuidava da família de Antônio Ermírio de Moraes, que, além de um dos donos das indústrias Votorantim, era presidente do Hospital Beneficência Portuguesa. Sem que se possa dizer se graças aos chás de dona Philinha ou não, João acabou curado.

Tinha muita energia e estava decidido a nunca mais passar necessidades outra vez. "Coloquei na mente que não queria ser pobre e repetir as experiências tristes ao lado de meu pai e minha mãe", diz. "Decidi ser dedicado, trabalhador." E fez desse lema algo a ser cumprido à risca, como obsessão.

Aos 18 anos, João começou a trabalhar na Rádio e TV Tupi, que pertencia ao mesmo grupo dos Diários Associados, de Assis Chateaubriand, que já tinha sido a maior rede privada de rádio e TV, com alcance nacional. Conhecia a empresa porque, durante seu trabalho como *boy* da área de rádio, cinema e TV na Standard, entregava os comerciais feitos pela agência na emissora, para veiculação. "Acabei fazendo boas relações", recorda. Foi trabalhar no endereço histórico da emissora, na Rua Alfonso Bovero, 52 – como assistente de contato, que já era comissionado, como todos na área comercial. Os contatos de publicidade ganhavam bem, graças à comissão de vendas. A Tupi então concorria com emissoras, como a TV Globo e a Excelsior. "Eu era razoavelmente esperto, argumentava bem", diz João. Fez carreira ali, dentro da área comercial, cujo gerente era Walter Zagari, e o superintendente, Fernando Severino, casado com a irmã de seu pai – e que ficou surpreso ao encontrá-lo dentro da empresa.

Como assistente, João vendia os espaços comerciais da TV, junto com o contato – muitas vezes saíam para vender em dupla. Trabalhava com as agências "mais periféricas", menores e menos importantes, mas que geravam algum faturamento. Criava, contudo, projetos especiais, fato novo na Tupi. Um deles foi um documentário sobre a história do jeans. "A Revolução dos Jeans" mostrava a história da roupa e seu efeito no comportamento social, passando da roupa dos mineradores americanos para símbolo da rebeldia jovem. O documentário foi um sucesso de audiência e trouxe um bom faturamento para a rede, com patrocínio da Levi's, por intermédio de sua agência no Brasil, a Young & Rubicam.

O trabalho era facilitado pelo fato de que a emissora, embora já com dificuldades financeiras, tinha prestígio, com programas e estrelas da TV, como Silvio Santos, Abelardo Barbosa, o Chacrinha, e Ana Maria Braga, repórter de 1976 a 1980 do telejornal Rede Tupi de Notícias. João cultivava também suas habilidades pessoais. Da mãe, herdou a forma afetuosa de tratar as pessoas. Do pai, buscava copiar a perseguição sempre do melhor, que tinha como referência – e nunca desistia.

Nisso, teve outro mestre exemplar, "vendedor extraordinário": Walter Zagari. "Grande figura e grande vendedor", diz. Quando diziam que algo era impossível, Zagari respondia: "É impossível, mas dá". Quando apareciam muitas dificuldades, não se abalava: resolvia, uma a uma. Dizia: "Vamos viabilizar".

Essa filosofia o ajudou a partir dali. "Você não perde tempo com coisas inúteis", afirma. Seu apreço pela objetividade colaborou para fechar os negócios com os clientes. Não empurrava nada: procurava quem sabia de antemão que sua proposta interessaria e era objetivo. "Eu falava com as pessoas de forma simpática, afetuosa, mas sem fazer ninguém perder tempo", diz. "O prolixo desperdiça tempo, o seu e o dos outros."

Antes de vender algo, perguntava o que a pessoa desejava comprar. Não importava se o produto era um automóvel, óculos ou alimento: sempre tinha uma proposta que vinha ao encontro do interesse real do cliente. "Isso ajudou muito", afirma.

À combinação da praticidade com afeto juntou-se ainda um esforço de treinamento do "senso estético e do bom gosto, necessários para identificar uma boa ou má publicidade". A propaganda é sempre estética – a estética da palavra, do som, da imagem. Sobre esse senso estético se formava o critério para definir cada detalhe das peças publicitárias – o título, o filme, o *spot* de rádio, a trilha musical, o *layout*, o *outdoor*.

Quem mais influenciou João esteticamente foi Livio Rangan, italiano de Trieste, radicado no Brasil, inovador da publicidade brasileira. Como diretor de marketing da Rhodia, Livio criou, patrocinou e promoveu a Feira Nacional da Indústria Têxtil (Fenit). Seus célebres desfiles de moda repercutiam na imprensa e viravam um fenômeno de mídia, tornando-o precursor do *fashion advertising*. "Mulheres lindas, roupas lindas", recorda João dos seus eventos.

O detalhe é que a Rhodia não vendia roupa ou qualquer outro produto para o consumidor – como fabricante de fios, era fornecedora da indústria de tecelagem. Ainda assim, com os desfiles, Rangan firmou para a empresa um conceito de alta qualidade – e forte ligação com a indústria da moda. "Onde o Livio punha a mão, ajudava a fazer sucesso", diz João.

Sua maneira de ser e fazer negócios tinha muito de estético – o terreno onde a elegância e o detalhe se ligam ao conceito de perfeição. "Nessa fase da TV Tupi, João já era exatamente como sempre foi: sempre bem-cuidado, bem-arrumado, tratando todo mundo bem, sempre muito assertivo, muito organizado e muito calmo, apesar de trabalhar 18 horas por dia", diz o publicitário Luiz Lara, quatro anos mais novo, colega de Raul no Colégio Rio Branco, que o conheceu nessa fase. "Tudo nele era tão certinho que para muita gente parecia *fake*, um boneco. Contudo, era tão certinho e assertivo que nunca entendia que algo podia não sair do jeito que ele queria, pois estava certo, e, assim, nunca desistia."

Com aquele perfil, surgiu uma oportunidade: João foi promovido a gerente de comunicação da emissora. "A remuneração era boa e eu gostava da área", diz. Ficava na Rua Alfonso Bovero, porém em um prédio menor, ao lado do principal. Mesmo num departamento no qual os cargos não eram comissionados, a promoção ao nível gerencial lhe deu um salário quatro vezes maior. Em menos de seis meses, de gerente passou a diretor.

Até então, a Tupi não tinha agência de publicidade: o departamento funcionava como uma *house,* isto é, uma agência interna: comunicava-se com a imprensa e fazia o material promocional, incluindo as chamadas dos programas, além da informação interna. O assessor de imprensa era Ferreira Netto, que tinha uma coluna no já extinto jornal *Folha da Tarde,* e tempos depois faria um célebre programa de entrevistas, passando por várias emissoras, entre 1978 e 2002, ano do seu falecimento.

João gostava tanto de Livio Rangan que convenceu a Tupi a contratar a Gang Publicidade, que ele criara, como agência da emissora. "Não tínhamos muito dinheiro, mas era um cliente que lhe dava visibilidade, e ele aceitou", conta. Conviveram proximamente por três anos, o que contribuiu para seu aprendizado. Em seguida viria outro, para João ainda mais importante.

*

João estava firme na carreira, mas decidiu sair da empresa para ficar com o pai no Instituto Mind Power, negócio que seguia adiante, com sede na Rua Groenlândia, nos Jardins, em São Paulo. Doria precisava de ajuda, ofereceu-lhe um salário equivalente ao da TV Tupi, e João gostou da ideia. "É por um período", propôs o pai.

"Mais do que um trabalho, foi um ensinamento", diz João. No início de 1979, acompanhou de perto a maneira do pai trabalhar. "Queria aprender com ele, ter essa convivência", diz. A experiência foi importante, segundo João, não apenas na relação entre ambos, cortada durante todos os anos de exílio, mas também na admiração que tinha pelo pai, pessoal e profissionalmente. "Ele era um talento excepcional, sobretudo na interpretação da psicologia humana", diz. "Sabia o que as pessoas pensavam, entendia seu comportamento, seus problemas emocionais, num breve contato. Esse aprendizado me serviu muito na vida, na comunicação, na política, assim como nas relações familiares e interpessoais."

Doria ministrava os cursos, que duravam três semanas, com duas aulas cada uma, às terças e quintas-feiras, dentro da sede do Mind Power. Nos demais horários, fazia uma versão intensiva, oferecida em outros lugares, sob contrato. Passou a ser conhecido como o "professor Doria". Dava aulas também em colégios, como o Rio Branco, ensinando leitura dinâmica e outras técnicas de aprendizagem. João fazia o atendimento dos alunos e coordenava a comunicação, incluindo um *house organ*, jornal interno, distribuído para os alunos todo mês. E cuidava da publicidade – o Mind Power anunciava em rádio e jornais.

Assim, o Mind Power foi se consolidando como um lucrativo negócio de cursos e palestras. "Aquilo ajudou muito as pessoas a se resgatarem, voltarem a amar familiares e a vida", conta Raul. Dentro do Mind Power, Doria estudou dona Philinha, o padre Quevedo e outros fenômenos paranormais. Com o pai, João praticava ioga e meditação, duas atividades que procuram harmonizar a mente e o corpo.

Incorporou os princípios do Mind Power pelo resto da vida: a postura sempre ereta, treinada na ioga, a respiração pelo palato. Sua decisão de não fumar e não beber, manter o corpo e a mente saudáveis, foi consolidada nessa época, muito embora o pai fosse um apreciador de vinhos – especialmente vinho do Porto e Xerez, que tomava depois do almoço. Mesmo mais tarde, quando empresário, e também governador de São Paulo, João mantinha em sua casa uma adega com 2 mil garrafas, mantidas a 17 graus, "como deve ser". Como tudo que procurava fazer, de excelência: entregou a "curadoria" da adega a Ciro Lilla, dono das importadoras de vinho Vinci e Mistral. Porém, a adega servia apenas aos amigos. "Nunca bebo uma gota", diz João. "Para a adega vão também as garrafas, de muito boa qualidade, que ganho de gente que não sabe que não bebo."

Da convivência com o pai vinha também essa maneira de tratar todos sempre muito bem, o tempo todo, mesmo adversários e detratores, não importavam as condições. Preferia perdoar e esquecer traições e decepções, tanto na sua história como empreendedor quanto na de político. Tal atitude, que por vezes podia parecer servilismo ou covardia diante de quem falava mal dele ou o prejudicava, refletia esses princípios.

Não faltavam exemplos. Em 29 de julho de 2022, logo depois de ser alijado da corrida presidencial, João foi homenageado em um almoço por antigos colaboradores, num restaurante em Perdizes, na Rua Traipu, em São Paulo, em frente à casa alugada por seu pai no passado. Com mesas espalhadas ao ar livre, havia ali somente velhos amigos, que se reencontravam alegremente. No seu discurso de agradecimento, antes da sobremesa, João falou de todas as suas realizações no governo, mas evitou mencionar a campanha de destruição que sofreu, pessoas ou causas de desapontamento pela saída da corrida presidencial. Recomendou a todos que fizessem o mesmo.

– Tudo que fazem com vocês, todo o mal, esqueçam – disse. E repetiu: esqueçam.

*

O Mind Power não fez o pai de João ficar rico, mas Doria ganhou novamente prestígio e estabilidade financeira. Sem ressentimento, nem falar mais nada da vida antes do exílio, e ministrando seu curso em vários lugares, o "professor Doria" acabou sendo chamado a fazer uma palestra para militares, a convite do general Dilermando Gomes Monteiro, comandante da segunda região do Exército.

Com "uma cabeça mais liberal", Dilermando lhe fez ainda uma homenagem: deu a Doria um troféu com o mapa do Brasil em dourado, sobre uma base de granito negro. Na cerimônia de entrega, ao discursar, o general reconheceu o erro histórico da ordem de prisão que forçou Doria ao exílio. "Atitude muito nobre de reconhecer o erro", diz João.

Ele seguiu a cartilha do pai no Mind Power: sempre buscando o "equilíbrio emocional e espiritual", "muito aplicado no trabalho", procurando "discernir o certo do errado", e sobretudo fazendo uma abordagem sempre positiva da vida. "Pessoas de sucesso provocam admiração ou ódio", diz. "Nunca guardei referência ruim e sempre me apaixonei pelas referências positivas."

Em vez de ser uma pessoa "enciumada, enraivecida", procurava inspirar-se em ideias, transformações, inovações, e pessoas e lideranças de sucesso, que o influenciavam, a começar pelo pai.

"Não tinha ciúme de ninguém", diz. Começava uma trajetória que o levaria a conhecer muita gente – e a fazer disso também seu negócio.

*

À Standard e Tupi João somou essa experiência com o pai. "Esse período de aprendizado foi muito rico, também pelas convicções", diz ele. Cumprido o prazo em que prometera ajudar Doria, aceitou um convite, que já estava de pé desde que tinha deixado a TV Tupi, feito por João Saad e seu filho, Johnny Saad, para trabalhar na TV Bandeirantes, com o mesmo cargo de diretor de comunicação que tinha na Tupi. Saad colocou "Joãozinho", como o chamava, em uma sala em frente à dele, próximo à sala de reunião e à do primo, José Saad. "Foi muito generoso, uma deferência com alguém tão jovem como eu", diz.

Montou a estrutura de comunicação que a Bandeirantes não tinha. Convidou Ana Regina Bicudo, a quem João conhecera ainda adolescente, em Campos do Jordão, entre outros profissionais, para fazer a assessoria de imprensa, que antes não existia. A estrutura foi montada num prédio anexo.

Em maio de 1979 João voltou à TV Tupi, a convite de Rubens Furtado, antigo diretor artístico com quem tinha uma boa relação desde seu primeiro período na empresa, e que passou a ser diretor-superintendente de todo o grupo, do qual faziam parte também as rádios Tupi e Difusora, chamado de Emissoras Associadas.

"Eu me entusiasmei com o projeto", diz ele. Desde 1978, Walter Avancini trabalhava na Tupi – célebre ex-diretor de novelas da TV Globo, superintendente de programação da emissora – um profissional "muito ousado", como definia João.

Com Avancini, João verificou que o salto de qualidade do conteúdo dependia da reunião de talentos. Ele trouxe para a Tupi artistas, autores, redatores e jornalistas: Ciro del Nero era o diretor de arte, o maestro Júlio Medaglia, o diretor musical. No jornalismo, a equipe vinha de *Realidade*, revista de reportagem da Editora Abril, que foi censurada sob a pressão do regime militar: Sérgio de Souza, que passou a ser o diretor de Jornalismo, José Trajano e José Hamilton Ribeiro. "Essa equipe fez uma transformação no jornalismo da Tupi", diz João. "Isso contribuiu muito para a retomada do prestígio que a emissora estava perdendo."

Na área comercial estava Fernando Severino, superintendente comercial, que mais tarde trabalharia com ele também numa agência de publicidade, a Doria, Lara & Associados, a DLA, e na TV Manchete, além de presidir o Memorial da América Latina. "Homem talentosíssimo, com quem aprendi muito sobre comercialização de televisão", afirma.

Nas mãos das novas equipes, a Tupi deu um salto de qualidade. "Foi uma época feliz", diz João. Promovia também festas e eventos com artistas e outras personalidades influentes, e descobriu ali um caminho promissor. Reuniu-se na Tupi com Caio Pompeu de Toledo, secretário municipal de Esportes e Turismo de São Paulo, e seu assessor Caio Luiz de Carvalho, o Caíto. Juntos, ajudaram a difundir o Passeio Ciclístico da Primavera – as pessoas poderiam andar de bicicleta pela cidade num domingo, em ruas fechadas ao trânsito de veículos, evento criado em 1975, saindo do Parque Ibirapuera e voltando a ele. O patrocínio do evento era da Caloi, então a maior indústria de bicicletas do país.

Eventos de massa traziam audiência, assim como publicidade, tanto para a TV quanto para as rádios e os jornais. Com o sucesso do Passeio Ciclístico e da ideia de fechar ruas aos veículos para o lazer no final de semana, surgiram outras iniciativas do gênero, como o Passeio a Pé. Num domingo, teve mais de 100 mil pessoas participando. "Foi um sucesso retumbante", relembra João.

A Tupi avançava. Na dramaturgia, Avancini fazia novelas, como *Dinheiro Vivo*, de Mário Prata, que lançou a jovem, bela e talentosa atriz de Campinas, Maitê Galo. Para a novela, porém, Avancini lhe propôs mudar seu nome artístico, de forma que ela passou a usar seu nome do meio – assim surgiu Maitê Proença. Avancini fez também a novela *Aritana*, que estreou em novembro de 1978, lançando como atores os modelos Carlos Alberto Riccelli, no papel título, e Bruna Lombardi.

A redação do Jornalismo da Tupi era numa casa alugada, anexa ao prédio principal, número 52. A comunicação, que João dirigia, ficava no andar superior; no térreo, trabalhavam os jornalistas. Ele gostava de andar por ali. Foi na redação da Tupi que conheceu o colunista de TV Amaury Júnior, então um rapazinho franzino, que viera de São José do Rio Preto, onde fazia sua coluna social no jornal local, na rádio Independência e na TV Rio Preto. Era colega do repórter José Hamilton Ribeiro, que viera também de Rio Preto, e começara a trabalhar na Tupi como repórter. Depois, fez sua coluna no jornal *Diário Popular*, chamada Gentíssima. Como reclamava muito que escreviam seu nome com "i", João passou a chamá-lo de "Ypsilon".

Apesar daquela fase brilhante, a TV Tupi sofria com dificuldades financeiras, que não eram só da TV, mas do grupo. "Não faltava talento, nem vontade ou comprometimento, só dinheiro", diz João. "Era um caso de amor, as pessoas trabalhavam mesmo quando tinham salários atrasados." Começava o processo em que a Tupi seria dividida – metade ficou com o futuro SBT, de Silvio Santos, outra metade com a TV Manchete, de Adolpho Bloch.

João não viu esse final. Voltou uma segunda vez à Bandeirantes, novamente a convite de João Saad, que contratara Walter Clark – o "mito Walter Clark", diz João – para ser o diretor-geral. "Foi um período transformador", lembra João. Antes a Bandeirantes era uma emissora conhecida pela programação esportiva e pelo jornalismo. Clark trouxe para a grade de programação os *talk shows*, os programas de auditório, como o do Chacrinha, antes na Tupi, e novelas, que a emissora nunca tinha feito antes, mas eram a maior fonte de receita da TV brasileira. "Depois do Clark, a Bandeirantes se tornou uma emissora completa", afirma João.

Clark fez algo que João depois adotou: impunha uma postura de trabalho, a começar pelo ambiente onde ele mesmo trabalhava. Na TV Globo, tornou-se conhecido por implantar o célebre "Padrão Globo" de qualidade e estava acostumado com ele. Na Bandeirantes, a primeira coisa que fez foi reformar a sua sala. "Ficou bonita, suntuosa", lembra João. "O homem tinha bom gosto."

Gastava muito acima do que a Bandeirantes estava acostumada, em tudo. João Saad o apoiava, apesar do grande ciúme do restante da diretoria. As contratações de atores e diretores com salários de grosso calibre aumentaram aquele desconforto geral.

O trabalho de João na comunicação das TVs chamou a atenção da agência de publicidade MPM, que, entre outras, atendia a conta da prefeitura de São Paulo, então sob a gestão de Reinaldo de Barros, o "Reinaldão". Em 1981, João recebeu um convite de trabalho, vindo de Petronio Correia Filho, o Petroninho, filho do Petronião Correia – o P da MPM. Petroninho, com quem havia estudado no Colégio Rio Branco, era um de seus melhores amigos.

A MPM era a maior agência de publicidade do Brasil e da América Latina, e uma das 50 maiores agências do mundo, segundo o *Dicionário histórico-biográfico da propaganda no Brasil*. Tinha clientes como a Caixa Econômica Federal, Fiat, Itapemirim e Massey Ferguson. Ficava na Rua General Jardim, em São Paulo, com duas filiais, no Rio de Janeiro e em Porto Alegre. Da parte de João havia o interesse de, como o pai, trabalhar em uma agência de publicidade – dessa vez não como *office boy*, mas para valer.

A princípio, o convite de Petroninho era para que João fizesse atendimento – atração dos clientes e gerência das contas. Aquilo não o animou muito, mas, com base na sua experiência, João apresentou outra ideia. A TV Globo já tinha um pequeno departamento de "projetos especiais". Sugeriu que fizessem o mesmo dentro da agência. Cuidaria de todas as atividades fora da relação mais tradicional de criação-mídia-atendimento-veiculação – especialmente eventos, o que ele gostava de fazer.

Com eventos promocionais como os realizados em seu tempo de TV, em parceria com o poder público e o setor privado, João abria novas possibilidades. A MPM tinha dois gerentes nessa área, Sérgio Monte Alegre e Sidnei Pereira, mas faltava um diretor mais "sênior" – embora João tivesse apenas 23 anos e ainda cursasse Publicidade e Propaganda na Faap. Iria se formar somente no ano seguinte, aos 24 anos – na sequência se tornou professor da cadeira, na mesma instituição, onde lecionou por dois anos. "O João era um ótimo professor, organizado, disciplinado, pontual, além de jovem e bonitão, o que atraía alunas de outras classes e matérias para assistir as suas aulas", diz Stella Rubio, produtora cultural, que fazia o seu curso.

Na MPM, João foi o responsável pelo projeto Viva São Paulo, idealizado para promover o aniversário da capital paulista, em 25 de janeiro de 1982. Registrou a marca Viva São Paulo e subcontratou

Walter Longo e Roberto Muylaert para executar o projeto. Durante uma semana, eventos musicais e culturais em vários lugares da cidade mobilizaram a população. "Isso nos projetou muito", diz João.

O maior evento do Viva São Paulo era o carnaval fora de época, na Avenida Paulista. Para isso, a MPM trouxe pela primeira vez a São Paulo um trio elétrico da mais popular banda da Bahia na época, a dupla Dodô e Osmar. A logística foi complicada. Um caminhão de trio elétrico nunca tinha ido tão longe – os trios só funcionavam em Salvador e nas micaretas de Feira de Santana. Levou quinze dias para chegar à capital. Foi um sucesso. Mais de 100 mil pessoas dançaram no carnaval da Paulista, transformada a partir daí em centro de grandes eventos da cidade.

Dentro do Viva São Paulo, João promoveu ainda um desfile de modas, sob a marquise do Ibirapuera, organizado por Paulo Borges, que mais tarde se projetaria como o executor do São Paulo Fashion Week. Fez uma gincana no Metrô, ideia para estimular a utilização da primeira linha de transporte subterrâneo do Brasil, que acabara de ser inaugurada, entre os bairros de Santana e Jabaquara, passando pelo centro da cidade. Na época, a prefeitura de São Paulo era sócia do governo do estado no empreendimento. "Ninguém usava a linha, as pessoas estavam acostumadas a andar de ônibus", diz João. "Precisávamos fazer com que vissem suas vantagens." O último grande evento do Viva São Paulo, fechando tudo, foi um show de MPB na Praça da Paz, no Ibirapuera.

Comercialmente, foi também um sucesso. A MPM vendeu a publicidade do Viva São Paulo para dois de seus clientes – a própria prefeitura de São Paulo e a indústria têxtil Santista, que patrocinou o desfile de moda. Também entraram nas cotas de patrocínio outras empresas importantes, cujas contas não eram da agência: a Caderneta de Poupança Haspa, que estava no seu auge, a General Motors e a Companhia do Metrô de São Paulo. "Foi um sucesso, em uma semana a agência faturou em cima de um investimento grande", diz João.

O melhor é que ele gostava de tudo aquilo – da moda ao carnaval. Viajava a Salvador e saía pelas ruas da cidade beijando as mulheres na boca, vestido com uma mortalha – túnica de algodão usada nos blocos da cidade, com a estampa do bloco do qual participava, precursora do atual abadá. "Eu era solteiro e na Bahia, naquele tempo, nada era proibido", diz.

Na MPM, João ganhava bem. "Foi a primeira vez que ganhei dinheiro mais robusto", conta. Porém, bem naquele momento, um outro chamado, que já andava rondando, o tiraria do caminho da iniciativa privada – o mesmo canto da sereia que já havia levado, não por coincidência, seu pai.

Ao lado do então governador de São Paulo, André Franco Montoro

OUTRO DORIA NA POLÍTICA

Por seu trabalho, em especial a criação dos eventos de massa, João ganhou ainda mais projeção. E começou a chamar a atenção também de um político. O mesmo Franco Montoro, que já havia convidado seu pai a entrar para a política, lembrou-se dele quando precisou de alguém de comunicação para sua candidatura ao Senado, em 1978, quando João ainda era diretor de Comunicação da Bandeirantes.

Desde que lançou o pai de João na política, e mais ainda depois da cassação de Doria pelo regime militar, Montoro se manteve próximo da família. "Ele sempre foi muito solidário com meu pai", lembra João. Tinham sido vizinhos em Campos do Jordão, cidade que Montoro frequentava nas férias de julho com a esposa, dona Lucy. Os filhos de Montoro e de Doria se conheciam, mantendo relação "muito afetuosa". O próprio Montoro gostava muito de João.

Era um convite do mesmo homem que colocara seu pai na política, e a ideia o entusiasmou. Em 1978 começava a "abertura", no sentido de restabelecimento do regime democrático – a ser executado de forma "lenta e gradual", conforme as palavras do presidente militar que a engendrou, o general Ernesto Geisel. Até então, desde o início do regime militar, prefeitos e governadores eram eleitos de forma indireta, por um Colégio Eleitoral dentro do legislativo. Este era controlado na prática pelo partido do governo, dentro do bipartidarismo instituído pelos militares, em que só havia a governista Aliança Renovadora Nacional (Arena) e o Movimento Democrático Brasileiro (MDB) – legenda de oposição que só existia, na prática, para dar uma aparência de democracia a um sistema viciado.

Por isso, prefeitos e governadores eleitos indiretamente, como cartas marcadas de uma eleição farsesca, apenas para ratificar as escolhas do regime militar, eram chamados de "biônicos" – referência ao "homem biônico", personagem principal da série de TV muito popular na época, "Cyborg, o homem de seis milhões de dólares", sobre um ex-astronauta e agente especial com poderes artificiais, advindos de próteses que faziam dele metade máquina.

Pelas regras do chamado "Pacote de Abril", aprovado pelo governo Geisel, as eleições para os governos estaduais ainda foram indiretas: no caso paulista, em 1º de setembro, o ex-prefeito de São Paulo, Paulo Maluf, da Arena, foi escolhido governador pelo Colégio Eleitoral. Porém, em 15 de novembro, as eleições diretas para o Congresso Nacional permitiriam um importante avanço dentro do legislativo da oposição, representada pelo MDB, do qual Montoro fazia parte.

Assim, com o filho de Montoro, José Ricardo Franco Montoro, João passou a trabalhar na coordenação da comunicação da campanha, em paralelo com seu cargo na TV Bandeirantes. O MDB já recebera em São Paulo um forte sinal de apoio popular nas eleições de 1974, quando o ex-prefeito de Campinas, Orestes Quércia, então com 36 anos, recebeu estrondosa votação ao Senado, com uma vantagem de 3 milhões de votos em relação ao candidato arenista, o ex-governador de São Paulo, Carvalho Pinto. A nova vaga aberta para a eleição no Senado seria um importante passo no processo democrático.

O comitê ficava num pequeno sobrado da Rua Bela Cintra, num espaço de cerca de 150 metros quadrados. "Era uma campanha com poucas pessoas, poucos recursos, e muito boa vontade e diligência", diz João. Apesar da figura circunspecta de Montoro – professor, jurista e político, ex-ministro do Trabalho de João Goulart, fundador do MDB, três vezes eleito deputado federal –, o logotipo impresso em todo o material era o nome de Montoro escrito como se fosse uma pichação de muro, em cor laranja. Era uma referência ao tempo em que ser oposição ao regime militar se associava à rebeldia e à clandestinidade. Montoro gostava dele: tinha escolhido a cor. "Ele adorava laranja, porque era a cor da terra", lembra.

Montoro tinha Fernando Henrique Cardoso como suplente na chapa. Professor universitário, que havia passado quatro anos no exílio, Fernando Henrique ajudou a reunir intelectuais e artistas para ajudar a divulgar a legenda. "Trouxe frescor à campanha", diz João. Para ele, foi inesquecível a chegada de Fernando Henrique à convenção do MDB, no salão do clube Pinheiros, na Rua Faria Lima com a Tucumã, em São Paulo, num jipe sem capota, com duas bandeiras assinadas com seu nome, abraçado à atriz Bruna Lombardi, então no auge da beleza e da fama. "Todo mundo parou para ver", recorda.

Montoro foi eleito com 4,5 milhões de votos, maior votação já computada no estado – três vezes mais que o segundo colocado, o próprio Fernando Henrique, que, por sua vez, ficou 50 mil votos à frente do candidato da Arena, Cláudio Lembo. Assim, Montoro tornou-se o maior representante da onda de insatisfação popular contra o antigo regime militar, na primeira oportunidade que a população teve de se expressar por meio do voto.

Por sua contribuição na campanha, João ficou ainda mais ligado a Montoro. Quando estava na transição para voltar ao mercado de trabalho na iniciativa privada, recebeu uma bolsa para um curso de propaganda e opinião pública na Universidade de Roma, sob o patrocínio da Democracia Cristã, corrente de Montoro, e que então estava no governo, na Itália. Fez o curso com um dos filhos do senador, Fernando Montoro, com quem morou um ano na capital italiana. Nesse ano, além do francês e do inglês, aprendeu italiano e espanhol, língua da maioria de seus colegas de curso, e estagiou na Rai, maior emissora de TV da Itália.

A proximidade com Montoro seguiu até a eleição para o governo do estado, em 1982 – momento-chave por ser a primeira eleição direta para governador desde o início do regime militar. Pelas regras da "abertura", que restituiu o pluripartidarismo, acabavam os governadores "biônicos". As eleições diretas para os governos estaduais eram o maior passo até então no processo de redemocratização. Em julho de 1982, Montoro telefonou, chamando João à sua casa, na Rua Conselheiro Zacarias, no Jardim Paulista, em São Paulo. Convidou-o a colaborar novamente. Daquela vez, porém, a campanha era mais longa e complexa. João já estava na MPM e não podia fazer as duas coisas ao mesmo tempo. "Preciso saber se a agência me libera", ouviu.

João falou com Petroninho e o levou para conhecer Montoro. "Se você puder me ceder o João, vou agradecer como uma grande contribuição à campanha", disse o senador.

Assim, João licenciou-se da MPM, que continuou a pagar seu salário, do qual ele dependia, mas o liberou do trabalho, entre setembro e 15 de novembro, data da eleição.

Na disputa pelo governo do estado, Montoro concorria com o prefeito de São Paulo, Reynaldo de Barros, o candidato do PDS, herdeiro da Arena. Participavam ainda do pleito Jânio Quadros (PTB), Luís Inácio Lula da Silva (PT), liderança sindical que iniciava sua projeção no cenário eleitoral, e Rogê Ferreira (PDT). O coordenador do programa de governo era Chopin Tavares de Lima, ex-deputado cassado e antigo articulador das campanhas de Montoro, para quem era preciso ter um plano de governo pronto, de modo a começar a executá-lo assim que saísse o resultado das urnas. Nas campanhas à prefeitura e ao governo de São Paulo, em 2016 e 2018, João se lembraria disso para fazer o mesmo, instituindo plataformas de governo que serviam, uma vez eleito, para de fato serem seguidas.

A casa onde ficava o comitê, alugada na Rua Madre Teodora, travessa da Avenida Brigadeiro Luís Antônio, era perto de outra, onde funcionava o comitê de Almino Afonso, em São Paulo. Eram conhecidas como a "Sorbonne", tantos eram os intelectuais arregimentados por Montoro para trabalhar no seu programa. Ali João conheceu os economistas João Sayad, Luís Carlos Bresser Pereira e Paulo Renato Souza, que cuidavam do plano econômico, com o filho de Montoro, André Franco Montoro Filho. Estava lá também João Yunes, que, com a eleição definida, ficaria com a pasta estadual da Saúde; e Fernando Henrique Cardoso com sua mulher, a antropóloga Ruth Cardoso.

Montoro preocupava-se com as áreas essenciais, como a Segurança, mas também com as áreas inovadoras para a época. De saída, quando pouco ainda se falava no assunto, mandou fazer um programa de ecologia e meio ambiente, a cargo dos ambientalistas José Pedro de Oliveira Costa e Fábio Feldmann. Lançou outras pautas inovadoras para a época, como a defesa da mulher. No governo,

Montoro seria o criador da primeira Delegacia de Defesa da Mulher do Brasil. Estavam contemplados pioneiramente também negros e LGBT, com um projeto no sentido de garantir direitos, o respeito e oportunidades para todos.

Montoro sustentava, ainda, a defesa dos direitos humanos, contra o uso arbitrário da força, inclusive por parte dos policiais, num tempo em que as polícias estaduais usavam de violência sem punição, sob o escudo da ditadura, misturando criminosos comuns e perseguidos políticos. Ainda existiam grupos de policiais "justiceiros", precursores das milícias contemporâneas – o mais célebre deles, conhecido como "Esquadrão da Morte", funcionava como dublê de caça a bandidos e adversários do regime.

Da "Sorbonne" sairia não apenas o governador (Montoro), mas também um futuro presidente da República (Fernando Henrique) e ministros de Estado, como Sayad, ministro do Planejamento de José Sarney, e Paulo Renato, ministro da Educação do próprio Fernando Henrique. Sairia, ainda, um novo projeto para o Brasil, alinhado com a restauração dos direitos humanos, civis e políticos, que norteou a construção da Nova República, símbolo do processo de redemocratização.

Com o jornalista e poeta Jorge da Cunha Lima e o publicitário Mauro Motoryn, João coordenava a campanha, a partir da "Sorbonne". Usou as técnicas de marketing político inspiradas na trajetória do pai. Na campanha de Montoro, instituiu o "showmício" – comício precedido por show musical, que atraía público e emprestava o prestígio do artista ao candidato. Ao lado de Cunha Lima e Motoryn, chamou para a central de campanha Edson Dezen, produtor cultural muito querido pelos artistas. "Ele se encantou com a proposta", conta. "E nos ajudou muito." Fizeram showmícios em todo o estado de São Paulo – e criaram um instrumento de campanha que seria importante mais tarde, também na campanha pelas Diretas Já.

Montoro foi eleito, contra as expectativas do governo federal, que apostava em Barros para manter a hegemonia do PDS em São Paulo. O desgaste do regime militar crescia com a falência econômica, elevando o clamor por liberdade em todo o país.

Nesse cenário, Montoro surgia como a expressão da renovação e do restabelecimento dos direitos humanos, políticos e civis. "Aí o Brasil mudou", diz João.

A expressiva vitória de Montoro e do PMDB deu poder à oposição. Com a entrada de Montoro no governo, assumiu sua cadeira no Senado Fernando Henrique Cardoso, então seu suplente. Como governador do estado, Montoro tinha a prerrogativa, vinda do sistema do regime militar, de indicar o prefeito de São Paulo, que ainda precisava ser aprovado pela Assembleia Legislativa. Queria Mário Covas, então deputado federal pelo PMDB, por uma razão.

Em 1982, o PMDB fizera sua convenção no Palácio das Convenções do Anhembi, para homologar os nomes do candidato e do vice na chapa que disputaria o governo paulista. Ex-deputado estadual e federal, cassado no golpe de 1964, e presidente estadual do MDB, Covas era o vice escolhido por Montoro em sua chapa, contra Orestes Quércia, senador eleito em 1974. Quércia lotou o auditório com apoiadores, desembarcados de ônibus, sobretudo militantes de movimentos de esquerda, como o MR-8, que integravam o MDB. Estavam no local da convenção desde as 7 horas da manhã. Às 8, quando a convenção começou, eles ocupavam todos os assentos da frente, gritando frases de ordem. "Parecia a torcida do Boca Juniors", lembra João, referindo-se à maior e mais passional torcida de futebol da Argentina.

Quando a cúpula do PMDB chegou – Montoro, Ulysses Guimarães, Mário Covas, Severo Gomes, Fernando Henrique Cardoso –, a confusão estava armada. A votação era secreta, mas, quando percebeu que iria perder, para não avalizar o resultado, Quércia deixou o auditório e foi se instalar no hotel Samambaia. De lá, mandou recado de que não abria mão ao menos de ser vice-governador, ou então candidato único ao Senado. "Não, o escolhido é o Mário Covas", respondeu Montoro.

Diante do impasse, o jornalista Fernando Morais, então deputado estadual e um dos líderes da esquerda emedebista, articulou um movimento pró-Quércia, entre os grupos que antes tinham se dividido entre ele e Montoro. Enviou um emissário para trazer Quércia de volta, que entrou por uma porta lateral e subiu ao palco ovacionado, como se tivesse sido o vitorioso da convenção. Aumentou a pressão da plateia, com gritos por "unidade", "Quércia vice" e xingamentos a Montoro, que passava mal, deitado sobre uma mesa, atendido nos bastidores do palco por um médico.

Com a claque fazendo barulho, e Montoro repetindo que não ia ceder, Covas foi até ele e disse que abria mão do seu lugar, para saírem daquela situação. "Desse jeito não haverá convenção", disse. Montoro resistia. Com seu gesto, porém, Covas o convenceu.

Por volta das 10 da manhã, Montoro, restabelecido, recomeçou a convenção. Quércia ficou com a vaga de vice, puxando o tapete do preferido de Montoro. "Vi então, daquela vez, como era, dentro de uma convenção, ganhar no grito", conta João.

Montoro, que havia articulado a candidatura de Quércia ao Senado, em 1974, não esqueceu. Dessa convenção, que fraturou o PMDB, germinou a ideia da cisão do partido que deu origem ao PSDB, vinculado a Covas e Fernando Henrique. Ulysses Guimarães foi convidado, mas estava apegado demais à história oposicionista do antigo MDB para trocar de legenda. "O ato do Quércia foi o deflagrador da iniciativa do Montoro, do Covas, do Fernando Henrique e alguns outros para fundar o PSDB", diz João. "Ali nasceu o partido dos tucanos."

Foi o próprio Montoro que escolheu o tucano como símbolo do partido. Para a sigla, preferia a retomada da "Democracia Cristã", como no PDC, do qual já tinha sido presidente antes do golpe militar. Porém foi voto vencido diante da defesa, sobretudo por parte de Fernando Henrique, que preferia a "Social Democracia".

Uma vez eleito, Montoro achava que tinha uma dívida para com Covas. "Ele era muito leal, muito correto, não queria deixar Covas sem uma reparação", diz João. Estava determinado a indicá-lo para a prefeitura de São Paulo, o que só poderia ocorrer em março, três meses depois de sua posse, porque era quando a Assembleia Legislativa de São Paulo voltava aos trabalhos e podia formar o Colégio Eleitoral para ratificar a indicação do prefeito pelo governador.

No entanto, Covas se recusava a ser indicado para a prefeitura – dizia que só aceitaria algum cargo para o qual pudesse ser eleito pela população. Democrata de raiz e teimoso, como reza a tradição dos descendentes de espanhóis, Covas resistia a ser prefeito "biônico".

Naquele período, entre a posse de Montoro, em janeiro, e a posse do novo prefeito, em março, a prefeitura continuou a ser ocupada interinamente pelo presidente da Câmara dos Vereadores, Altino Lima, no cargo desde a desincompatibilização de Reynaldo de Barros para concorrer ao governo estadual.

Depois da campanha, João iria voltar ao trabalho na MPM – mas não voltou. O governador eleito perguntou qual cargo gostaria de ter no governo. Por sua atuação com os eventos e o turismo em São Paulo, com uma visão mais "municipalista", João disse que "poderia ser o Anhembi". Referia-se ao complexo onde ficavam não apenas o Pavilhão de Exposições e o Palácio das Convenções do Anhembi, mas também a sede da Secretaria Municipal de Turismo. Naquela época, o secretário acumulava a presidência da Paulistur, empresa por meio da qual o governo executava suas políticas. "Mas lá é da prefeitura, com o Covas, e o Covas eu ainda não convenci a ser prefeito", disse Montoro. "Bom, o senhor pode falar com ele e indicar meu nome, quando o convencer", respondeu João. Montoro, porém, não deixava decisão para depois. "Vou pedir ao Altino", disse.

Ligou para o presidente da Assembleia e prefeito interino. "Altino, tem um menino aqui na minha frente, é muito bom, você pode atendê-lo aí?", disse.

João foi falar com Lima, cearense nascido em Saboeiro. Conversaram, e Lima lhe entregou o posto pedido por Montoro.

Era um desafio que comportava um risco iminente. No cargo, João tinha de mostrar que merecia a indicação ao futuro prefeito, de quem nada sabia, exceto que tomaria posse em menos de três meses. Ainda mais se fosse Covas, pessoalmente afável, mas temperamental – o tipo de gente que não gostaria de receber algo já pronto para o seu próprio governo. João achava que poderia merecer o apoio do governador, até pela relação de amizade e confiança que possuíam, mas Montoro disse que o ajudava só até aquele ponto. "Vá, porém ficar no cargo vai depender do Covas, ele vai ter que ratificar a indicação", disse. "Viabilize-se."

João assumiu o cargo – e o risco. Sabia que, no governo, ganharia bem menos do que como diretor da MPM, mas a entrada na gestão pública o entusiasmou. "Eu era jovem e a ideia me encantou", afirma. Na secretaria, acumulada com a Paulistur, cuja sede ficava no complexo do Anhembi, tratou de buscar apoio das entidades, vereadores e artistas.

Primeiro, a exemplo de Walter Clark, e inspirado nas agências de publicidade onde se formou, que investiam no ambiente como um local de excelência, qualidade e estímulo, tratou de promover uma reforma do espaço de trabalho. "Fizemos uma sede decente para a Paulistur", diz.

Levou para trabalhar com ele um colega de seu irmão, Raul, no Colégio Rio Branco, Julio Anguita, e outros colaboradores. Muito jovem, escolhia gente mais velha e experiente, como José Roberto Maluf, que conhecia da TV Bandeirantes, e colaboradores de experiências passadas, como Edson Dezen, da campanha de Montoro, assim como Ana Regina Bicudo e Rosana Beni, na comunicação.

Depois, em 1984, trouxe também gente ainda mais jovem que ele: dois colegas de Raul no Rio Branco, Luiz Lara e James Rubio, que promoviam eventos estudantis. No Rio Branco, James era o presidente do Centro Acadêmico; Raul, o vice-presidente; ele, Lara, o apresentador dos shows. No colégio, promoviam eventos, como o "Miss Rio Branco", com coreografia da Ala Szerman, papisa da ginástica saudável, que tinha um quadro no programa *TV Mulher*, da Rede Globo. E procuravam João – o irmão mais velho do amigo Raul –, que os ajudava a trazer jurados famosos, como os atores Paulo Autran e Maitê Proença e o autor de novelas Mário Prata, que ele conhecia da Tupi. "Éramos jovens, muito amigos, e metidos", diz Lara.

Na Paulistur, João criou os conselhos de turismo e lazer, para dar suporte e referendar ideias inovadoras, que no início enfrentavam resistências. Como conselheiros, convidou Walter Clark, as empresárias de moda Rose Benedetti e Gloria Kalil, o publicitário Washington Olivetto, o ator e fundador do Spazio Pirandello, Antonio Maschio, o jornalista Thomaz Souto Corrêa, da Editora Abril, entre outros. Além de profissionais experientes, eram "agitadores culturais" – os influenciadores da época, que ajudavam a propagar notícias e emprestavam a tudo um toque de cultura, refinamento, qualificação e credibilidade.

*

Como um primeiro desafio, João sabia que os turistas tratavam a capital paulista como outro país, exceto pela necessidade de apresentar passaporte. Havia ainda o preconceito de que São Paulo, a terra dos bandeirantes, empreendedora orgulhosa e independente, precursora do "motor do Brasil", nutria certa soberba. "Sempre houve uma discriminação política muito dura com relação a São Paulo", diz ele.

Até então, por conta disso, São Paulo era meramente um centro de turismo de negócios, um lugar de trabalho, com feiras e eventos que movimentavam a cidade durante a semana. Isso tinha o seu lado bom, mas havia o problema da ociosidade nos hotéis e restaurantes nos finais de semana, quando os executivos deixavam a cidade. Se mudasse o conceito das pessoas sobre a capital paulista, João poderia explorar essa infraestrutura no tempo ocioso.

Além de atrair o turista, João pensava em transformar a Secretaria de Turismo em Secretaria de Turismo e Lazer, dedicando eventos e espaços urbanos para as artes e atividades de fim de semana. Experiências como o Passeio Ciclístico e o Passeio a Pé mostraram que a cidade tinha muito potencial para a diversão no tempo livre. "A ideia era criar uma atmosfera para que os paulistanos se sentissem bem na cidade, participando de atividades", diz ele. Quando Montoro convenceu Covas a aceitar a prefeitura, levou seu nome à Assembleia Legislativa do Estado e aprovou-o como prefeito, ele já tinha um plano de ação para seguir à frente da secretaria.

O primeiro encontro foi de alto risco. Numa época em que ainda não havia sequer a proibição de fumar em ambientes fechados, João, que detestava cigarro, resolveu enfrentar o futuro chefe logo de saída, por conta disso. "Mário fumava desbragadamente", lembra João. "Terminava um cigarro e já acendia outro."

Na primeira visita às instalações da Paulistur no Anhembi, recém--reformadas por João, Covas entrou na sua sala, com os assessores ao lado, e já tirou do bolso o maço de cigarros. Fumava Minister, que vinha numa caixinha *flip top*. Puxou um cigarro dali.

– Prefeito, eu não quero parecer indelicado, mas aqui dentro não pode fumar – disse João.

Espanhol afetivo no trato, chamado pelo apelido de Zuza por amigos, Covas era muito afável quando queria. Quando não queria...

"Todo mundo se pelava de medo dele", diz João. "Com aquele vozeirão, ele sempre foi cara de bravo."

Ficou na sala aquele silêncio. Covas olhou o rapazola que dizia o que ele, o prefeito, devia fazer. Porém, colocou o cigarro de volta dentro do maço. "Aê, menino, está bom", disse. "Acho que passou a lembrar de mim justamente por causa disso", diz João, divertido.

Apesar das estranhezas iniciais, Covas adorou a ideia de incorporar o lazer na Secretaria de Turismo, porque aquilo mobilizava a população, incluindo a mais humilde.

A primeira atividade promovida pela secretaria foi a "Rua do Choro", na Rua João Moura, em Pinheiros. Aos domingos, os bares colocavam as mesas na rua, a secretaria contratava os músicos e criava-se "um ambiente acolhedor e integrador, de música e cultura", nas palavras de João. Venderam para a Antarctica o patrocínio do evento, que "combinava com uma boa cerveja ou refrigerante".

Com o sucesso da Rua do Choro, ele fez a Rua do Samba, em frente à Escola de Samba Vai-Vai, no Bixiga, que se encarregava da música – um carnaval fora de época. Funcionava aos sábados, para não fazer concorrência com a Rua do Choro, e também recebeu patrocínio da Antarctica. Com isso, o Bixiga tinha carnaval todo final de semana. "Às vezes levávamos passistas, era uma festa", lembra João.

Aquilo estava funcionando bem – e surgiram eventos para gostos variados. Daí saíram a Praça do Forró, a Praça do Sertanejo, na zona leste, a Praça do Rock, a Rua do Carnaval, na Casa Verde, na frente da escola da Camisa Verde e Branco, e o Espaço Animal para cães e outros animais de estimação. A secretaria promoveu ainda a Praça do Livro, na Praça Roosevelt, a Ronda Noturna, o Circuito Cultural e a Feira Comunitária do Bixiga, com artesanato.

Na Praça do Doce, na Praça da República, o patrocínio era do açúcar União. A prefeitura incentivou as doceiras caseiras a irem para a praça vender o que faziam, num tempo em que não havia ainda a internet para promover esse tipo de negócio informal. A prefeitura montava as barracas, "uniformizadas, arrumadas, asseadas", com música, lixeira e serviço de limpeza.

Além de venderem na praça, as doceiras passavam a receber encomendas, impulsionando seu negócio. Tal foi a procura que no segundo mês a secretaria teve de instituir um rodízio na praça, diante das solicitações de participação. Como a fila cresceu, e muitos que vendiam doces faziam também salgados, três meses depois a Paulistur lançou a Praça do Salgado, aos sábados, no Largo do Arouche – patrocínio das panelas Clock. Promovia os eventos principalmente pelo rádio. O prefeito ia a todos: as pessoas vinham cumprimentá-lo, satisfeitas, e os vendedores agradeciam pela oportunidade de garantir ou aumentar sua renda.

A Paulistur realizava ainda cerca de 200 eventos esporádicos pela cidade por ano. João criou um conselho de turismo, com artistas, publicitários e pessoas influentes, para dar ideias e ajudar a promover ações. "Aquilo virou uma indústria", diz Ana Regina Bicudo. "Esse é o dom desse cara, o seu talento. O João te convence, ele te envolve. E, se os patrocinadores davam dinheiro, é porque as ideias eram boas."

O número de eventos aumentou pelo suporte dado aos "Mutirões", uma ideia de Covas. Nos finais de semana, o prefeito levava o secretariado a lugares da cidade, como Vila Maria e Vila Esperança, para ajudar e incentivar a população a realizar obras em benefício da coletividade. Durante o dia, vizinhos trabalhavam na reforma e limpeza de guias, sarjetas e calçadas, nas ruas e praças, com a participação do secretariado. Esses eventos terminavam em festa, com feiras e música, com o apoio da Paulistur. "Era um jeito de festejar a vida – e o (Mário) Covas adorava", diz Julio Anguita, gerente de operações da Paulistur. "A cidade ganhou alegria", diz João.

Outros desses eventos mesclavam diversão com utilidade pública, como o Passeio de Cães. Em agosto, mês da campanha contra a raiva, João promoveu o Passeio de Cães, para estimular a vacinação dos animais, na Rua Iguatemi. A Paulistur introduziu no evento um minitrio elétrico – o primeiro convidado foi Eduardo Dusek, muito popular na época com a música "Rock da cachorra". No ano seguinte, o convidado a padrinho musical da passeata foi Jorge Benjor.

João consolidou a ideia de fechar o tráfego aos veículos aos domingos para fazer da Avenida Paulista uma passarela de lazer. Assim surgiu o Passeio de Patins, nova versão do Passeio a Pé, que ele tinha feito na MPM. Alguns eventos serviam para promover o comércio. Na Corrida de Garçons, no Largo do Arouche, os inscritos disputavam uma corrida carregando uma bandeja. Vencia quem chegasse primeiro, sem quebrar nenhuma garrafa.

*

De modo a fazer as coisas do jeito que queria, João acabou invadindo áreas de outras secretarias, como a da limpeza urbana. Promoveu a campanha "Jogue lixo no lixo", criada pela agência de publicidade DPZ, como parte daquele clima de humanização da cidade, que fazia parte do lazer.

Tudo aquilo dava muito trabalho, mas nada era empecilho para João. Seu pessoal trabalhava nos fins de semana e vivia fazendo o *check list* de tarefas. "O João criava, fazia o plano, mas a gente tinha de executar tudo, fazer aquilo acontecer", diz Julio Anguita. "Era uma avalanche."

João instituiu na Paulistur a reunião das segundas-feiras com a diretoria, para coordenar a ação durante a semana. Marcada para as 9 horas da manhã, começou a ser feita cada vez mais cedo: passou para as 8, para permitir outros compromissos de João, até chegar às 7 horas – num dia em que o prefeito Mário Covas viria visitar a empresa às 10. Em protesto, o vice-presidente da Paulistur, José Roberto Maluf, que João conhecia da TV Bandeirantes, e acumulava a direção da TV Gazeta, apareceu para a reunião às 7 da manhã em ponto, de pijama e chinelos, com pasta e escova de dentes no bolso e o crachá da empresa pendurado no pescoço. "Bom dia", disse, para diversão dos colegas. "O que é isso?", perguntou João. "Você pode fazer reunião às 7 da manhã se quiser", respondeu Maluf. "Mas eu não vou levantar às 4 da manhã para chegar ao trabalho nessa hora. Vou esperar o prefeito assim."

Nos despachos com Covas, no gabinete da prefeitura, era João quem passava aperto. O cinzeiro de vidro, grande, redondo, "parecia uma bacia, cheia de cigarro", diz ele. Procurava despachar o mais rápido possível para escapar do cheiro da fumaça, do qual tinha aversão. O prefeito, por seu lado, o recebia no gabinete com grande prazer, não só porque aqueles eventos de rua que ele também frequentava traziam o contato com a população, mas também pelo fato de que João era o único secretário que não lhe pedia dinheiro, graças às parcerias feitas com a iniciativa privada.

Covas chamava João e os jovens de sua equipe de "Menudos", grupo musical adolescente que fez muito sucesso na época. "Esses Menudos são demais", dizia, entusiasmado. "Não batem à porta pedindo dinheiro, fazem tudo direito e ainda me dão popularidade." Dizia aos outros secretários: "Faça como o João Doria e os Menudos, eles só me convidam para inaugurar obra!"

Sem dinheiro da prefeitura, João tinha de criar seus próprios meios para reformar o Anhembi. O complexo tinha sido construído pelo promotor de feiras e eventos Caio Alcântara Machado, que, sem conseguir pagar as contas, acabou sendo absorvido pela prefeitura. O estacionamento, na época um vasto terreno baldio, era operado pelos promotores das feiras e shows no Pavilhão e no Palácio das Convenções, a começar pelo próprio Caio Alcântara Machado. João lhes cortou aquela fonte de receita. A Paulistur passou a administrar o estacionamento, que foi liberado para quem pagava e realizava efetivamente os shows. Com isso, a receita aumentou.

Ele não achava justo cobrar o estacionamento numa área de terra batida, mas não tinha dinheiro para asfaltá-lo. "Lembrei de uma usina de asfalto, administrada pela Regional da Sé, cujo subprefeito era Elson Barbosa", diz João. Sem falar com Covas, pediu a Elson que o ajudasse. Este lhe pediu apenas para fazer a obra por partes. Começou a fazer o asfaltamento progressivamente, até completar toda a área. Com sua maquinaria, colocou inclusive a sinalização do piso: faixas de pedestres e vagas demarcadas. O estacionamento dos veículos foi organizado e gerou para o Anhembi uma nova e importante receita.

João ainda renegociou contratos de fornecedores, e assim foi gerando os recursos necessários para a reforma completa tanto do Palácio das Convenções quanto do Pavilhão de feiras e eventos – uma grande cobertura cheia de problemas, onde chovia dentro por falta de manutenção. A inauguração da sede nova, construída com recursos auferidos pela própria Anhembi S.A., e não do tesouro público, foi realizada em cerimônia no auditório, rebatizado de Elis Regina. "Quisera que todas as obras que eu inauguro fossem como esta", disse Covas em seu discurso.

Os interesses privados que João contrariava eram o mundo de onde vinha, e os antigos parceiros comerciais do Anhembi chiavam. Porém, depois do choque inicial, João retomava as relações e amizades. Num primeiro momento os prejudicados sofriam, reclamavam, mas como as coisas funcionavam melhor, acabavam aceitando. Assim, João tornou-se amigo de Marcos Lázaro, empresário de Elis e de Roberto Carlos, e do promotor de shows Manoel Poladian, mesmo tendo contrariado seus interesses. Ocorreu o mesmo com a Alcântara Machado e a Guazelli & Associados. "Oferecemos a eles um Anhembi melhor, mais moderno, bem iluminado e sem goteira", diz João.

*

No mesmo espírito de incrementar o turismo de fim de semana em São Paulo, João procurou melhorar os meses mais fracos. Para janeiro, mês sem eventos, trouxe para São Paulo a Couromoda, realizada por um exibidor gaúcho, Francisco Santos, no Rio de Janeiro. "Veio para São Paulo e nunca mais saiu", diz. Sua maior iniciativa para aumentar o afluxo de negócios e turistas para São Paulo, porém, foi a criação do Passaporte São Paulo. Facilitava a vida de quem viajava e oferecia descontos em serviços e produtos que antes eram adquiridos separadamente. Reunia agências de viagens, companhias aéreas, operadoras de receptivo, hotéis, promotores de shows e eventos, guias, shopping centers e atividades complementares de turismo. "Tinha por princípio reduzir o custo de viagem", diz ele. "Comprando o pacote, pagava-se menos."

No primeiro momento, o mercado reagiu mal, achando que o passaporte seria comprado das companhias aéreas, eliminando a comissão das agências. João mostrou que não: as agências coordenavam o passaporte, o desconto era dado e o comissionamento continuava incidindo sobre o valor do pacote, entregue ao cliente na forma de um talão de cheques, com *vouchers* destacáveis – naquela época ainda não havia internet celular. "Deu certo", diz. "Foi um sucesso, porque organizou todo o sistema turístico."

O principal foco dos pacotes eram os finais de semana, período de maior ociosidade, sobretudo dos hotéis, que ficavam vazios na sexta-feira após o almoço, e só tinham maior ocupação novamente na segunda, também após o almoço. O passaporte ajudava também o comércio, com oferta de descontos em lojas de shopping centers. Os preços de hotéis e de passagens nas quatro companhias aéreas – Vasp, Cruzeiro, Varig e Transbrasil – caíam cerca de 40%. O primeiro a aderir ao pacote foi Abelardo Figueiredo, do Beco, casa de shows na Rua Frei Caneca, com café, jantar e espetáculo das mulatas de Sargentelli. "Foi um sucesso estrondoso, que aumentou o tráfego no final de semana em São Paulo", diz João, que realizou assim uma proeza: inverteu o fluxo normal de turistas de final de semana, com os cariocas que vinham do Rio de Janeiro para São Paulo, principais clientes do passaporte.

Em 1983, João criou o São Paulo Convention Bureau, o primeiro do Brasil, inspirado no New York Conventions and Visitors Bureau, cujo funcionamento testemunhara em visita à sua sede, então no Columbus Circle. "Fiquei fascinado com aquilo", diz. Era uma organização por meio da qual empresas e entidades de turismo, antes dispersas, ofereciam melhor infraestrutura e tarifas, de forma a disputar a concorrência para a realização de grandes feiras e eventos, especialmente os internacionais.

Isso colocava São Paulo no mapa das feiras, eventos e congressos mundiais, mas para fazer esse trabalho era preciso investir. Para poder avançar, haveria um incentivo do poder público: um terço dos recursos viria da Paulistur. João ofereceu para o Bureau também um espaço para a sede, no Anhembi. Porém, conforme a experiência americana, defendia que progressivamente a organização devia ter autonomia, com recursos privados, de maneira a se perpetuar, sem depender de governos. "O mercado devia sustentar essa iniciativa, porque as mudanças políticas sempre geram fissuras e alterações de programas", diz.

Anunciou a ideia numa convenção no salão do Hilton Hotel, diante de agentes de viagens, companhias aéreas e cartões de crédito. Os hotéis pagavam uma taxa anual de adesão e outra sobre cada hospedagem. No primeiro instante, o mercado do turismo – os agentes que tinham de ser os mantenedores do Bureau – reagiu mal. Aquela entidade seria mais uma taxa a lhes ser enfiada goela abaixo. Porém, João mostrou o exemplo americano, em cidades como Nova York e Las Vegas. Falou do Anhembi, um equipamento que estava sendo modernizado e tinha capacidade ociosa. "Unidos, nós podemos captar eventos, feiras, congressos e convenções internacionais para São Paulo", disse. "Desunidos, não vamos conseguir, eles continuarão sendo todos no hemisfério norte."

O objetivo de trazer negócios novos foi determinante: para reforçar a credibilidade da iniciativa, João convidou para ser o presidente do conselho o professor Antônio Angarita, presidente da Vasp, profissional respeitado no mercado de transporte e turismo. Com ele vieram não só a Vasp como as demais companhias aéreas: Varig, Cruzeiro e Transbrasil. João era o presidente do Bureau, função que acumulava com a secretaria, e a superintendente era Sylvia Mangabeira Albernaz, da Exata Turismo, que desde 1979 tinha uma agência promotora de Congressos, a DOC, e representava a Associação Brasileira de Empresas de Eventos (ABEOC). "Mulher encantadora, ajudou muito", diz ele.

Com o Bureau, e tudo que fazia, João procurava firmar uma marca: ser inovador, diferenciado, sempre buscando a eficiência, integrando a atividade privada com a atividade pública e beneficiando a população. Levava os conceitos e o modo de fazer da iniciativa privada para a gestão pública, como levaria a preocupação com a coletividade para a empresa privada.

Em geral, quem faz parceria do público com o privado no Brasil pensa mais no próprio benefício. João, porém, muitas vezes contrariava os interesses dos agentes privados, incluindo os dele mesmo, em favor de um benefício geral que, mais adiante, produzia o bem coletivo e melhorava a vida de todos.

E era incansável. Aos sábados, quando havia fila para a entrada de carros no estacionamento do Anhembi, o próprio João estava lá para vender bilhetes e organizar o fluxo. Para diminuir as filas, mandou fazer mais cabines de cobrança para o acesso. Aprendia também com Covas, que ia sempre às "Praças de Lazer", e instituiu uma prática com os secretários, que João mais tarde repetiria quando prefeito: nos finais de semana, levava sua equipe para varrer guias e sarjetas, como garis, de forma a mostrar humildade e trabalho.

*

Em meados de dezembro de 1983, Montoro pediu a Jorge da Cunha Lima, então seu secretário de comunicação, para levar João a uma reunião no Palácio dos Bandeirantes. O governador estava com Roberto Gusmão, chefe da Casa Civil do governo. Diante de seus dois principais colaboradores de comunicação, anunciou:
– Vamos fazer uma campanha pelas diretas já.
– O que é diretas já? – perguntaram.

O governador lhes explicou que havia uma emenda no Congresso, do então deputado Dante de Oliveira, que precisava de apoio popular para poder ser votada e restituir as eleições diretas plenas – não somente para os governos estaduais como para prefeituras e, especialmente, para a Presidência da República.

– Vocês vão fazer o primeiro comício das Diretas Já no dia 25 de janeiro – determinou o governador.

Mirava a data de aniversário da cidade de São Paulo, um feriado, dia propício para um evento daquele tipo.

– Mas, doutor André, nós temos pouco mais de um mês para organizar isso, é muito pouco tempo, não dá!

– Dá, sim! – devolveu Montoro. – Vocês sabem fazer!

João diz que "Montoro, quando queria uma coisa, não tinha como ser convencido do contrário".

– Precisamos escolher o local – disse João.
– Já está escolhido – disse Montoro. – Praça da Sé.

Estavam ainda no regime de exceção, e Montoro pensou que os militares não se atreveriam a dispersar manifestantes diante da catedral. "Ninguém vai impedir um movimento dessa ordem diante de uma igreja."

– O senhor já falou com Dom Paulo? – perguntou Cunha Lima, católico fervoroso, referindo-se ao cardeal arcebispo da diocese de São Paulo, Dom Paulo Evaristo Arns.

– Não, mas vou falar.

Telefonou, e Dom Paulo autorizou o comício, nas escadarias da catedral, onde seria montado o palco para o primeiro comício das Diretas Já.

"Ali começou a redemocratização do Brasil", diz João.

A produção do evento não poderia ser feita no Palácio do Governo. O comitê central instalou-se na Rua Colômbia, na sala de reuniões de uma casa da agência CBP, de Armando Santana, amigo de Montoro. Para ajudar, chamaram Mauro Motoryn, que passou a coordenar a campanha ao lado de Cunha Lima e do próprio João, e de Edson Dezen, presentes na segunda reunião com o governador. Nesse encontro, decidiram que o mestre de cerimônias do comício seria o radialista Osmar Santos, mais célebre locutor esportivo da época, escolha do próprio Montoro, que o admirava.

– Precisamos também de uma presença feminina – ponderou João.

– Ótimo! – disse Montoro. – Quem?

João lembrou que estava fazendo muito sucesso a atriz Christiane Torloni, em novelas como *Baila Comigo* e *Elas por Elas*, na TV Globo. João e Edson Dezen a conheciam. Ligou para Torloni, no Rio de Janeiro. Torloni era casada com Eduardo Mascarenhas, psicólogo carioca, que depois seria deputado. E a atriz aceitou na hora.

Ficaram Osmar Santos e Christiane Torloni para apresentar o comício. Duas semanas depois, João ligou para Roberto Gusmão e sugeriu convidar também alguém especial para cantar o Hino Nacional – o "grande fator de união". Sugeriu Fafá de Belém, também no auge do sucesso. "Ela também topou." No fim, Fafá de Belém cantaria não o Hino Nacional, e sim o "Menestrel das Alagoas", música de Milton Nascimento e Fernando Brant, referindo-se a Teotônio Vilela, político que deixou o partido do governo para se tornar denunciante dos abusos na ditadura militar e defensor da redemocratização.

Montoro, com Roberto Gusmão e o filho, Ricardo Montoro, seu secretário particular, se encarregaram de fazer os convites para os políticos. Na lista, todos presentes ao evento, estavam Ulysses Guimarães, Leonel Brizola, Luiz Inácio Lula da Silva, Fernando Henrique Cardoso, Orestes Quércia, José Serra, entre outros.

Com a experiência dos eventos de rua, como o Passeio a Pé e o Passeio da Primavera, João imaginou três passeatas, que sairiam do Teatro Municipal, do Vale do Anhangabaú e da Rua Sete de Abril, "arrebatando gente pelo caminho", até a concentração na Praça da Sé, marcada para começar às 6 da tarde.

No horário de início, a Praça da Sé estava lotada. Cerca de 300 mil pessoas, emergindo das catracas do metrô e vindas das três concentrações, se aglomeravam na praça, nos arredores e até em cima das árvores. Foi o "comício dos 100 mil", pelas Diretas Já. Na sequência, fizeram outro comício, este no Rio de Janeiro, nos mesmos moldes, em frente à Igreja da Candelária.

O último comício, João sugeriu que fosse no Anhangabaú, porque imaginava que a Praça da Sé seria pequena para tanta gente. Estava certo. Em 16 de abril de 1984, Montoro franqueou novamente as catracas do metrô e cerca de 1,5 milhão de pessoas formou um mar de gente no maior evento cívico já visto na história do Brasil. A campanha das Diretas Já contagiava os brasileiros, tornando-se um grande marco histórico da vida nacional.

Logo depois, no dia 25 de abril, foi votada a Emenda Constitucional nº 5, conhecida como Emenda Dante de Oliveira, deputado que a promoveu, reinstituindo eleições diretas para presidente. Acabou não sendo aprovada na Câmara dos Deputados, nem sequer foi ao Senado, num Congresso ainda dominado pela Arena. Faltaram 22 votos dos 320 necessários para formar a maioria de dois terços. Porém, o grande movimento popular forçava o regime a fazer uma ponte para o pleno restabelecimento das eleições majoritárias. "Começou a mudar o Brasil", diz João.

*

Candidato natural da oposição, porém desgastado junto ao regime como o homem que tinha forçado o caminho das Diretas, Montoro preferiu abrir mão de disputar a Presidência, em favor de outro político que se resguardara, mas prometia, uma vez eleito no Colégio Eleitoral, consolidar o caminho para o pleno restabelecimento da democracia. Tancredo Neves tinha mais chance.

"Montoro fez todo o movimento pela volta do controle político civil e democrático, mas, mesmo à frente do maior colégio eleitoral do país, teve a grandeza de viabilizar o doutor Tancredo como candidato à Presidência", diz João. Na eleição indireta, dentro do Colégio Eleitoral, Tancredo venceu o ex-governador de São Paulo Paulo Maluf, do PDS, com José Sarney como vice. Oriundo da Arena, Sarney ganhou seu lugar na chapa como um articulador junto ao regime militar – uma garantia de que a retomada do poder por um civil não implicaria em retaliações contra o passado. Tancredo Neves, porém, foi hospitalizado na madrugada antes da posse, e foi Sarney quem interinamente assumiu. Foi efetivado no cargo com a morte de Tancredo, em 21 de abril de 1985.

Naquele mesmo ano, havia uma eleição importante: a primeira, direta, para os prefeitos das capitais. Montoro pediu a João, a Jorge da Cunha Lima e Mauro Motoryn para coordenarem a campanha de Fernando Henrique Cardoso à prefeitura de São Paulo, para ser o sucessor de Covas, que se candidataria ao governo estadual.

João conhecia Fernando Henrique desde a campanha ao Senado, eleito suplente de Montoro, e assumindo seu posto quando ele se tornou governador – era amigo de seu filho, Paulo Henrique Cardoso. Assim como teve dificuldade para convencer Covas a aceitar a prefeitura de São Paulo, foi difícil para Montoro convencer Fernando Henrique a disputar a eleição municipal. "Fernando Henrique não queria nem ser candidato, quanto mais prefeito", diz João. "Foi aí que descobri que um candidato, quando não quer, não ganha."

Na campanha, Fernando Henrique concorria com mais 11 candidatos, entre eles Eduardo Suplicy, do PT, e o ex-presidente Jânio Quadros, emergindo como azarão das brumas do passado, inscrito pela mesma sigla com que se lançara na política, o PTB. Charmoso e querido, Fernando Henrique arrancou na frente, segundo as pesquisas, apesar da própria relutância. "Ele era bem-humorado, mas não queria ir à periferia de jeito nenhum", recorda João.

Alguns deslizes prejudicaram a campanha. "Era uma campanha bonita, arrumada, mas foram cometidos alguns equívocos", diz ele. Em uma entrevista à revista *Playboy*, Fernando Henrique admitiu ter usado maconha, o que pegou mal junto ao público conservador. Num almoço na *Folha de S. Paulo*, afirmou ao dono do jornal, Octávio Frias de Oliveira, na presença do jornalista Boris Casoy, que era agnóstico – isto é, não acreditava em Deus. Pediu a Casoy que não publicasse aquilo no jornal.

Casoy não publicou – mas, num debate na TV, perguntou de novo se Fernando Henrique acreditava em Deus, no ar e ao vivo, deixando-o em situação embaraçosa. "Foi um desastre", diz João.

Ainda assim, a vitória parecia tão certa que a revista *Veja São Paulo*, pouco antes da eleição, chegou a tirar uma fotografia de

Fernando Henrique na cadeira do prefeito, para a reportagem de capa de sua eleição. A pesquisa de boca de urna, realizada no próprio dia da votação, dava o candidato do PMDB à frente. A festa para a comemoração do resultado estava armada, no final da tarde de domingo. João e os coordenadores da campanha contrataram A Baiuca para a celebração – bufê na Rua Maranhão, ao lado do edifício onde Fernando Henrique morava.

Ocorre que todos na campanha, a começar pelo próprio candidato, tinham subestimado Jânio, personalidade magnética, clássico demagogo brasileiro, que na última hora patrocinou uma inesperada virada, emergindo das urnas como vitorioso, por estreita margem: recebeu 1,57 milhão de votos, 141 mil a mais que Fernando Henrique. Para a festa na Baiuca, com "comida, docinho, tudo", diz João, que a organizou, chegavam jornalistas, colaboradores da campanha e artistas, como Maitê Proença e Fafá de Belém, presentes nos eventos políticos desde as Diretas Já. O clima foi mudando à medida que chegavam as notícias da marcha da apuração dos votos, contados com as urnas abertas, dentro do pavilhão do Anhembi. O próprio Fernando Henrique, com a confirmação do resultado, não compareceu ao evento – conhecido pelos presentes desde então como a "festa da derrota".

Ironia do destino, aquela frustração deixou Fernando Henrique numa posição que lhe permitiu, mais tarde, ser ministro da Fazenda e depois presidente do Brasil. Porém, naquele momento, deu a Jânio seu momento de desforra. Jânio, eleito o novo prefeito, teve então a oportunidade de ironizar o adversário: posou para a imprensa desinfetando com um paninho a cadeira que, no fim, foi sua.

Durante a campanha, cujo trabalho acumulava com o da Secretaria da Cultura e da presidência da Paulistur, João tinha ganhado a antipatia incondicional do prefeito eleito. Em entrevistas, João tinha dito que seria um "retrocesso enorme" eleger o "presidente da renúncia", responsável pelo processo político que havia culminado na ditadura militar, depois de mais de vinte anos de esforços para a retomada da democracia. E chamou Jânio de "câncer".

Jânio se aborreceu com aquilo. Ligou para o pai de João. "Acabo de ouvir na televisão que eu sou um câncer", disse a Doria. "Esse não é o problema. Eloá [a mulher de Jânio] está morrendo de câncer aqui ao meu lado."

Depois disso, não bastava tirar João da prefeitura. Jânio passou a declarar que iria "aniquilar" a Paulistur.

E foi o que fez ao tomar posse, como seu ato número 1.

Doria toma posse na Embratur

DISCOVER BRAZIL

João ficou na Secretaria de Turismo e Lazer de São Paulo até o último dia, quando Jânio Quadros tomou posse, em janeiro de 1986. Na prática, a Paulistur realmente não acabou: suas funções, com cortes de pessoal, foram incorporadas ao próprio Anhembi. Porém, aquilo já serviu a Jânio para dizer que tinha "exterminado" a empresa e os feitos daquele João Doria, naquele "antro" da Paulistur.

O último projeto organizado por João na secretaria de governo foi o do Cometa Halley. Havia, desde o ano anterior, grande expectativa sobre o cometa, objeto celeste luminoso cuja passagem pela Terra só ocorre a cada 76 anos, e que seria avistado novamente em fevereiro de 1986. Os astrônomos diziam que o hemisfério sul seria o melhor lugar para vê-lo, e quanto mais ao sul, melhor.

Instalado em uma casa na Rua Colômbia, de onde passou a presidir o São Paulo Convention Bureau, criado por ele mesmo na Paulistur, João deu seguimento à campanha criada no governo, promovendo São Paulo como um lugar privilegiado para ver o Halley. A Paulistur apoiara uma série de atividades – festas, um desfile de moda, concurso de fotografia, desenho para crianças das escolas públicas –, dentro da "Semana Halley", com a participação dos atores de *A Família Halley*, filme do produtor e cineasta Odorico Mendes, que investiu no projeto.

O empresário da noite José Victor Oliva, então dono da célebre boate Gallery, fez uma festa VIP dentro de um avião da Transbrasil, para que a fina flor pudesse ver o astro ainda mais de perto. A aparição do Halley, prevista para ocorrer em 9 de fevereiro de 1986, porém, acabou sendo um fiasco: nada se viu a olho nu. "Houve muita expectativa, muita festa, mas nenhum cometa", diz João. Odorico Mendes, produtor do filme, entrou em dificuldades financeiras. Contudo, o evento acabou virando um *case* de marketing, com a assinatura de João.

Naquele momento, João pensava em disputar um mandato como deputado federal. Chegou a rodar e distribuir filipetas para concorrer, pelo PMDB de Montoro. A eleição, porém, ainda estava muito distante. Alternativamente, começou a estruturar, em parceria com a Ogilvy, o lançamento no Brasil da Scali, McCabe, Sloves – agência de publicidade americana de sucesso fundada em 1967.

Algo, no entanto, apareceu no meio do caminho. Foi à Europa, ainda em fevereiro, para participar da Internationale Tourismus-Börse (ITB), maior feira de turismo do mundo, em Berlim, na Alemanha. Quando estava no exterior, seu pai ligou para Luiz Lara, querendo saber onde andava o próprio filho. Doria deu a Lara a notícia de que João seria o presidente da Embratur, como já lhe havia sido prometido por Tancredo Neves.

Amigo de Doria, o então governador do Distrito Federal, José Aparecido, reforçou a indicação de João ao presidente José Sarney. Este conhecia Doria do tempo em que ainda era deputado federal – Sarney pertencia à chamada "Bossa Nova", ala mais liberal da UDN, partido conservador extinto em 1964, que formou a base da Arena. Outro amigo de Doria, também muito amigo de Sarney, o escritor Jorge Amado endossou a sugestão. O presidente, então, acedeu.

Lara deu um número de telefone a Doria. Este o passou adiante. João estava no hotel Steigenberger, em Berlim, quando, no meio da noite, tocou o telefone. Era Flávio Lara Resende, secretário do Ministério da Indústria e Comércio, pasta ocupada por José Hugo Castelo Branco, levado ao cargo por Tancredo Neves e mantido por José Sarney. João não conhecia nenhum dos dois. "Qual é o prazo mais curto para que você possa voltar ao Brasil?", perguntou. "O ministro gostaria de falar com você."

João pediu dois dias, pegou um voo da Lufthansa para Frankfurt e depois da Varig para São Paulo. Enquanto viajava, José Aparecido ligou para Doria. Disse que Sarney queria ver o João antes que fosse falar com o ministro Castelo Branco.

Quando pousou em São Paulo, João foi ao encontro do pai. Doria disse a João que Sarney iria convidá-lo para ser presidente da Embratur e que falasse primeiro com ele. Assim, mal tomou banho e trocou de roupa, João pegou o avião para Brasília e rumou para o Palácio do Planalto.

Sarney recebeu João por volta do meio-dia. Fez o convite antes do ministro. Na hora, João aceitou. Quando saiu do Palácio, almoçou e foi falar com Castelo Branco. Na mesma tarde, foi anunciado como presidente da Embratur.

Foi uma surpresa, pois o mercado do turismo dava como certo que o cargo seria de Paulo Gaudêncio, ex-presidente da Bahiatursa, favorito do todo-poderoso cacique político baiano Antônio Carlos Magalhães, então ministro das Comunicações, muito influente dentro do governo Sarney. "Todo mundo sabia da força do ACM, então não foi a nomeação que se esperava", diz João. Bom gestor, Gaudêncio fizera um bom trabalho na Bahiatursa, referência na área, assim como João, na prefeitura de São Paulo.

Dessa forma, João desativou o projeto da agência de publicidade e começou imediatamente no novo posto. Levou sua equipe da Paulistur para o Rio de Janeiro, onde ficava a sede da Embratur. "Tudo era novo para mim", diz. Já tinha ido lá, como presidente da Paulistur. Porém, era diferente assumir a direção.

A Embratur era uma instituição importante e valorizada, que tivera bons e importantes presidentes, como Saïd Farhat, ex-editor da revista *Visão* e ministro da Comunicação Social, o advogado e ex-deputado federal Joaquim Affonso Mac Dowell Leite de Castro e o ex-prefeito de São Paulo Miguel Colasuonno. Mais novo secretário de turismo e presidente da Paulistur em São Paulo, João era, aos 28 anos, o mais jovem a dirigir a instituição.

Tomados de surpresa, sem ainda receber salário, nem saber quanto ganhariam, os "Menudos" paulistas de Covas, que viajaram com João para tomar posse no Rio de Janeiro, não tinham dinheiro para a passagem aérea, nem onde morar na cidade. Todos os ex-presidentes da Embratur, com exceção de Colasuonno, moravam no Rio de Janeiro. Não havia, portanto, ajuda de custo para quem vinha de fora.

Os "Menudos" eram todos "duros" de dinheiro e nem sabiam ainda que os salários da Embratur eram baixos. "A gente ganhava muito mal, não podia pagar aluguel de um apartamento no Rio", diz Lara. João conseguiu passagens aéreas e hospedagem de cortesia. "Como éramos de São Paulo, os hotéis se uniram e disponibilizaram acomodação para a equipe da Embratur", diz Lara. A Associação de

Hotéis de Turismo, presidida na época por José Eduardo Guinle, do Copacabana Palace, destinou dez apartamentos na cidade para acomodar o grupo de executivos paulistas.

João ficou no Caesar Park, de Chieko Aoki, com os diretores adjuntos Luiz Lara e James Rubio; Rosana Beni e Ana Bicudo ficaram no anexo do Copacabana Palace; José Humberto Affonseca e Eduardo Colturato no Rio Othon; Rubens Sampaio no Hotel Glória e Edvard Barreto de Aguiar no Leme Palace.

João tirava Lara e Rubio da cama cedo e iam juntos para o trabalho. Lara usava um grande pente amarelo, da marca Flamengo, que trazia dentro do paletó, para ajeitar a cabeleira, que amanhecia sempre rebelde. "Parecia uma escova de aço", lembra João. Foi também uma fase de amores, em que ele conheceu Beatriz Maria Bettanin, a Bia, catarinense de Pinhalzinho, que trabalhava na Embratur, com quem se casou em 1987 e teve três filhos: João Doria Neto, Felipe e Carolina.

O trabalho trazia grandes desafios. A sede da empresa ficava num antigo prédio do Banco do Brasil, velho e deteriorado, na Rua Mariz e Barros, número 13, na Praça da Bandeira, bairro da Tijuca. Havia uma porção de salinhas, de maneira que as pessoas trabalhavam separadas, algo que feria o sistema ao qual João se acostumou, onde espaços amplos sem divisórias favoreciam o diálogo e o trabalho em equipe. "Ninguém via ninguém, aquela falta de integração me impressionava muito mal", diz ele.

Com mais de 400 pessoas trabalhando, a sede não tinha um auditório para reunir os convidados, nem os funcionários – era preciso fazer esses encontros no refeitório. O ar-condicionado estava quebrado. Quando chovia, a Praça da Bandeira, em frente, inundava. "Daquele jeito não dava", diz João.

Ele começou as mudanças pelo ambiente de trabalho – e nos primeiros meses fez uma reforma, quebrando as paredes para criar um ambiente aberto. Seguia a regra segundo a qual, para trabalhar, é preciso que todos se "sintam bem". Instalou um sistema de ar condicionado central. "Passou a ser uma outra Embratur", diz.

O ajuste não foi só no escritório. A Embratur era uma empresa cheia de vícios do estatismo, que ele tratou de cortar. Por medida de austeridade, ao decretar o Plano Cruzado, pacote econômico que congelava preços numa tentativa inglória de conter a inflação, o presidente José Sarney determinara um corte de 10% na folha de pagamento do funcionalismo público federal. A medida foi amplamente ignorada, inclusive pelo presidente anterior da Embratur, Mac Dowell Leite de Castro. Por João, não. Aproveitou a medida para promover um ajuste no quadro dos funcionários. "O único a cumprir a determinação do Sarney foi ele", diz Luiz Lara.

Verificou-se que a Embratur possuía vários "funcionários fantasmas", como eram chamados na época aqueles que ganhavam salário, mas nunca apareciam para trabalhar. Assim, João instituiu o cartão de ponto. No final do mês, quem não batia ponto, não recebia salário. Como os fantasmas eram conhecidos dentro da empresa, quando apareciam, eram "vaiados na entrada", diz James Rubio – "um constrangimento que os incentivava a sair".

Havia também a "turma do paletó". Deixavam o paletó pendurado na cadeira, mas nunca compareciam – quando alguém perguntava, estavam "almoçando" ou outra desculpa do gênero. Em todo lugar para onde João olhava havia algo para resolver. "A Embratur tinha a maior turma de advogados que já vi dentro de uma empresa", diz ele.

Em geral, esses funcionários que não trabalhavam eram apadrinhados políticos, que entravam na empresa por indicação, e lá estavam somente para receber o salário. Era a fatia mais óbvia para os cortes, mas tirá-los significava ganhar muitos inimigos. As estatais, sendo empresas, não tinham as limitações salariais do funcionalismo público. Por isso, eram alvo preferencial para apaniguados da política. "Foi duro resolver aquilo", diz João. "Principalmente os advogados."

No terceiro mês, João montou um conselho de ex-presidentes. Fez uma galeria com suas fotografias, na sede da empresa, em homenagem a eles. "Foi uma surpresa e uniu todos nós", diz ele. Consultando os mais velhos, desarmava possíveis críticas ou desconfianças em relação aos seus projetos e sua juventude. Fazia ainda uma política de boa vizinhança, amenizando as reações contra as demissões.

João tinha as ideias, abria portas, engajava parceiros e mobilizava a equipe, que vinha atrás, operacionalizando acordos e aparando arestas. Colocou pessoas de sua confiança em postos-chave, mas procurava trabalhar também com os diretores estatutários. O grupo trabalhava muito – e, jovens, se divertiam até com o próprio cansaço. Não havia área em que ele não entrasse, procurando levar ao plano nacional as boas experiências que havia implantado na Paulistur.

Na Embratur, João passou a estimular a criação de Convention Bureaux por todo o Brasil, usando como referência o de São Paulo, instituído durante sua gestão na Paulistur. O Rio de Janeiro foi a segunda cidade a adotar o Bureau. Depois, o modelo se espalhou. João instituiu uma taxa a ser paga pelos hotéis e um percentual sobre cada hospedagem. Para promover os Bureaux, tinha um grande patrocinador (a Credicard), além de um acordo com o Departamento de Aviação Civil (DAC) e com a Associação Brasileira de Agências de Viagens (Abav), presidida por Modesto Mastrorosa.

Com os Bureaux, criava opositores e desconfiança, naturais em um país em que tudo que acontece é sempre para beneficiar alguém. O que ele queria, porém, era somente aquilo mesmo: aumentar a taxa de ocupação dos hotéis e promover o comércio, agitando o turismo de fim de semana. Com isso, aos poucos ia vencendo resistências. "Sempre achavam que não ia dar certo, ou que era algo contra seus interesses", diz James Rubio. "Mas quem era contra sempre acabava aderindo depois."

*

O Brasil apenas começava a se internacionalizar. Para o projeto do Rock In Rio, Roberto Medina queria apoio institucional da Embratur. Seu objetivo no início era trazer um fluxo de turistas de outros estados, principalmente São Paulo. No segundo ano, utilizou-se daquela parceria para promover o evento nos países vizinhos: Argentina, Chile, Peru e Uruguai.

Em 1987, com apoio de Sarney, a Embratur promoveu o Ano Internacional de Turismo no Brasil. Contratou Pelé, grande astro do futebol brasileiro, para ser embaixador do Turismo. "Era o esportista mais popular do planeta, a maior marca brasileira, recebido por chefes de Estado", diz João. "E cobrava um valor muito baixo, por três razões: gostava de mim, gostava de viajar e queria, de fato, ajudar o Brasil."

João levava Pelé às feiras internacionais e a todo tipo de evento. "Rodei com ele o mundo inteiro", diz. Jantaram na Casa Branca com o então presidente americano Ronald Reagan e com Henry Kissinger, ex-secretário de Estado, fã da seleção brasileira e de Pelé, que havia encerrado a carreira no Cosmos, time de Nova York, para promover o "soccer" – como o futebol era chamado entre os norte-americanos. Na África do Sul, encontraram o arcebispo Desmond Tutu, Prêmio Nobel da Paz; na Inglaterra, a rainha Elizabeth II. Na Espanha, Pelé foi homenageado no Palácio da Zarzuela, residência da realeza espanhola, e fez embaixadinhas com o rei Juan Carlos. Em Bonn, na Alemanha, o chanceler Helmut Kohl convidou crianças, vestidas com as camisas das seleções brasileira e alemã, e montou um gol no gramado em frente à chancelaria. Kohl jogara de goleiro nas peladas da juventude e realizou ele mesmo um sonho de criança. Pediu que Pelé chutasse algumas bolas para ele defender, o que fez de paletó e gravata.

Até então, a Embratur tinha uma agência de publicidade para produzir suas campanhas de promoção do Brasil como destino turístico, tanto internamente quanto no exterior. João e os "Menudos" adotaram um sistema, mais tarde amplamente utilizado por órgãos públicos, de fazer uma licitação para a seleção de três agências de publicidade. A cada projeto, essas três agências pré-selecionadas tinham de concorrer entre elas, apresentando suas propostas. "Assim tínhamos custos menores, com as melhores ideias", diz João. "Funcionou."

Nesses moldes, a primeira grande campanha que fizeram, vencida pela Artplan de Medina, foi a do "Discover Brazil". João pretendia melhorar a promoção do turismo no Brasil dentro das quatro principais feiras de turismo europeias: na Alemanha, Itália, Espanha e Portugal. Graças a uma indicação vinda do Itamaraty, descobriram que havia um fundo do Mercado Comum Europeu destinado à promoção turística de países da América Latina nunca antes utilizado, por simples desconhecimento.

Acompanhado de Luiz Lara, João foi a Bruxelas, sede da União Europeia, falar com o comissário responsável pelo programa. "Ele ficou muito satisfeito, porque os recursos estavam parados, sem utilização", lembra. Aquela forma de promoção do intercâmbio era considerada importante para os europeus, tanto quanto uma forma de manifestação de incentivo e apreço pela América Latina. O Brasil foi o primeiro país latino-americano a se candidatar para receber esses recursos. A Embratur apresentou então o projeto Discover Brazil, cujo orçamento foi aprovado e pago em francos franceses diretamente aos executores dos serviços, na Europa.

Com tais recursos, a campanha foi realizada no melhor estilo, como pretendia João, de forma a apresentar o Brasil como um destino de Primeiro Mundo. Os estandes dos outros países eram exuberantes; ele queria montar algo à altura e pediu um projeto ousado. Nada como os antigos estandes da Embratur que João já havia visitado e o deixavam "envergonhado": não tinham mais que uma mesa, cadeiras e um painel verde e amarelo.

Foi montada então uma experiência imersiva, muito antes dessa expressão ser utilizada para definir um evento no qual as pessoas podiam mergulhar em som e imagem. Foi criado um corredor pelo qual se conhecia as diferentes regiões do Brasil ao caminhar, ouvindo uma trilha sonora encomendada à Orquestra Sinfônica de Londres, simultaneamente a um show de imagens, com fotografias tiradas por David Drew Zingg, utilizadas também no material promocional. O passeio sensorial pelo Brasil começava na Amazônia e terminava no Rio de Janeiro, principais ícones turísticos da campanha. Depois do corredor, chegava-se a um *lounge* onde estava Pelé, que fazia as conferências de imprensa no dia da inauguração. O estande do Discover Brazil circulou por todas as grandes feiras europeias, com despesas pagas pela própria União Europeia. Destacou-se em feiras com mais de 70 países participantes, além de outros expositores, como companhias aéreas e redes de hotelaria do mundo inteiro.

Na esteira daquele sucesso, no ano seguinte a Embratur fez a campanha Fly to Brasil, que agregava o Passaporte Brasil – ou *Passport to Brazil*, em inglês. Era uma espécie de pacote de viagem que estimulava a compra do bilhete internacional pela Varig, então maior companhia aérea brasileira e única nacional autorizada a fazer voos internacionais regulares. A companhia aérea possuía lojas nas principais capitais do mundo, sempre em bons endereços, razão pela qual muitos brasileiros no exterior iam à loja apenas para ler os jornais que chegavam do Brasil. No entanto, havia a concorrência das companhias aéreas estrangeiras – e a Varig queria atrair também os passageiros que não eram brasileiros.

Com o Passaporte Brasil, o turista de qualquer país que comprava um bilhete para o primeiro destino, obrigatório – o Aeroporto do Galeão, no Rio de Janeiro –, podia voar sem pagar a mais para até quatro destinos diferentes dentro do país. Assim, fazia um circuito como Frankfurt-Rio-Salvador-Recife-São Paulo-Belo Horizonte-Rio, por exemplo, pagando só a passagem internacional para o Rio. Além de estimular o turismo por estrangeiros, incentivava-se o turismo em várias outras capitais.

O lançamento do Passaporte Brasil, em cerimônia realizada no Palácio do Planalto, teve a presença de celebridades como Pelé e a modelo Luiza Brunet, no auge da beleza e da fama. O primeiro passaporte, entregue por João e o presidente Sarney, foi para o presidente das Organizações Globo, Roberto Marinho. "Ele não era de ir a eventos desse tipo", diz João. "Mas eu o convidei e ele aceitou." Raridade na Rede Globo, o evento recebeu dois blocos inteiros de cobertura jornalística dentro do *Jornal Nacional*, então o mais nobre, importante e popular informativo da TV, com alcance nacional.

Assim como nos eventos da Paulistur, todas as ações da Embratur eram patrocinadas. O cartão Amex arcava com 75% dos custos das campanhas institucionais. No caso do Passaporte Brasil, cuja campanha foi feita pela DPZ, o patrocínio era da Credicard. O modelo deu certo e seguiu no terceiro ano de João na Embratur, quando foi lançada sua terceira grande campanha para atrair turistas no exterior: "Brazil: what life was intended to be", ou "Como a vida deveria ser", pintando o Brasil como um delicioso paraíso tropical. A campanha, feita pela Ogilvy, tinha patrocínio no Brasil de duas companhias aéreas (Varig e Panam), além do Amex; no exterior, das companhias aéreas locais: na Alemanha, a Lufthansa; na Inglaterra, a British Airways; na França, a Air France. Foi veiculada nos Estados Unidos e em todos os países da Europa.

Para fazer aquilo funcionar, João colocava em ação toda a equipe, que trabalhava afinada. Liderava pelo exemplo – dava espaço de trabalho a cada um, mas era o primeiro a chegar, a assumir responsabilidades, buscando a perfeição até o limite. "O ritmo de trabalho do João chega a ser insuportável, mas com ele você sai maior do que entrou, melhora pessoal e profissionalmente", diz James Rubio. Não deixava o companheiro na estrada, tanto que muitos antigos colaboradores seguiram depois com ele por onde passou. "Ele é leal, dá *feedback*, cuida de quem trabalha com ele", afirma Luiz Lara.

Assim João trabalhava para colocar o Brasil no circuito do turismo e das grandes feiras internacionais. Como empreendedor, já tinha na cabeça seu ideal de perfeição, feito para estar no Primeiro Mundo: algo que valia tanto para um negócio quanto para um país.

*

Um dos grandes empecilhos do turismo, tanto para quem entrava no Brasil quanto para quem viajava para o exterior, eram as limitações herdadas da fechada economia nacionalista da ditadura militar. Não havia cartões de crédito internacionais e, por causa das crises econômicas, impunham-se até mesmo restrições para a quantidade de dinheiro vivo em dólar que se podia levar para fora do país em viagens.

A maioria dos turistas comprava dólares no mercado paralelo (o "câmbio negro") e levava o dinheiro em espécie, em bolsas afiveladas na cintura, embaixo da roupa, para chamar menos atenção. Os operadores de turismo operavam clandestinamente, porque tinham de trabalhar com a compra de dólares no câmbio paralelo, para poder pagar, no exterior, o que os clientes compravam no Brasil – como estada em hotéis, traslados e *city tours*. "Era uma confusão", lembra João.

Há muito tempo o mercado reivindicava mudanças, mas elas só começaram a acontecer quando se encontrou alguém dentro do governo que as encampou – e não desistiu de encontrar uma solução. Em 1987, João bateu na porta do então presidente do Banco Central, Fernando Milliet, que "não queria nem falar no assunto", segundo ele. Tentou de novo quando Elmo Camões entrou no lugar de Milliet, em 1988. João foi ao presidente Sarney, que deu a "orientação de superar as dificuldades e fazer".

Camões liberou a área de câmbio do BC para estudar o assunto, e o dólar turismo foi aprovado em 1988. Com essa nova cotação da moeda americana, referência para a troca em qualquer outra moeda, o governo esvaziava a procura por doleiros, que trabalhavam clandestinamente, nos fundos de agências de viagens ou em escritórios com portas de chumbo. O turista podia comprar no banco uma quantia de dólares, até o limite permitido, e recebia os *traveller checks*, ou cheques de viagem, num talão semelhante ao de cheques de papel, comuns na época. Estes deviam ser assinados no destino para pagar contas ou serem trocados por dinheiro, mediante a apresentação de um documento de identidade.

Mais do que aumentar a segurança para o viajante, o dólar turismo regulava e trazia para a legalidade todo o mercado do turismo, que antes funcionava por meio do câmbio negro. Com um *spread* (uma taxa de serviço), ficava mais caro que o dólar comercial, porém era legal, mais seguro e barato que comprar dólares de doleiros.

Dessa forma, o setor de turismo, obrigado antes a trabalhar de forma ilegal, passava a ser legalizado, com uma moeda própria. Ao tornar o mercado contabilizável, além de recolher impostos, o governo podia estimar o tamanho de um setor inteiro da economia, que saía da informalidade. "Ordenamos e tiramos o mercado do submundo", diz João. "Finalmente havia uma conta turismo, com o balanço do que o setor representava economicamente para o Brasil, como ocorria em qualquer país civilizado."

Outro enfrentamento das instituições monolíticas criadas no regime militar foi com o monopólio da Varig na aviação comercial. Dentro do espírito nacionalista e protecionista que presidia o setor aéreo, sob o controle do Ministério da Aeronáutica, a companhia acumulava privilégios de estatal, embora fosse uma fundação privada.

Entre esses privilégios estava a exclusividade entre as companhias aéreas brasileiras para a exploração das linhas internacionais, que lhe garantiam uma receita em dólar, moeda forte. Esse monopólio começou a ser quebrado apenas em 1984, quando a Transbrasil obteve autorização para fazer voos fretados para Washington e Orlando, na Flórida, um dos principais destinos de brasileiros no exterior. A Vasp também foi autorizada a fazer voos fretados para Orlando e Aruba. Era pouco, mas o dique monopolista da Varig começava a rachar.

João tinha um bom relacionamento com o presidente da Varig, Hélio Smidt, mas achava que o monopólio tirava a competitividade do mercado e deixava o viajante refém de uma companhia aérea só, sem direito a escolher, exceto tomando o avião de uma empresa estrangeira.

"Eu entendia que era muito ruim uma só companhia disputar o mercado internacional", diz. "Passei a defender a desregulamentação, isto é, que outras companhias aéreas nacionais pudessem ter o direito de fazer voos internacionais regulares, e não somente fretados."

A reação por parte da Varig foi imediata. "Fui na base do diálogo, mas determinado", diz João. "O Hélio ficou possesso." O presidente da Varig mobilizou parlamentares e reclamou no Ministério da Aeronáutica, que indicava diretores para a companhia, de forma a impedir mudanças.

A Varig se defendia com o argumento de que precisava ser forte para poder concorrer com as companhias aéreas estrangeiras. Como era preciso dar a contrapartida para que novas companhias nacionais pudessem ter linhas para fora, esse aumento implicaria aumentar também a concorrência no sentido contrário. "Nossa proposta não significava desrespeitar a Varig, ou diminuí-la, uma marca brasileira muito importante", diz João. "Mas ela podia enfrentar a concorrência com dignidade, isto é, serviço de qualidade suficiente até para ampliar seu naco de mercado."

Diante daquela reação, João bateu à porta de Sarney, para defender a competição entre as companhias nacionais. Para ele, o exemplo dos Estados Unidos mostrava apenas que a facilidade de voos, além de tarifas menores, favorecia o turismo. Depois da abertura para voos charter da Transbrasil ao território americano, a American e a United Airlines já realizavam mais voos para o Brasil, como contrapartida, trazendo um novo fluxo de turistas e dólares. Uma companhia monopolizadora, como parte da estratégia de "segurança nacional" da era militar, não fazia mais sentido num mundo cada vez mais aberto, onde era preciso concorrer para ter qualidade e competitividade.

A ideia da abertura do mercado aéreo brasileiro estava lançada, mas só ocorreu efetivamente mais tarde, a partir de 1990, quando a Vasp passou a voar para São Francisco e Los Angeles, nos Estados Unidos, além de Buenos Aires, na Argentina. A primeira eleição direta para presidente, com Fernando Collor, em 1989, abriu por fim o setor aéreo, junto com uma distensão em outras áreas, como a importação de bens de consumo – do vinho aos carros. O Brasil começava a se reintegrar ao mundo, numa onda de grande prosperidade, que João saberia surfar, como alguém com as ideias certas na hora mais certa – ou necessária.

*

Na Embratur, João enfrentou outras brigas duras em defesa da liberdade da atividade econômica, como pela legalização dos cassinos, proibidos em 1946 pelo marechal presidente Eurico Gaspar Dutra para atender a esposa, Carmela Dutra, muito católica, chamada de "dona Santinha". Havia muitos exemplos na história, como o do Cassino da Urca, no Rio, e de cidades como Araxá, em Minas Gerais, para não falar do exterior, de que os cassinos legalizados eram fortes geradores de empregos, impostos e desenvolvimento. "Era só uma questão de regulamentar e ter transparência no processo", diz João.

Ele sofreu forte oposição, sobretudo de natureza religiosa. Recebeu uma crítica direta de Dom Eugênio Sales, arcebispo do Rio de Janeiro, na coluna semanal que publicava em seis jornais, entre eles *O Globo* e *Jornal do Brasil*, os mais importantes do Rio de Janeiro, com influência nacional. Progressista em muitos aspectos, defensor da redemocratização e do combate ao racismo, Dom Eugênio era conservador em relação a outros campos do "pensamento em voga", como o chamava. Condenava experiências como a do bebê de proveta, o uso de preservativos, inclusive na campanha contra a Aids, assim como a legalização do jogo do bicho, a abertura de casas de bingo e a volta dos cassinos. Dizia que eram "excelentes aliados do narcotráfico, por facilitarem a lavagem de dinheiro sujo"[15].

João enfrentava ainda a maledicência, esporte coletivo brasileiro, ao qual se acostumou ao longo da vida, pelo fato de querer fazer e ter sempre o melhor, muitas vezes confundido com ostentação ou vaidade. "Nos tempos da Embratur, o pessoal do contra ironizava, dizendo que ele ia botar carpete vermelho na caatinga do Nordeste", lembra sua mulher, Bia Doria. "Devia ter colocado mesmo, pois ninguém promoveu o turismo como ele."

As mudanças promovidas por João ou que contaram de alguma forma com sua iniciativa vinham no bojo da renovação política, econômica e social do Brasil, que procurava desarmar a economia estatizada, engessada e ineficiente deixada pelo regime autoritário, responsável pela falência econômica. A consequência mais evidente da implosão da burocracia estatal vigente, geradora de uma borbulhante crise social, era o crescimento vertiginoso da inflação, que levou a sucessivos e inócuos "pacotes econômicos", mudanças em profusão que não debelavam as causas da carestia e com o tempo só aumentavam o descrédito do poder constituído.

Acostumado com a iniciativa privada, na qual tinha mais liberdade, João queria levar ao menos um certo pragmatismo ao poder público. Para avançar, sobretudo contra a estatização e os mercados fechados, tinha de enfrentar os empecilhos solidificados dentro da máquina estatal. No caso do dólar turismo, a decisão havia dependido da área econômica do governo, especialmente do Banco Central. No da abertura para a concorrência entre as companhias aéreas, do Ministério da Aeronáutica, sujeito ao poderoso *lobby* da Varig, presente tanto no Executivo quanto no Congresso. No caso dos cassinos, estava em jogo o avanço contra um certo conservadorismo, que ele, defensor "das causas liberais e daquilo que é correto", tomava como simples atraso.

Ao contrário da maioria dos presidentes de estatais, João não reclamava das dificuldades. Ele as usava para avançar. Antes, a Embratur era mantida por uma taxa cobrada dos hotéis na Ficha Nacional de Registro de Hóspedes (FNRH). Por causa de uma ação movida por Henry Maksoud, dono do hotel Maksoud Plaza, em São Paulo, a taxação foi julgada inconstitucional pelo Supremo Tribunal Federal, durante a gestão de João. Levar patrocínio privado para os eventos da Embratur e tornar suas ações menos dependentes de recursos públicos tinha o sentido geral da criação de um novo Brasil. A máquina do Estado brasileiro precisava ser modernizada, ganhar novas ferramentas para funcionar melhor – e para isso, antes de mais nada, era preciso pensar diferente.

Dessa forma, na Embratur João se tornou um pioneiro, não só nas campanhas dos passaportes como em áreas que só ganharam a atenção da sociedade e do poder público muito tempo depois. João realizou uma campanha de turismo para o deficiente físico, de forma a melhorar rampas de acesso e outros equipamentos. Foi o primeiro a fazer uma campanha de turismo ecológico, patrocinada pela indústria de papel Klabin.

"Com esse perfil de fazedor, João ganhou inimizades, porque atrapalhou muita gente da classe política", diz Luiz Lara. "Porém, ele tinha o respeito dos grandes empreendedores, que reconheciam o seu trabalho e não tinham inveja." Na Embratur, colecionou apoios importantes, de gente que via o lado positivo daquela presença fresca e promissora dentro do poder público, como o de Roberto Marinho, com quem almoçava semana sim, semana não, em sua sala no quinto andar da TV Globo, na Rua Lopes Quintas, no Jardim Botânico.

Fez outros relacionamentos importantes. Um dia, recebeu um telefonema internacional, pedindo que organizasse uma viagem pelo Rio Negro para Malcolm Forbes, magnata americano, editor da revista de negócios que levava seu sobrenome. Forbes queria conhecer a Amazônia a bordo do *Highlander II*, seu barco de cruzeiro, além de encontrar Pelé, de quem João era próximo, pelas campanhas que faziam juntos.

Com Forbes, João se aproximou mais da área de *publishing*, além de conviver com alguém com quem compartilhava certos valores. "Acabou se tornando um amigo, era um homem brincalhão, afável, gostava muito de mim também", diz João.

Forbes, cuja revista tinha como apresentação o bordão *"the capitalist tool"* ("a ferramenta capitalista"), era um ganhador de dinheiro por excelência. Era também um hedonista, para quem o dinheiro servia para ser aproveitado da melhor maneira possível: com estilo.

E aquilo, definitivamente, combinava com João.

Já como profissional de TV, entrevistando o ex-secretário de Estado dos Estados Unidos

UM JEITO DE FAZER

Para João e sua equipe, a Embratur foi uma grande experiência, graças à qual tiveram grande projeção. "A equipe era respeitável, fizemos bem, ganhamos credibilidade", diz ele. Contudo, por definição, aquele era um trabalho temporário. Sua trajetória na estatal rumou para o final com a doença do ministro José Hugo Castelo Branco, no final de 1987. "Eu me afeiçoei muito a ele, pela forma como me tratou desde o início, mesmo eu tendo sido nomeado pelo presidente Sarney, e não por ele", diz João.

Despachava com Castelo Branco toda quarta-feira em Brasília. O ministro, porém, tinha câncer em estágio avançado. João chegou a aproveitar uma viagem a Houston, no Texas, onde participou de um evento de turismo, para visitá-lo no hospital onde fazia tratamento. Isso os aproximou ainda mais. Castelo Branco tratou-se, mas acabou sendo levado pela doença de forma fulminante, em agosto de 1988.

Logo após a morte do ministro, João pediu a Sarney para sair. "Foi uma decisão espiritual", diz. "Espera mais um pouco, vamos ter que nomear um novo ministro", disse o presidente. Dois meses depois, João voltou a falar com Sarney. Via que não tinha o mesmo apoio do novo ministro, Roberto Cardoso Alves. Queria encerrar o ciclo na Embratur e voltar a São Paulo.

Ele o fez à sua maneira. Depois de transmitir o cargo, numa cerimônia com a presença de amigos que tinham vindo de São Paulo, foi para o Aeroporto Santos Dumont pegar a ponte aérea para casa com o seu grupo. Uma tempestade, porém, paralisou os voos pelo resto do dia. Contra a opinião geral, recusou-se a perder o tempo de voltar para trás e dormir num hotel, mudando sua agenda. Foi até a sala VIP do táxi aéreo da TAM e pediu ao responsável para passarem a noite ali, dormindo nos sofás. "Claro, com seu glamour, pegou o melhor sofá para si", diz Julio Serson, empresário do ramo de hotelaria, um de seus melhores amigos, que tinha viajado com o grupo para participar daquela despedida. Conseguiu ainda refeição para todos: sanduíches de avião com pão de forma frio, queijo e presunto.

*

Após a saída de João, a Embratur deixou de ser empresa: foi transformada em instituto. Material promocional foi jogado no lixo, incluindo fotografias da natureza, com o argumento de que os tucanos eram propaganda subliminar do PSDB. Foram abertos inquéritos internos para investigar contratos com empresas patrocinadoras e promotoras de eventos. A única irregularidade encontrada virou piada entre os colaboradores de João, que a chamaram de "inquérito do forninho". Tratava-se da compra sem licitação de um pequeno forno para o lanche dentro da empresa. "A gente trabalhava tanto que nem tinha tempo de sair para almoçar", diz Ana Regina Bicudo.

Uma vez fora da Embratur, em 1988, João foi se juntar a Luiz Lara, que havia deixado a estatal mais cedo, em maio de 1987, para se casar em São Paulo. Lara dirigia então a Almap Promoções, braço da Almap Alcântara Machado Publicidade, dos publicitários Alex Periscinoto e José de Alcântara Machado, irmão de Caio de Alcântara Machado – amigo do pai de João. Era então a segunda maior agência de publicidade do país, depois da MPM. Com a Almap Promoções, a agência fazia diversos eventos, patrocinados por seus clientes: a Copa DanUp de Futebol de Salão, transmitida pela rádio Jovem Pan, o Torneio Kibon de Natação, além de promoções para a Pepsi-Cola.

João queria ter uma agência de comunicação própria. Com Lara, foi conversar com os donos da Almap, que estava sendo vendida para a BBDO, agência americana entre as maiores do mundo, com presença em mais de 80 países. Periscinoto disse que a agência de promoções poderia ficar fora do negócio. "Alex foi muito bacana conosco", diz Lara. "Ele praticamente nos deu a agência de promoções." Em troca, João e Lara teriam de continuar atendendo os clientes da Almap, na área de promoção e eventos, o que era ótimo: começavam o negócio já com faturamento garantido.

O CNPJ da Almap Promoções virou Doria e Lara Associados – DLA, agência na qual João tinha 80% de participação. Ele e Lara queriam como sede uma casa na Avenida Rebouças, esquina com a Rua Oscar Freire. "Nós nos apaixonamos pelo local, era uma casa grande, bonita e adequada, mas precisava de reforma", diz João. De modo a ter uma empresa independente, montar a estrutura própria e contratar profissionais, eles precisavam de capital. João se lembrou dos irmãos Auriemo, de muito sucesso com a JHS, uma empresa de engenharia. Fábio e José Roberto Auriemo eram sócios capitalistas da churrascaria The Place, na Rua Haddock Lobo, conhecidos por diversificar seus investimentos. "Vamos lá, tentar não custa nada", João disse a Lara.

Foram à sede da JHS. Em vez de oferecer sociedade, pediram um empréstimo, garantindo devolver o dinheiro com juros e correção em dois anos. "Era uma questão de confiança", diz João. Os irmãos não decidiram na hora: pediram que ele e Lara voltassem na semana seguinte.

Ao retornarem, foram recebidos por Fábio Auriemo. "Vamos ajudar", disse. Afirmou, porém, que o dinheiro seria emprestado em parcelas. "Ao longo de dois anos, ou ao término, vocês pagam o que receberam, sem juros nem correção monetária." "Eu e Lara quase caímos da cadeira", diz João. Na época, a inflação era galopante, de forma que a eliminação da correção monetária garantia que pagariam bem menos do que receberiam, em termos reais.

Na DLA surgiram outros clientes, além dos que tinham vindo da Almap. Antes dos dois anos de prazo para a quitação da dívida com os Auriemos, João e Lara pediram um encontro. "Queríamos agradecer muito", disse João na reunião. "Tínhamos prometido devolver o dinheiro até o final do segundo ano, mas podemos e queremos devolver já."

Ele e Lara queriam pagar também os juros e a correção monetária, mas os Auriemos, surpresos e satisfeitos com aquela antecipação, mantiveram sua posição de aceitar somente o valor emprestado. Anos mais tarde, Fábio Auriemo confessou a João que havia se arrependido do empréstimo – devia ter ficado sócio da DLA. "Ele teria de fato ganhado bastante dinheiro, porque deu tudo certo", diz João.

Ao mesmo tempo que desenvolvia a DLA, João ganhou um inesperado espaço na TV. Enquanto ainda trabalhava na Embratur, no primeiro semestre de 1988, havia recebido um convite de Fernando

Barbosa Lima, diretor da TV Bandeirantes. Barbosa Lima precisava de alguém para substituir o jornalista e ex-deputado federal constituinte Roberto D'Ávila, que apresentava um programa de entrevistas com personalidades do mundo inteiro, o *Conexão Internacional*, inicialmente na TV Manchete, e estava de saída para ser candidato a vice-prefeito do Rio de Janeiro, na chapa de Marcello Alencar. João respondeu que não podia fazer o programa: como presidente da Embratur havia conflito de interesses. Além disso, nunca tinha feito televisão. "Não tinha nada de experiência na TV", afirma João. "Sempre estive no *backstage*, nunca na frente da câmera com o microfone."

Barbosa Lima, porém, não desistiu. Quando João saiu da Embratur, ainda em 1988, tocou o telefone. "Vamos almoçar", convidou. Foram ao Manhattan, então um dos mais agitados restaurantes dos Jardins, de José Victor Oliva, na Rua Bela Cintra, em São Paulo. O *Conexão Internacional* já estava fora do ar, mas a proposta continuava de pé. "Agora você não tem desculpa, vai ter que aceitar o convite", disse Barbosa Lima.

Daquela vez, João estava mais propenso. "Eu não tinha nenhuma expectativa, nem qualquer intenção de estar na TV, mas ele me convenceu", diz João. Aceitou, mas disse que não se sentia "confortável" de assumir o programa com o nome de "Conexão Internacional". Não queria comparações com D'Ávila, profissional de TV experiente, com a imagem muito associada ao programa, que fizera por muitos anos. "Não seria bom um neófito como eu ser comparado com o Roberto, entrando no mesmo programa", disse. "Se você tiver outro nome, que não estabeleça o comparativo, será melhor." Barbosa Lima então imediatamente sugeriu outro nome para o programa: Sucesso.

João gostou da ideia. Dali em diante, trabalhou ininterruptamente em televisão e rádio, onde chegou a ter 11 programas – só parou ao concorrer para a prefeitura de São Paulo, em 2016.

O programa *Sucesso* ia ao ar uma vez por semana. Dois meses após o almoço com Barbosa Lima, João estava em Nova York fazendo entrevista com Malcolm Forbes, facilitada pelo fato de que já o conhecia, de seu tempo na Embratur. Em 11 de dezembro de 1988, foi a vez de Donald Trump, então um polêmico empresário de Nova York. Dali em diante, conheceria muitas celebridades internacionais, incluindo artistas como Marcello Mastroianni e Omar Sharif – mais tarde, na sala de reuniões do Grupo Doria, em São Paulo, uma parede coberta com fotografias registrava seus encontros com muitas dessas personalidades.

Alguns desses encontros seriam especiais para ele – como David Ogilvy, que João conheceu em Paris, três anos antes de sua morte, em 1999. Entrevistou-o para o programa em seu castelo de Touffou, em Bonnes, na França, e contou-lhe a história do pai, que contribuíra para o sucesso da Standard, antes de ser vendida para a Ogilvy, em 1969. "Realizei um sonho", diz. "Ogilvy foi um grande inovador, o inventor da propaganda moderna."

Entrevistava com preocupação jornalística, porém, segundo ele mesmo, com "paixão", isto é, interesse real por pessoas inspiradoras, tomando delas as lições que podia. "Sendo um bom observador, e com minha admiração real por pessoas de sucesso, procurava sempre ser um pouco ou tudo que essas pessoas representavam", diz ele.

Para o público, o João da TV às vezes parecia muito chapa branca, mais elogioso que questionador. Contudo, com seu jeito sempre educado, sem segundas intenções, acabava tirando dos entrevistados o que não expunham em ocasiões nas quais se sentiam na defensiva. Mais a sua presença constante no vídeo, num programa que ia ao ar todos os domingos às 10 horas da noite, tornava-se alguém familiar para todo mundo, mesmo que muita gente o confundisse com Amaury Júnior – então dono de uma conhecida coluna social na TV, sempre ao lado de VIPs genéricos, com a proposta de mostrar a vida das celebridades.

Enquanto gravava as entrevistas de *Sucesso*, João seguiu no desenvolvimento da DLA. Como apoio para a promoção, achava que devia ter um braço de comunicação, que pudesse fazer o contato com a imprensa e colaborar na divulgação dos eventos. Para isso, como pessoas físicas, João e Lara associaram-se à agência de comunicação e relações públicas Voice, de Ana Regina Bicudo e Norma Alcântara.

Na DLA, João era o empreendedor, Lara fazia o atendimento, e ambos sentiam falta de um sócio responsável pela criação. Convidaram para isso Stalimir Vieira, redator gaúcho que ganhara prestígio em agências como DPZ e W/Brasil. Com o novo nome de

DLS, incorporando a inicial de Stalimir, tinham a proposta de ser uma "butique criativa", atendendo clientes charmosos. Assim, ganharam novas contas, como a do Club Med e do departamento de turismo do governo de Aruba, que virou um *case* de sucesso, com o *slogan* "Aruba é do Caribe".

Em concorrências, conquistaram também a conta do Diners Club, primeiro cartão de crédito do mundo, conhecido por ter uma carteira de clientes de renda mais alta. Na disputa, venceram a FCB, agência americana com clientes multinacionais, como a Colgate Palmolive, uma das dez maiores agências atuantes no Brasil. O líder da empresa na América Latina, Gustavo Cubas, o "Gustavito", cubano de nascimento, tomou um duro golpe: tinha a conta do Diners no continente inteiro e a perdera justo no Brasil. "Quando ganhamos a conta do Diners, aquilo causou um mal-estar enorme na FCB", lembra João. "Tinham perdido para uma agência nova e de uns meninos. Gustavo ficou inconformado com aquilo, ao mesmo tempo que admirado."

Logo depois, em 1992, a FCB fez uma oferta para comprar a DLS – e, assim, trazer para dentro a conta do Diners. Tinha entrado no mercado brasileiro dessa mesma forma, por meio da aquisição de 60% da Siboney, agência cubana radicada em Miami, que tinha a conta da Colgate Palmolive para o mercado latino-americano, deixando Gustavo Cubas no seu comando.

No primeiro momento, João achou que era um bom negócio para todos. "Eu me entusiasmei com a ideia, o Lara é que não quis vender a agência", diz ele. Com a venda dos seus 20%, Lara não ganharia muito – e ainda ficaria sem negócio. Entraram em acordo. Negociando junto ao Diners, de um lado, e de outro com a FCB, João saiu da sociedade e foi sozinho para a agência americana, levando a conta do Diners. Lara ficou tocando a agência com as outras contas, em sociedade com Stalimir. A DLS perdeu então o D de Doria, e ficou LS – Lara & Stalimir, precursora da Lew & Lara, que seria mais tarde uma das maiores agências de publicidade do país.

João mudou-se para a FCB, recebendo dinheiro pela "aquisição" da parte de 80% da DLS, que vinha com a conta do Diners. "Foi o primeiro grande dinheiro que ganhei", diz ele. Até então, morava com o pai e dona Teresinha numa casa no bairro do Morumbi. Com o dinheiro da FCB, comprou seu primeiro apartamento, em frente ao Parque Trianon. "Pequenininho, com charmosos 50 metros quadrados", diz ele. Antes dono de um Passat branco com roda de magnésio, João comprou seu primeiro carro importado: uma BMW série 3.

Ficou dois anos como "vice-presidente executivo de expansão" na FCB, cujo escritório ficava na Avenida Paulista. "A primeira vez que ganhei bastante dinheiro foi aí", diz. "Gustavo acreditou em mim." Dava ideias para melhorar a percepção do Diners junto ao comércio varejista e o setor de turismo, que conhecia bem. "Tinha motivação pelo meu compromisso, por respeito à agência e ao Gustavo", diz ele. Entretanto, João pretendia ficar na FCB somente 24 meses – o prazo estabelecido em contrato.

João não tinha o perfil de um profissional de agência de publicidade, que tem de usar de tato com o cliente, frequentemente muito exigente, eventualmente temperamental – em qualquer caso, sempre com opiniões próprias. Queria fazer o que achava certo, o que nem sempre combinava com a máxima segundo a qual quem manda é o dono do dinheiro. Além disso, como cubano, Gustavo Cubas adorava fumar *puros* – coisa da qual João preferia manter distância.

Durante aquele período, com autorização de Cubas, João não deixou de fazer o programa *Sucesso* – ao contrário, aumentou sua ingerência no programa. Com a concordância da Bandeirantes, passou a fazê-lo em parceria com a Mikson, da família Ortali, onde seu irmão Raul trabalhava. Depois assumiu integralmente a produção e a comercialização do *Sucesso* por meio de uma empresa, a Videomax, origem do Grupo Doria. Não comprava o espaço: a Bandeirantes exibia e dividiam o resultado. "Éramos sócios", diz João.

Quando terminou seu contrato de dois anos com a FCB, João saiu, resolvido a ficar com sua atividade na TV e cuidar de novos negócios – um embrião do que seria a sua empresa de eventos. O futuro estava aberto novamente e começou uma nova fase, em que teria, como personagem de seu próprio programa, extraordinário sucesso.

*

Depois de deixar a agência, João passou a realizar eventos regulares em Campos do Jordão, com o patrocínio de empresas que pediam algo diferenciado. Depois da abertura comercial promovida por Fernando Collor, produtos importados começavam a chegar ao Brasil e os brasileiros de alta renda se entusiasmavam por grifes, vinhos, gastronomia, produtos e viagens internacionais. Sendo ele mesmo um hedonista, João gostava daquele mundo e passou a produzir eventos para marcas importadas que entravam no país ou marcas nacionais que procuravam sofisticar sua imagem.

Para aproveitar aquela onda, em 1995 lançou em Campos do Jordão o Shopping Market Plaza, no bairro do Capivari – o "maior shopping sazonal" do país, segundo se definia, por abrir somente na temporada de inverno. Levou para o local as principais grifes e reabria as portas sempre no feriado de Corpus Christi, marco inicial da temporada de férias. Com o shopping, ampliou seus eventos na cidade, aplicando suas ideias localmente – da promoção do Passeio de Cães a eventos promocionais dentro do Festival de Inverno, que contava com apresentações de música clássica e outras atividades culturais e de lazer.

Na TV, a Videomax passou a produzir outros programas, além das entrevistas de João – como o *Walking Show*, programa de entrevistas com celebridades e reportagens sobre festas, turismo, negócios e compras, o universo de João na época. Estreou na TV Gazeta com a apresentadora Rosana Hermann – ela cedeu seu lugar quando assumiu a direção da Rede Mulher, em 1997, para a atriz Patrícia de Sabrit, ano em que o *Walking Show* era exibido nas noites de sexta-feira pelo canal CNT.

Os eventos projetavam João no mercado como promotor. Mostravam como ele trabalhava – e nunca desistia, mesmo quando outros já dariam tudo por perdido.

Em 2000, o banco Pátria, então chamado de Patrimônio, formado por um time de banqueiros ligados ao Chase Manhattan, havia formado um fundo de *private equity*, o Brasil Fund, com capital eminentemente estrangeiro. Entre outros negócios, o fundo adquiriu o Boa Mesa, evento de gastronomia, que tinha entre seus sócios o jornalista Josimar Melo, e a Casa Cor, que reformava uma casa entregando os ambientes a diferentes arquitetos, para exibição ao público. O banqueiro responsável por essa operação, Giampaolo

Baglioni, conhecido pelos colaboradores como GB, precisava de alguém que dirigisse o negócio e o expandisse, levando os eventos, charmosos, porém ainda pequenos, a outras cidades além de São Paulo. Utilizava para isso a sinergia no grupo com as revistas segmentadas que o fundo havia adquirido, especialmente a revista de gastronomia *Gula* e a de arquitetura *Viver Bem*.

O diretor comercial da operação, o publicitário Ênio Vergeiro, sugeriu a GB associar-se a João. Ênio o conhecia desde o tempo em que dirigia a área comercial da revista *Veja* e fazia parcerias com ele por meio da *Veja* São Paulo, a *Vejinha*. Mencionou a GB os eventos patrocinados que João já vinha fazendo com muito sucesso, aproximando um público qualificado de grandes marcas. Além das promoções dentro do Festival de Inverno em Campos do Jordão, João fazia evento semelhante no hotel Casagrande, no Guarujá, no verão. Produzia também eventos como o Porsche Day, que permitia um *test drive* no Autódromo de Interlagos para clientes selecionados e influenciadores.

"A maneira pela qual ele fazia os eventos era inovadora", diz Ênio. "Convidava potenciais patrocinadores para um café da manhã, apresentava o evento, e naquele momento já vendia os espaços de publicidade. Largava com o evento quase pronto – um modo diferenciado de venda, ousado e muito agressivo."

Marcaram a reunião para o sábado, 8 da manhã, a pedido de João, no escritório da empresa, que já se chamava Doria, então no Itaim. João gostou do negócio e viu também a possibilidade de atrair recursos do Brazil Fund para expandir os eventos que já fazia. De passagem, na conversa, GB e Ênio mencionaram a João que estavam negociando o licenciamento da revista americana de negócios Forbes, para publicá-la no Brasil. João disse que tinha conhecido Malcolm Forbes, então já falecido, e era ainda amigo dos filhos.

Dois dias depois, na segunda-feira, ao conversar com o filho de Malcolm Forbes, Christopher "Kip" Forbes, GB ficou surpreso ao saber que João falara com ele sobre o licenciamento da revista. Ficou inseguro e resolveu recuar. "João assustou o banqueiro", diz Ênio. "Banqueiros gostam de ter o domínio do negócio e, pela abrangência dos relacionamentos de João, além da sua iniciativa, achou que ele poderia tomar-lhe a frente."

A empreitada não foi adiante, mas, mesmo assim, João ligou para Ênio e agradeceu por ter feito aquela ponte, por meio da qual se apresentou uma oportunidade. Mandou-lhe um presente: uma carteira da Montblanc, com um cartão. Ênio guardou-a como lembrança (com o cartão dentro).

Em seguida, o banco Pátria contratou o ex-editor da revista *Casa Claudia*, Roberto Dimbério, como executivo do negócio. Na hora de vendê-lo, em setembro de 2008, o comprador – a Editora Abril – decidiu procurar o melhor parceiro na época para assumir a gestão. Bateu à porta de... João. Deu-lhe 50% de sociedade nos eventos, na época já maiores. A Casa Cor, que estava naquele ano em sua 22ª edição, tinha a expectativa de receber mais de 120 mil visitantes. A Doria, como empresa de eventos, já era maior e mais encorpada, e o negócio no final acabava nas mãos de quem mais se especializara, criando um modelo de vender e entregar o produto, tanto para o público quanto para os patrocinadores.

Nas mãos de João, com a Abril fazendo o marketing dos eventos por meio de suas publicações, o negócio cresceu ainda mais rápido. O jeito de fazer as coisas lhe dava o poder da transformação. Daquela forma, prosperava: mudou sua vida e a de sua família. Aplicava-se em tudo de que participava, incansavelmente.

Quando a Abril sentiu que ele fazia tudo sozinho e quis gerenciar o negócio, comprando de João sua metade no negócio, três anos depois, a Casa Cor já tinha 21 franquias, 17 no Brasil, além de quatro no exterior; gerara dois filhotes, o Casa Hotel e o Casa Boa Mesa; promovia seminários e eventos: a Casa Cor Stars (com palestras de profissionais da arquitetura, decoração e paisagismo), a Casa Kids, a Casa Festa e a Casa Talento (focada no design). "Ganhamos um bom dinheiro", diz Celia Pompeia, principal executiva do Grupo Doria, segunda no comando, depois do próprio João – ela estava com ele desde o tempo em que era gerente de banco, e ele, um jovem empreendedor, começando nos negócios. "Coisa de vencedor", diz Ênio.

O desempenho ascensional de João tinha relação com seu espírito construtivo e perfeccionista, que se espalhava em tudo que fazia. Ele colocava todo dia um tijolo em cima do outro, de maneira constante e obstinada, de uma forma invariavelmente gentil e pontual. Executava cronogramas e cumpria a palavra, tudo à risca. Essa obsessão pelo cumprimento dos compromissos se estendia a tudo, até ao lazer, a ponto de se tornar parte do seu folclore particular.

Tornou-se famosa entre os amigos a história das férias de 2004, em que ele e Julio Serson, com as esposas, compraram bilhetes para relaxar nas ilhas Maldivas. Pouco antes, um violento *tsunami* atingiu 14 países do sul asiático, deixando mais de cem mortos no arquipélago. Serson e sua esposa, Carla, assim como Bia, tentaram convencê-lo a mudar o destino, na escala em Dubai. "Sugerimos trocar o bilhete para algum lugar da Europa, onde continuaríamos as férias sem grande transtorno", conta Serson. "Mas ele nem sequer admitiu pensar na hipótese." Feito um plano, João o cumpria, fosse como fosse. Seguiram em frente, mesmo em clima de desolação: os hotéis tinham sido abandonados pelos turistas, funcionários relatavam ter perdido amigos e parentes, e o maior movimento no aeroporto era de equipes de resgate.

A obstinação de João, somada à vontade de estar sempre aumentando tudo o que tinha, o levava por vezes ao confronto. Avançava, mas tratava depois de aparar as arestas e promover alguma conciliação. Parte do terreno da Villa Doria, casa de seu pai, que modernizou e ampliou em Campos do Jordão, entrou em disputa de posse com a prefeitura local, que reclamou da invasão de uma área pública de 365 metros quadrados. João tentou regularizar a situação, oferecendo em troca um gerador para a cidade.

Em outra confusão, bem mais tarde, um inquilino que alugara por nove dias uma casa comprada por João em Trancoso, na Bahia, ameaçou fazer barulho na imprensa, depois que ele sinalizou sua intenção de depositar o cheque caução para o reparo de danos causados no imóvel. Para evitar mais encrenca, João convidou-o para uma reunião em seu escritório. Não somente resolveu a querela, como o inquilino deixou a reunião como associado do LIDE – o novo negócio de João, que seria como um jato para a sua carreira empresarial.

*

João gravava a entrevista para o programa *Sucesso* por volta das 11 horas da manhã, numa sala do World Trade Center, zona sul de

São Paulo – "bonita, elegante", diz ele –, transformada em estúdio. Convidava o entrevistado depois para o almoço, no restaurante do próprio WTC. Isso cultivava um relacionamento "muito bom, muito fluido", nas suas palavras, com essas pessoas.

"Comecei a perceber que elas não se conheciam, entre elas mesmas", diz João. "Era coisa curiosa: como pessoas tão significativas, tão importantes, não se juntavam?" Programou então um encontro de empresários, num final de semana. Pensava apenas em fazer relacionamento: apostou que os donos do capital iriam também gostar de conhecer uns aos outros e trocar experiências.

Realizou o primeiro encontro no resort Club Med de Rio das Pedras, em Mangaratiba, no estado do Rio de Janeiro, relativamente próximo tanto para quem vinha da cidade de São Paulo como do Rio de Janeiro. Oferecendo passagem e hospedagem, João reuniu ali dez casais, com empresários que não se conheciam entre si. Chegaram na sexta-feira e foram embora no domingo. "Todo mundo adorou", diz João.

No ano seguinte reuniu outro grupo, só que dessa vez formado por vinte casais. "Foi outro sucesso retumbante", afirma. As pessoas jogavam tênis, futebol, almoçavam e jantavam juntas – "tudo muito agradável". No terceiro ano, João começou a pensar que aquilo poderia virar um negócio. Todos que tinham ido ao evento tinham feito propaganda boca a boca e havia grande interesse de outros em participar. João levou um terceiro grupo para o hotel Comandatuba, na ilha de Itaparica, na Bahia – já eram quarenta casais. Assim como no programa *Sucesso*, que visava um público qualificado, encontrou patrocinadores interessados em investir no evento, de forma a se apresentarem a lideranças e influenciadores de negócios. "Foi um show", diz João. "O primeiro com as características de fórum, que deu origem ao LIDE."

Daí em diante, ele seguiu fazendo os eventos em Comandatuba. Consolidou o modelo do Fórum Empresarial, encontro anual no qual o trabalho é cercado de luxo, com shows, gastronomia assinada por *chefs* renomados e lazer, tudo patrocinado – do transporte às gentilezas distribuídas aos empresários e cônjuges, de celulares a produtos de beleza.

Além de promover o relacionamento entre os participantes, João passou a oferecer conteúdo, na forma de palestras, com convidados.

"Entendi que isso era importante para a consolidação do evento", diz. "E deu certo." O negócio se sofisticou. Em 2003, João formalizou a criação do Grupo de Líderes Empresariais, o LIDE, responsável por encontros, seminários e debates – uma plataforma de relacionamento, com o propósito de ampliar a troca de experiências no meio empresarial e contribuir para tornar o mercado brasileiro mais eficiente. Eram aceitos no grupo membros de empresas brasileiras ou multinacionais, com faturamento superior a 200 milhões de reais anuais.

"Há fóruns econômicos mais antigos e importantes, como o Fórum Econômico Mundial de Davos, na Suíça, mas o LIDE não se inspirou em nenhum deles, é diferente", diz João. "Foi criação nossa, surgindo passo a passo, aproximando empresários, políticos, gestores públicos, executivos e influenciadores." O LIDE passou a realizar eventos não somente no Brasil como no exterior. O segredo, para João, era o mesmo do início. "Todos os que frequentavam os eventos se sentiam bem representados nas discussões temáticas e no relacionamento", diz.

O LIDE passou a funcionar como um clube: seus integrantes pagavam uma parcela anual, com direito a participação nos almoços empresariais, cafés da manhã e seminários. Os patrocinadores promoviam sua marca e as empresas punham sua bandeira nas mesas, para as quais podiam trazer convidados. Alguns deles anunciavam também no programa da TV e nas revistas que João trouxe para o grupo. "Esse modelo deu muito certo", diz ele.

O LIDE tornou-se o negócio mais importante de João. Além de São Paulo, sua sede, abriu três unidades próprias e mais onze franquias em outras cidades espalhadas pelo país. No exterior, fez seu primeiro evento na Argentina. O segundo, em Portugal. Surgiram outras unidades fora do país, realizando eventos regularmente (Alemanha, Angola, Argentina, Chile, China, Estados Unidos, Itália, Marrocos, Moçambique, Portugal, Uruguai e Dubai). Em 2022, possuía 1.650 empresas filiadas, cujo faturamento, reunido, equivalia a 52% do PIB do setor privado no país.

Dentro do LIDE, João promovia eventos sobre qualidade, governança corporativa e suporte para educação, sustentabilidade, programas comunitários e do terceiro setor. Seu empenho pessoal pela qualidade e eficiência em tudo que fazia acabava servindo nesses eventos para inspirar outras lideranças, colocadas num ambiente de convivência, de ideias e comportamento de Primeiro Mundo.

Para cobrir as mais diferentes áreas de interesse, dividiu o LIDE em diversos setores, de Agronegócios a Justiça, passando pela saúde, interesses da mulher, tecnologia, turismo e "solidariedade". Para que o LIDE ficasse focado em relacionamento e conteúdo, João criou empresas de modo a gerir autonomamente as atividades complementares, como a de montagem de eventos, shows e conferências. Assim, o Grupo Doria de comunicação e marketing passou a aglutinar, além do LIDE, cinco empresas, todas com o seu sobrenome: Doria Eventos, Doria Administração de Bens, Doria Editora, Doria Internacional e Doria Marketing & Imagem.

A editora fazia a revista *LIDE* e outras publicações segmentadas em temas como empreendedorismo, agronegócio e relações familiares. João entrou também em estilo de vida, com o licenciamento da *Robb Report*, revista norte-americana voltada "à classe média alta", cujo público correspondia no Brasil ao do próprio LIDE. Tudo isso sem deixar a TV – onde, de repente, surgiu um desafio inesperado.

*

Depois de quatro anos no ar, ao mudar para a TV Manchete, João trocou o nome do programa *Sucesso*, que passou a se chamar *Show Business Manchete*. Dali a atração foi para a Rede TV e, em 2007, voltou à Bandeirantes. Dois anos depois, em 2009, João recebeu um telefonema de Walter Zagari, seu antigo chefe na TV Tupi, na época vice-presidente comercial da TV Record. "Queria te fazer um convite, no chanfro, e depois te visitar", disse Zagari. "Queria que você apresentasse *O Aprendiz*."

Era uma franquia inglesa, com muito sucesso na TV americana, de um *reality show* que simulava a gestão de carreira em empresas. Nos Estados Unidos, o programa era estrelado por Donald Trump, que tornou famoso o seu bordão: "está demitido!" A popularidade em *O Aprendiz*, com seu estilo de chefe linha dura, lhe deu o impulso inicial para a carreira política que o levaria à Presidência dos Estados Unidos. No Brasil, o programa tinha sido ancorado pelo publicitário Roberto Justus, que, após seis temporadas, estava de saída.

Marcaram o encontro na casa de João. Ele conhecia *O Aprendiz*, gostou do convite e da remuneração que lhe foi oferecida. Havia, contudo, duas dificuldades. "*O Show Business* está no ar há muito tempo e não tenho intenção de interrompê-lo", disse. "Se for possível fazer os dois programas, podemos seguir a conversa." A outra condição: João só podia gravar o programa depois das seis horas da tarde. Trabalhava durante o dia no Grupo Doria e já fazia o *Show Business*. "Se isso for viável, contem comigo", disse.

Os executivos da Record concordaram. João falou em seguida com Johnny Saad, na Bandeirantes. Expôs as razões pelas quais não queria sair da TV, e também porque achava que poderia fazer ambos os programas. Afirmava que eram distintos, sem competir entre si: o da Record era um *reality show*, o da Band, um programa jornalístico de entrevistas. O relacionamento antigo favoreceu a decisão. "Eu tinha uma relação muito sólida com o Johnny, de muita amizade", diz João.

Saad aceitou, abrindo mão da exclusividade em ter João naquele período. Então, em agosto de 2009, João fez um contrato com a Record por dois anos. Passou a aparecer simultaneamente em dois grandes canais abertos, algo raro no mercado. Para *O Aprendiz*, João convidou como coapresentadores a empresária Cristiana Arcangeli, fundadora da indústria de cosméticos Phytoervas, e David Barioni, ex-presidente da companhia aérea TAM. As gravações da "Sala dos Aprendizes", em estúdio, eram às dez da noite, na sede da Record, na Barra Funda, em São Paulo. As externas, que exigiam luz do dia, eram feitas entre 17 e 18 horas, ou em finais de semana. João chegou a ir aos Estados Unidos gravar um encontro com Trump, na Trump Tower, com o objetivo de aumentar a identidade do programa brasileiro com o americano.

Recebia críticas por ter um perfil diferente. Enquanto Trump dizia "está demitido" com uma naturalidade que beirava a satisfação, no que era seguido por Justus, João não gostava de demitir ninguém. Apesar da visita a Trump, não gostava da ideia de ser o "Trump brasileiro" e refutava semelhanças entre ambos. "Trump quase batia nos aprendizes", lembra João. A demissão dos participantes era a grande atração do programa, mas ele achava que podia fazer diferente. Os diretores o mandavam falar palavrão, bater na mesa, mostrar indignação. Por vezes, tinha de repetir a cena da demissão para parecer mais convincente, tal o seu desconforto naquela situação. "O máximo que eu conseguia era fazer cara de bravo", diz João.

Nas novas versões criadas pela franquia, em 2010 apresentou o *Aprendiz Universitário* e, em 2011, o *Aprendiz Empreendedor*. Cumpriu os dois anos de contrato, mas não quis renová-lo. "Fiquei exaurido", diz. "E olha que, para eu ficar exaurido, precisa muito." Era uma carga grande de gravação, e os diretores, José Amâncio Pedreira e Sérgio Arapuã Filho, muito exigentes. "Fiz tudo, com minha disciplina e obediência, adorei a experiência, mas foi muito desgastante", afirma. "Chegava em casa às 2 da manhã, morto, para acordar às 5." Depois dele, Justus voltou e fez o programa por mais três anos.

Para muita gente, seria a hora de fazer menos e desfrutar mais. Com o LIDE, a fortuna pessoal de João cresceu exponencialmente em duas décadas. Os negócios iam de vento em popa. Seu irmão, Raul, também ia bem, à frente da Cine, sua produtora de vídeo. Como sociedade civil limitada, o LIDE nunca divulgou quanto faturava. João já tinha comprado o terreno ao lado de sua casa no Jardim Europa, que ficou com 3.304 metros quadrados de área construída, numa área total de 7.031 metros quadrados – uma chácara na zona mais nobre e cara da cidade. Com um jardim povoado por obras de arte, um campo de futebol *society* gramado e quadra de tênis, a decoração refletia sua história familiar. Na parede, destacavam-se telas de Di Cavalcanti, algumas delas recuperadas da coleção do pai, vendida durante os anos de exílio. Em Campos do Jordão, a Villa Doria tinha dezesseis suítes. João declarou possuir um avião Legacy, um helicóptero Bell 429, para sete passageiros, e um apartamento em Miami, no condomínio St. Regis, em Bal Harbour.

Seu negócio era saudável e próspero, sua reputação estava consolidada junto ao meio corporativo, não apenas como um fazedor de eventos bem-sucedidos, mas como um homem de negócios realizado. Publicou dois livros, que exprimiam essa condição: *Sucesso com estilo* e *Lições para vencer*. Na TV, tinha feito um *talk show*, o *Face a Face*, na Band News TV, canal por assinatura, em 2015. Somente com *Sucesso* e *Show Business,* fez mais de 5 mil entrevistas até 2016.

Entretanto, quando tudo parecia estar bem, João tomou uma decisão, sem prévio aviso, da noite para o dia, que mudou sua vida e de sua família. Era arriscada, trabalhosa e de resultado incerto, mas, para quem não sabia o que era acomodação e viu a oportunidade de realizar uma ambição secreta, não foi difícil de tomar.

Como seu pai, o bem-sucedido homem de comunicação decidiu inopinadamente entrar para a política.

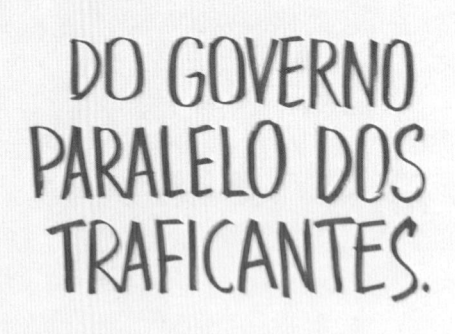

DO GOVERNO
PARALELO DOS
TRAFICANTES.

JOÃO DORIA JR.

LUIZ FLÁVIO BORGES D'URSO

Doria enfrenta o primeiro governo do PT

DE NÃO
FAZER NADA.

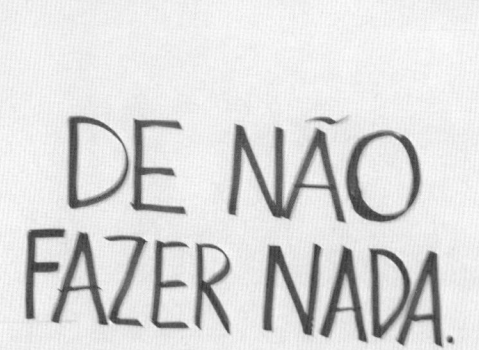

O ANTI-LULA

João diz que não pensava em voltar à gestão pública, na qual jamais havia disputado um cargo eletivo, e que acabou sendo levado a isso, segundo ele, pelas "circunstâncias do Brasil".

Começou a se reaproximar da política em 2007, quando, no segundo mandato do governo Lula, lançou o "Cansei", movimento apartidário contra uma crise que estava então ainda apenas no início. As denúncias do Mensalão – compra de apoio no Congresso pelo governo com dinheiro sonante – ainda não tinham despertado a reação popular, na escala que tomou mais tarde. Porém, ele viu ali a necessidade de se manifestar, após conversa com alguns empresários, como Paulo Zottolo, presidente da Philips, que publicou em 27 de julho um anúncio em nome da empresa, "em defesa da democracia". "Ricos não são menos brasileiros que pobres", diz o líder do "Cansei", Guilherme Barros[16].

Procuraram em São Paulo Luiz Flávio Borges D'Urso, presidente da Ordem dos Advogados do Brasil (OAB). A entidade, comprometida com o estado de direito, a democracia e a liberdade, decidiu apoiar a iniciativa. O "Cansei" tinha em vista o desvio do dinheiro público, assim como o ataque à democracia, já que o esquema do Mensalão visava eliminar a oposição ao Executivo no Congresso Nacional, e institucionalizava a promiscuidade. "Contra aquilo, pensei no modelo da campanha das Diretas Já, que havíamos feito lá atrás", diz João. Planejou um primeiro evento de protesto na Praça da Sé, mesmo local do primeiro comício das Diretas, também pelo fato de que a sede da OAB ficava em frente à Catedral.

No dia 17 de agosto, levou celebridades ao palco diante da Catedral, como a apresentadora de TV Hebe Camargo, os cantores Ivete Sangalo e Agnaldo Rayol, além do nadador Fernando

Scherer, o Xuxa, medalhista olímpico. Compareceram cerca de 5 mil pessoas. O protesto teve um culto ecumênico e um minuto de silêncio, em pesar pelas 199 vítimas do acidente com o Airbus A320 da TAM, um mês antes. O avião havia saído da pista do Aeroporto de Congonhas durante o pouso, atravessado a Avenida Washington Luís e explodido de encontro ao prédio da TAM Express e um posto de gasolina, em plena zona urbana de São Paulo, causando comoção nacional.

Depois, vieram os discursos. "O movimento tem uma expressão que tenta traduzir o sentimento de todo brasileiro, que é o Cansei – seja da corrupção, criminalidade, bala perdida, criança abandonada, caos aéreo, carga tributária, impunidade", afirmou D'Urso na sua fala.

O "Cansei" foi taxado de oportunista, encampando insatisfações demais, incluindo o "caos aéreo" e a "insegurança", como forma de capitalizar a simpatia dos familiares dos passageiros e tripulantes vitimados no acidente. A Central Única dos Trabalhadores (CUT) lançou um contramovimento, denominado "Cansamos", por iniciativa do presidente da entidade, Arthur Henrique, para reclamar da mídia "que não aborda e criminaliza os movimentos sociais"[17].

Vieram críticas de todo tipo, não só do PT. "Cansei é termo de dondocas enfadadas", ironizou Cláudio Lembo, ex-governador de São Paulo, em entrevista ao portal Terra. "É um movimento nascido em Campos do Jordão, onde o empresário João Doria Jr. há pouco se dedicava a um desfile de cãezinhos de madames."

Sob acusações de insensibilidade com relação às vítimas do acidente da TAM, politicamente disperso, sem um alvo claro, e diante da popularidade ainda alta de Lula, o "Cansei" minguou. "Houve um cerco violento ao movimento, mas ficou a marca", diz João.

O tempo mostrou, porém, que o "Cansei" foi um rápido prenúncio do futuro. As denúncias contra o governo do PT cresceram, levantadas pelas investigações judiciais que ficaram conhecidas como Operação Lava Jato. No LIDE, João detectava a insatisfação da elite empresarial. Caiu rapidamente o prestígio de Lula, apesar de deixar o governo com 80% de aprovação popular, segundo as pesquisas, e eleger para sucedê-lo em 2010 sua ex-ministra da Casa Civil, Dilma Rousseff. "O assalto ao dinheiro público mudou muito a sociedade brasileira", diz João. "O projeto de perpetuação do PT no poder gerou um profundo mal-estar no empresariado – o meio onde eu estava inserido."

Esse mal-estar chegou ao auge com o escândalo dos contratos superfaturados da Petrobras (o "Petrolão"). O clima gerado pela impressão de uma corrupção generalizada levou a uma forte pressão contra o governo federal e o PT, já no primeiro mandato de Dilma. A estagnação econômica e a insatisfação nas grandes metrópoles, sobretudo do Sudeste e Sul, que se ressentiam da transferência de renda pelo governo federal para o Nordeste, somaram-se à indignação com a compra de votos e a malversação do dinheiro público. O favorecimento de empreiteiras que faziam pequenas retribuições a Lula, acusado de ocultação da propriedade de um sítio e de um apartamento tríplex no Guarujá, no litoral paulista, foi motivo para a abertura de dois processos por corrupção contra ele, por iniciativa de um juiz de Curitiba, Sergio Moro.

Um aumento de meros 20 centavos no preço do bilhete de transporte coletivo em São Paulo foi o estopim de uma manifestação em 3 de junho, que se estendeu depois ao resto do país, com a feição de um levante popular contra o governo, a corrupção, a violência policial e a deficiência dos serviços públicos e de educação. Aquela reação em cadeia, que ficou conhecida como as "Jornadas de Junho", levou milhões de pessoas às ruas em mais de quinhentas cidades do país, incluindo as capitais. A presidente Dilma chegou a pedir intervenção militar – recusada pelo então comandante do Exército, general Eduardo Villas Bôas[18].

*

As manifestações no Brasil encontravam-se no bojo da insatisfação crescente em todos os países onde se questionava o funcionamento, a legitimidade e a eficiência dos regimes democráticos. Aumentava a crise econômica e punha-se em xeque a representatividade dos governos eleitos, assim como sua capacidade de resposta aos desafios da era contemporânea. A internacionalização da economia e o corte de custos nas empresas da era digital aceleravam a concentração de renda e a exclusão social. No Brasil, o sistema era ainda mais visado pela associação da crise com o aumento e generalização da corrupção, tanto no Executivo quanto no Congresso.

À crise econômica e ao questionamento da legitimidade dos representantes do poder público juntava-se o novo fenômeno do ciberativismo, que rapidamente passou da organização no meio digital para as ruas em todo o planeta. No Brasil surgiram os Black Blocs, grupo de encapuzados que promovia depredações e a insuflação das manifestações, até então pacíficas. Atacavam e vandalizavam "símbolos do capitalismo", como bancos, viaturas policiais, lojas e monumentos públicos com imagens de personagens históricos, identificados como símbolos de opressão. Surgiam informativos digitais alternativos, como o Mídia Ninja e o Anonymous Brasil – braço nacional de uma organização de cunho anarquista, que propagava conteúdo supostamente escamoteado pela imprensa democrática e coibido pelos poderes constituídos.

Seu primeiro vídeo, que circulou em 18 de junho de 2013, incitava a adesão da população aos protestos por cinco causas: a rejeição à PEC 37, projeto legislativo de emenda à Constituição e dificultar a investigação de corrupção; a renúncia do presidente do Senado, Renan Calheiros; a apuração de irregularidades nas obras da Copa do Mundo de futebol; a criação de uma lei que fazia da corrupção crime hediondo; e, ainda, o fim do foro privilegiado para políticos em exercício de mandato legislativo e executivo.

Para arrefecer os protestos, o aumento das tarifas foi abortado, e a PEC 37, rejeitada, mas o clima de rebelião ficou no ar. Dilma foi reeleita em 2014, por estreita margem de votos, mas a oposição cresceu ainda mais, a economia permanecia estagnada e se armou o cenário para a classe política abrir, no início de dezembro de 2015, um processo de *impeachment* da presidente no Congresso.

A crise indicava o esgotamento da política brasileira, tal qual vinha sendo praticada. Depois de ter se colocado publicamente como crítico direto do PT no movimento "Cansei", João dividia o sentimento de indignação contra a corrupção. Ainda assim, não deixou de causar surpresa sua solitária decisão, em janeiro de 2016, de concorrer à prefeitura – a primeira eleição que vinha pela frente.

*

Todos que conviviam com João tomaram um susto quando ele manifestou sua vontade de disputar a prefeitura de São Paulo, a começar por Bia, sua mulher, e seus filhos. "Foram vinte anos de muito trabalho, indo a todos aqueles eventos, trabalhando em finais de semana", diz Bia, que acompanhava João em seu trabalho no LIDE. "Seria a hora de aproveitar um pouco o resultado."

"Quando soube, quase desmaiei", diz Raul, pessoa mais próxima de João. Tentou demover o irmão. "Você está louco", disse. "Não lembra tudo que o papai passou? Agora que estamos bem, depois de tanto perrengue, vai entrar nessa catástrofe que matou a nossa mãe, acabou com nosso pai, com a nossa vida?"

No dia seguinte, Raul leu a notícia do lançamento de João na política, na coluna da jornalista Mônica Bergamo, na *Folha de S. Paulo*. Ficou mais contrariado ainda.

Para João, a mudança repentina era normal. "Decisão, você pensa e toma, não fica pensando trinta dias", diz ele. Há muito tempo afastado de cargos públicos, mergulhado em suas atividades no setor privado, seus negócios não dependiam nem tinham relação com o poder público, mas ele não havia se desligado dos temas políticos, nem deixado de conviver com a política. Nos eventos do LIDE, sobretudo o fórum de Comandatuba, convivia muito com políticos, de todos os partidos. Convidava ministros, deputados, senadores e presidentes para palestras, como Fernando Henrique e Michel Temer. Quando presidente da República, em 2005, Lula foi ao LIDE, assim como os seus principais ministros, Antonio Palocci, José Dirceu e Fernando Haddad.

Isso não o impediu de virar suas baterias contra o PT. Seu motivo para ser candidato era o mesmo que o estimulara a promover o "Cansei": Lula. "As mentiras do Lula, a arrogância do Lula, o seu projeto de eternização no poder me machucavam profundamente", diz ele. "Além disso, havia o assalto ao dinheiro público, aqueles escândalos, Mensalão, Petrolão, tudo."

Havia ali uma necessidade, uma oportunidade e um chamado pessoal. A experiência do pai na política e suas consequências dramáticas na vida familiar não o assustavam. Doria tinha falecido em 2000, aos 80 anos, depois de ter se casado novamente duas vezes e dado a João e Raul mais dois irmãos, Marcelo e Raphael. No entanto, continuava presente nas suas ações. "Meu pai gostava da política, respeitava a política, e eu também, herdei isso dele", justifica. Havia ainda uma certa atração por aquele perigo. "O João sempre teve nosso pai como referência", diz Raul, o irmão. "Ele não queria mostrar que podia ir mais longe, mas queria, de certa forma, lhe dar orgulho."

O único problema é que ele não tinha convite, nem era esperado. "Eu era filiado ao PSDB desde 2001", diz João. "Simplesmente fui bater à porta, para participar." A porta, no caso, era a do Palácio dos Bandeirantes, onde estava Geraldo Alckmin, então governador do estado, liderança do partido na época com o cargo executivo mais importante da legenda no país.

João cultivava a amizade do governador. Convidava Alckmin para os eventos do LIDE. Em 2014, organizou para verem juntos os jogos da Copa do Mundo. Às vezes, ligava para Ana Regina Bicudo para pedir uma reserva na pizzaria Cristal, sua cliente na agência de comunicação Voice. Comiam pizza juntos, dois casais: João e Bia Doria com Alckmin e Lu, a primeira-dama do estado. "Eram muito próximos", diz Bicudo.

João estava, assim, à vontade. "Como é que eu faço para ser candidato?", perguntou. A primeira resposta que João ouviu foi uma simples negativa. "Não pode", disse Alckmin. "O partido já tem um candidato, esse assunto está encerrado."

O governador afirmou que Andrea Matarazzo tinha o apoio de Fernando Henrique, José Serra, Alberto Goldman e outras lideranças partidárias importantes. João questionou o processo de seleção.

– Mas as decisões no PSDB são assim? Uma decisão de cima para baixo não é algo democrático. Eu não tenho nada contra o Andrea Matarazzo, mas considero esse critério injusto, porque não dá oportunidade a outros de se apresentarem. Se o PSDB é o Partido da Social Democracia Brasileira, que democracia é essa?

João argumentou que não era político, e sim um gestor, seria bom para a prefeitura. "Era filiado ao partido, quis ser candidato a prefeito, pediu meu apoio, fiz uma série de observações – disse que não era tarefa fácil, e sim dura, mexe com a família", disse Alckmin, em uma entrevista para o UOL, em 29 de setembro de

2020. "Achei interessante, para prefeito: a cidade precisa de um bom gestor."[19]

Segundo João, Alckmin contou casos, algumas piadas, como era de seu feitio, e se despediram. Uma semana depois, pediu nova audiência. "Eu vou insistir nessa tese de que não é justo, isso afronta o PSDB", disse João. Alckmin, então, lhe disse que proporia ao partido a realização de prévias, semelhantes às eleições primárias dos partidos americanos, para que diversos candidatos, e não apenas João, pudessem se oferecer. Usou o exemplo de Barack Obama. "Um negro do Partido Democrata nunca teria se tornado presidente se não tivesse crescido eleitoralmente, na disputa das prévias", disse Alckmin. João concordou, não só porque assim poderia participar, mas também por achar que outros candidatos poderiam entrar na disputa dali por diante.

Embora não o dissesse diretamente, Alckmin deixou-lhe a impressão de que também não gostava muito da decisão do partido daquela indicação prévia, que não tinha contado com sua participação. Matarazzo sacramentou sua candidatura no final de 2015, quando recebeu uma homenagem na casa de José Gregori, ex-ministro da Justiça de Fernando Henrique, na presença do próprio ex-presidente, além do então senador José Serra. Do alto tucanato, somente Alckmin não compareceu, convidado por e-mail, como se fosse um simples amigo, e não o governador. Nos corredores do partido, Matarazzo ouviu que sofria preconceito por parte de Alckmin, antipático à tradicional aristocracia paulista, à qual ele orgulhosamente pertencia. Além disso, Matarazzo se recusou a anunciar seu apoio à candidatura de Alckmin à Presidência, antes da sua oficialização. "Ele se aborreceu com isso", diz Matarazzo.

Prévias eram novidade no Brasil. Havia apenas um antecedente isolado – uma simulação realizada em São Paulo pelo PT, entre Lula e Eduardo Matarazzo Suplicy, senador, então com muito prestígio. Em 2002, Suplicy resolveu desafiar Lula, presidente de honra e candidato irrevogável do partido ao Palácio do Planalto, na disputa pela candidatura do PT à Presidência. O partido simulou uma prévia, deu Lula de uma vez por todas e o sistema depois disso nunca mais foi utilizado.

No caso do PSDB, as prévias seriam registradas no Superior Tribunal Federal, feitas com as mesmas urnas eletrônicas utilizadas nas eleições regulares. A ideia inicial foi aceita, na suposição de que elas serviriam somente para legitimar o candidato já escolhido pela direção partidária, pois ninguém via chances reais de uma vitória de João. Conforme a regra, para se inscrever, pagou 35 mil reais. "Nunca imaginei que precisasse pagar para ser candidato", diz. Matarazzo, que já dava a candidatura como certa, sentiu-se duas vezes prejudicado – por ter de concorrer com alguém e ainda ter de pagar.

"O candidato mais forte era, de fato, Andrea Matarazzo", diz João. Tinha amplo currículo na vida pública: ex-secretário estadual de energia e presidente da Cesp na gestão de Mário Covas no governo estadual; secretário de Política Industrial no governo Itamar Franco; ministro-chefe da Secretaria de Comunicação de Governo da Presidência da República e embaixador do Brasil na Itália no governo de Fernando Henrique.

Ex-coordenador de subprefeituras na gestão de Gilberto Kassab, tinha sido o vereador mais votado do partido em 2012 em São Paulo e era líder do PSDB na Câmara Municipal. "Estava plenamente preparado, nunca contestei isso", diz João. "Ele tinha valor, muita vontade de ser prefeito, e fez uma trajetória correta para alcançar aquela posição."

Nada daquilo, porém, o faria desistir.

*

Para uma reunião inicial, às 10 horas da noite, no escritório da Doria, na Avenida Faria Lima, João convocou Jorge Damião, militante histórico do PSDB, que conheceu na estruturação da campanha de Franco Montoro ao governo do estado. Ao chegar, Damião encontrou-o ao lado do reitor da Universidade Brasil, de Fernandópolis, Felipe Sigollo, indicado por Geraldo Alckmin para ajudar João.

Para surpresa de Damião, João contou que seria candidato a prefeito. "Nunca me passou pela cabeça o João como candidato", diz.

"Aceitei ajudar, mas dentro do PSDB ninguém o conhecia – e toda a estrutura partidária já estava trabalhando para o Matarazzo."

Como as prévias mudavam o sistema tradicional de escolha do PSDB, geralmente feita pela cúpula, para ser apenas referendada e homologada na convenção partidária, havia não somente o trabalho de fazer João mais conhecido e aceito dentro do partido, como reverter o que já estava decidido. "Antes a cúpula resolvia e a base seguia, mas o João inverteu esse processo", diz Damião. Para isso, era preciso lidar com gente que tinha vínculos com os políticos já estabelecidos – os deputados estaduais e federais –, que, por sua vez, já tinham compromisso com Matarazzo.

Com a dedicação de sempre, João começou então o trabalho. Os coordenadores da pré-campanha das prévias, além de Jorge Damião, eram o comunicador Paulo Mathias, Wilson Pedroso e Julio Semeghini, ex-deputado federal e amigo pessoal. Sigollo, o homem de Alckmin, já não foi à primeira das reuniões de campanha, que aconteciam no salão de festas do prédio onde morava Semeghini, nos Jardins. "Nossa única mordomia era uma garrafa de água mineral", recorda João.

As redes sociais estavam ainda muito no começo e o encontro pessoal com os delegados que votavam nas prévias e na convenção partidária era prioridade. O professor de Comunicação da Universidade de São Paulo, Gaudêncio Torquato, que tinha feito um estudo sobre a periferia e até mesmo uma lista de palavras que João deveria utilizar em seus discursos nessas regiões, desenhou um roteiro para visitá-las, ainda antes da candidatura ser apresentada oficialmente.

João era mais conhecido pela ala mais antiga do PSDB, dos tempos em que tinha colaborado com Montoro, mas sofria muita rejeição, sobretudo entre os militantes mais novos. "Ele era muito malvisto dentro do partido", diz Damião. "Todo membro de diretório é sempre ligado a um político, seja deputado estadual, seja federal ou senador. E João era um alien, que tinha chegado do nada. Para convencer os delegados a mudarem seu voto, tínhamos de quebrar essa barreira."

Os obstáculos só aumentavam a determinação de João. "Esse foi o combustível para ele ser o novo candidato do PSDB", diz Damião. Enfrentou muita resistência, não somente da cúpula e da burocracia do partido, como também da base. "Os delegados não queriam tirar foto com ele, porque isso comprometia quem já estava com o outro candidato", diz Damião. "E ele tinha muita rejeição pessoal: era visto como um artista, um almofadinha, não era do mundo da política."

Tinham de desfazer essa impressão nas visitas, delegado por delegado. Em sua maioria, os delegados do PSDB eram de diretórios localizados na periferia do município. A equipe começou a agenda de visitas pelos delegados que a equipe chamava de "volume morto" – referência ao resto de água que ficava no fundo das represas durante uma seca prolongada, e que ganhara notoriedade naquela época, por causa de uma longa estiagem. No caso, o "volume morto" eram os delegados das zonas mais pobres e distantes, nas zonas leste, norte e sul, pouco ou nunca acessados por ninguém, portanto com menos compromisso.

João passou a conhecer melhor São Paulo, especialmente a periferia, que antes nunca tinha frequentado. Descobriu o tamanho da cidade. Certa vez, quando a van da campanha partiu para Cidade Tiradentes, foi informado de que o trajeto levaria uma hora e meia. "Uma hora e meia?", espantou-se.

Iam cedo ou à noite, e em fins de semana, à casa dos presidentes das zonais que se relacionavam com os moradores e lidavam com os problemas de cada região. Frequentavam também as reuniões e encontros promovidos nas próprias zonais. João precisava chegar às regiões mais distantes da cidade por volta de 6h30 da manhã, para falar com as pessoas em casa, no café, antes de saírem para o trabalho. Então, acordava às 5. "Eu já dormia pouco, de cinco a seis horas por noite", diz ele. "A partir dessa campanha, comecei a dormir três."

Fez com Damião também uma visita aos deputados estaduais, na Assembleia Legislativa, para obter apoio à campanha municipal. A ideia era participar de uma reunião da bancada do PSDB, um encontro previamente marcado, mas foram barrados na porta. Saíram "meio que desolados", diz Damião.

Dias mais tarde, a deputada estadual Célia Leão, constrangida com aquele episódio, ligou para Damião, lamentando o ocorrido. Disse que faria um esforço para que João pudesse se apresentar aos deputados do partido, e ele voltou à Assembleia. Contudo, nos corredores, Damião ouviu, dos próprios deputados e seus assessores, que ele devia desembarcar daquela aventura com João. "Diziam que eu estava louco", lembra.

Na Câmara Municipal, João fez a mesma visita à bancada do PSDB. Logo na chegada, a vereadora Patrícia Bezerra pediu a palavra, em nome da bancada. "Estamos te recebendo, mas fique bem claro que o apoio da bancada é do Andrea Matarazzo", disse ela. Para João, foi um choque. Disse que respeitava as pessoas e suas decisões. Porém, ainda assim, queria apresentar-se – e se apresentou.

Queria ser prefeito, mas ainda não tinha um plano muito definido. Falava genericamente no combate à pobreza e na geração de empregos. Criava um certo desconforto: dizia que não era político, e sim um gestor, um trabalhador, o que não soava bem entre políticos, assim como propagar que era liberal, o que significa ser contra as benesses oferecidas pelo Estado a quem dele vive. "A política não aceita uma pessoa que defende que a pessoa no cargo não tenha salário, benefícios como carro, essas coisas", diz Damião.

João fazia o seu discurso sobre trabalho e emprego, porém para mostrar que esse era o caminho da vitória do PSDB, sobretudo entre os delegados do partido. "O zonal quer um candidato vencedor, pois isso lhe trará resultados", diz ele. "E eu passava essa ideia [do vencedor]."

Tinha de apresentar uma ideia capaz de vencer não apenas as prévias, como a eleição. Encontrou um bom interlocutor em Daniel Braga, especialista em comunicação que começava então a se aprofundar na área digital, a quem conhecia por terem clientes em comum, como Amarula – bebida que anunciava dentro do shopping de João em Campos do Jordão. Das primeiras propostas que surgiram para a campanha, vinculada à do "gestor", estava a do *slogan* "Acelera São Paulo", que já visava a campanha à prefeitura.

"Acelera São Paulo" servia por conta de uma das reclamações mais comuns entre os cidadãos da cidade: a redução para 50 km/h da velocidade máxima na maioria das vias expressas, promovida pelo prefeito Fernando Haddad, com uma multiplicação de radares, especialmente nas marginais do rio Tietê. A intenção da prefeitura era coibir o tráfego de automóveis, ao mesmo tempo que procurava melhorar o transporte público, mudando o perfil do tráfego na cidade. Haddad criou uma rede de ciclovias, pintadas de vermelho no chão, como proposta de uma cidade dentro do espírito da era "sustentável". Porém, as ciclovias, feitas às pressas, tinham problemas, como dificultar o estacionamento e o acesso ao comércio em muitas áreas da cidade, com uma avalanche de reclamações.

Como a melhoria do transporte público vinha numa velocidade menor que a implantação de radares, a impressão era do simples avanço de uma indústria da multa, que aumentava a insatisfação da classe média paulistana, já aborrecida com a transferência da renda do Sudeste para o Nordeste – onde o PT concentrava seus esforços de erradicação da pobreza. "Os radares eram uma limitação muito grande, havia protesto para tudo quanto é lado, e com toda a razão", diz João.

Num encontro em sua casa com o publicitário Nizan Guanaes, dono da agência Africa, vizinhos de domicílio e de escritório, comendo uma pizza, conversaram sobre o "Acelera". Guanaes e o presidente da Africa, o também baiano Sergio Gordilho, sugeriram informalmente a João que acrescentasse ao *slogan* um gesto que, nas fotos e vídeos da campanha, pudesse reforçar a ideia: um V de vitória, feito com o indicador e o dedo médio, apontados para o lado.

Aquele conceito se somava à construção da figura de João como candidato. Junto aos delegados, ele percebeu que caía bem aparecer na periferia de jeans, camiseta e tênis, versão casual do seu figurino sempre impecavelmente arrumadinho. Afável e sempre cordial, as pessoas reconheciam seu esforço e o seu comportamento, por não corresponder pessoalmente à imagem de uma celebridade da TV, ou mesmo do rico esnobe, como muitos esperavam.

Numa das visitas ao presidente de um zonal, acompanhado de Jorge Damião, João chegou a se oferecer para lavar a louça e foi para a cozinha. "Deixa que eu ajudo", disse. Detalhista, quando alguém colocou um prato sujo sobre outro com talheres observou que assim podia quebrá-los, e era melhor separar os talheres antes da lavagem. Foi lavando os pratos e conversando com as mulheres na cozinha.

"João é muito delicado, muito educado, sem a pose de fazer a corte do político, e isso encantava, sobretudo as mulheres", diz Damião. Quando voltaram para a sala, a mulher do delegado disse ao marido: "Eu não sei o que você está pensando, mas se não votar nele para prefeito, vamos ter uma conversa séria!"

Visitou dessa forma quase uma centena de lideranças do partido, apresentando o "Acelera" e sua proposta de ser um gestor – e começou a formar uma "massa crítica" a seu favor. Percebeu que o fato de não ser alguém associado à política, e sim à gestão, começou a pegar bem. "Isso criava muita simpatia", diz. "E de fato eu não era político." A caminho dos diretórios, parava com seu estafe nas padarias, onde encontrava os delegados, para gravar vídeos e mostrar presença local.

Fazia ainda das suas gentilezas, de forma a criar empatia e impressionar. Passou a convidar os delegados para visitá-lo no LIDE, onde eles eram recebidos como embaixadores no escritório impecavelmente decorado e saíam levando na mão uma caixa de bombons, que João mandava às suas esposas, com um bilhetinho. Para uns podia parecer forçado, ou bajulação oportunista, mas João se dava àquele trabalho e os outros, não.

Ao visitar os delegados um a um, e tratá-los de forma à qual não estavam acostumados, João valorizava aqueles que votavam, e antes apenas seguiam instruções, em vez da própria convicção. Quando a cúpula do partido se apercebeu como ele avançava, e que daquela forma poderia derrotar Matarazzo, fez uma intervenção. O prazo de inscrição de candidatos às prévias, já fechado, foi reaberto para o surgimento de outros nomes que pudessem concorrer. "Matreiramente, reabriram o ingresso de candidatos para dividir os votos", diz João. "Perceberam que, falando com as pessoas, aquele chato podia chegar lá."

O chato, claro, era ele.

A reabertura das inscrições pela direção partidária incentivou a entrada na disputa de outros nomes fortes, como Bruno Covas,

Ricardo Trípoli e José Aníbal. Bruno Covas, levando o sobrenome do avô, Mário Covas, era popular: tinha sido deputado estadual, secretário estadual do Meio Ambiente no governo Alckmin e era o deputado federal mais votado do PSDB. Trípoli tinha feito longa carreira como deputado estadual e federal dos mais votados do PSDB. Senador da República como suplente de Serra, eleito quatro vezes deputado, líder do governo na Câmara Federal duas vezes no governo Fernando Henrique, José Aníbal também era um político de expressão nacional.

Confiantes no fato de já serem conhecidos dentro do partido, os adversários de João nas prévias não foram a campo com o mesmo apetite, enquanto ele continuava correndo por fora, trabalhando todos os dias, todos os finais de semana, na cidade inteira. Seu problema, que era vir de fora do sistema, dada a crescente rejeição aos políticos tradicionais do cenário na época, passava a ser seu grande trunfo, superando as dificuldades impostas pelo próprio partido.

No dia do credenciamento para as prévias, no diretório da Rua Paim, na Bela Vista, não queriam deixar a equipe de João entrar com os papéis, alegando problemas com o prazo. Já prevendo dificuldades, João chegou com uma "tropa de choque", o que incluía não apenas sua equipe, como também a atriz Bruna Lombardi e outras personalidades, para demonstrar apoio, atrair a imprensa e, ao mesmo tempo, inibir a criação de embaraços, que cairiam mal junto à opinião pública.

Durante a campanha das prévias, Alckmin não se manifestou em favor de nenhum candidato. Manter equidistância fazia parte do rito para garantir legitimidade às prévias – e atendia a conveniências. "Sua participação foi fria", diz João. "Nem a meu favor, nem a favor do Andrea Matarazzo." Era como se ouvisse de novo a velha frase de Franco Montoro, quando o colocou na Paulistur: "viabilize-se".

Apesar disso, aos poucos Alckmin mostrava pender a favor de João – no início, defletindo acusações. Alberto Goldman era um dos maiores adversários do "alien" no partido. Ironizava a fortuna de João, construída, segundo ele, "sem produzir sequer um parafuso". No início de janeiro, enviou um e-mail ao governador, acusando

João de "práticas não ortodoxas" – termo para a compra de apoio da militância e intimidação aos concorrentes.

Como o governador não respondeu, telefonou a ele no dia 18 de janeiro. Alckmin ligou de volta e disse que 27 mil pessoas – o universo de votantes do partido – era "muita gente para comprar".

João recebeu o apoio do presidente do PSDB no estado, Pedro Tobias, libanês da cidade de Bakarzala, médico de Bauru. Alinhado com Alckmin, Tobias rebateu a acusação de abuso de poder econômico. "Todo mundo pagou alguém, todo mundo transportou alguém", disse à revista *Piauí*, em junho de 2016. "Não vai falar agora que só João Doria fez isso. Bobagem."

Goldman foi ao Instituto FHC, em São Paulo, para pedir que Fernando Henrique intercedesse. O ex-presidente recebeu Alckmin em seu apartamento, na Rua Rio de Janeiro, em Higienópolis, no último domingo de janeiro. Perguntou se Alckmin tinha candidato. Ele respondeu que não. Porém, dois dias depois, posou para uma foto ao lado de João num posto de gasolina nos Jardins, com os dedos no "V" do "Acelera", que era a marca da campanha.

A votação foi realizada em 58 urnas espalhadas pela cidade de São Paulo, em 28 de fevereiro de 2016, um domingo, e a apuração começou a partir das 17 horas, na Câmara Municipal de São Paulo. Cada candidato tinha um representante no espaço de apuração, para fiscalizá-la. Por receio de fraude, Jorge Damião, que representava João, pediu a recontagem de cada urna, voto a voto – o que fez o resultado sair somente às 2 da madrugada de segunda-feira. Na apuração, João ficou em primeiro, com 2.681 votos, 43,13% do total. Matarazzo apareceu em segundo, com 2.045 votos (32,89%) e Ricardo Trípoli em terceiro, com 1.387 votos (22,31%). Assim que o resultado foi confirmado, Damião saiu da sala aos gritos, comemorando, ao encontro de João, que esperava do lado de fora.

A vitória, na verdade, era parcial. João e Matarazzo foram para um segundo turno, marcado para 20 de março. E não faltou tumulto: o resultado não foi homologado de imediato, em razão de problemas em três urnas – dos bairros Jaçanã, Pirituba e Tatuapé. Alberto Goldman, que apoiava Matarazzo, e José Aníbal, partidário de Trípoli, ingressaram com uma ação conjunta no Conselho de Ética do

Diretório Municipal do partido, acusando João de compra de votos e abuso de poder econômico, de forma a impugnar a votação. Contudo, sob o comando de Mário Covas Neto, o "Zuzinha", presidente do Diretório Municipal do PSDB, o Conselho arquivou o pedido.

Goldman e Aníbal entraram então com uma representação no Ministério Público Eleitoral contra João Doria por abuso de poder econômico e um mandado de segurança pedindo a anulação das prévias. O caso foi parar no Superior Tribunal de Justiça, numa guerra jurídica sem precedentes no partido. O mandado sustentava a invalidade das prévias pelo fato de que não teria sido respeitado o quórum previsto no estatuto do PSDB, de 30% dos 27 mil filiados. Na sua sentença, porém, o juiz afirmou que o estatuto se referia à convenção partidária, e não às prévias, cujo regulamento era omisso em relação ao quórum.

A partir do resultado no primeiro turno das prévias, Alckmin entrou definitivamente para a campanha. "Sem demérito para os demais candidatos, o meu voto vai para o João Doria", afirmou. "São Paulo está precisando dar uma acelerada." Os "outros", no caso, era só um: Matarazzo. Em 18 de março, a dois dias da votação em segundo turno, Matarazzo anunciou sua desistência da disputa e a desfiliação do PSDB. Justificou a saída com a decisão do partido de não atender ao seu pedido de adiamento da votação, "dada a insegurança jurídica e as ilegalidades cometidas pelo outro candidato". "O comportamento de parte do partido nestas prévias é uma réplica do que o PT está fazendo e que o PSDB condena", declarou. "Vimos compra de votos sem cerimônia, com gravações para comprová-la, transporte de eleitores, constrangimento de pessoas, seguranças dentro dos locais de votação e uso da máquina pública. Tudo isso me faz acreditar que o PSDB não é mais o partido que ajudei a construir."

Depois de 27 anos na legenda, Matarazzo foi para o PSD de Gilberto Kassab, ex-prefeito de São Paulo, então ministro das Cidades no governo Dilma Rousseff. No final de julho, abandonaria a candidatura própria para ficar como vice na chapa de Marta Suplicy, do PMDB. Na saída do PSDB, disse ainda que Doria era um "senhor feudal", "capitão do mato" e "uma piada". Mais tarde, com a cabeça italiana resfriada, sem perder o aristocrático alinhamento de seus impecáveis ternos italianos, ponderava outros fatores. "Não foi o João quem me tirou da corrida, foi o Alckmin", disse ele.

Publicamente, João negou as acusações de abuso de poder econômico, lamentou a defecção e atribuiu as declarações de Matarazzo a um momento de "instabilidade emocional"[20]. Na imprensa, a lavação de roupa suja entre os candidatos mais elegantes do PSDB foi ironizada. A revista *Piauí*, veículo de comunicação de propriedade de um banqueiro, João Moreira Salles, publicou em agosto de 2016 uma reportagem sobre a disputa entre ambos com o título de "A guerra do cashmere"[21].

Com Matarazzo fora, Ricardo Trípoli, terceiro colocado no primeiro turno das prévias, chegou a ser convidado a assumir seu lugar, mas recusou, segundo a Executiva Municipal do PSDB. João apareceu no dia 20 de março para a votação em segundo turno das prévias como único candidato. Com um resultado dado como certo, a maioria dos filiados nem sequer compareceu à votação. João recebeu 3.152 votos, de um total de 3.266 – houve 68 votos em branco e 46 nulos. "Muitas pessoas não vieram votar porque já sabiam qual seria o resultado", disse Mário Covas Neto. "Só tem um candidato concorrendo. Certamente pessoas ligadas ao Andrea Matarazzo, ou mesmo ao Doria, acharam que não era necessária a presença."

O resultado ainda podia ser impugnado, por causa da ação judicial. Em junho, durante entrevista ao programa *Roda Viva*, da TV Cultura, o senador José Serra fez de conta que João não havia ganhado as prévias e disse que o partido ainda não tinha candidato. O nome de João só foi homologado oficialmente, como candidato na convenção do partido, em 24 de julho. Não estavam presentes Fernando Henrique, Serra ou Aécio Neves. Foi Alckmin quem levantou seu braço, enquanto tocava o Tema da Vitória, celebrizado pela TV Globo nas vitórias de Ayrton Senna na Fórmula 1.

A campanha pela prefeitura de São Paulo não só ganhou uma trilha sonora épica, como acabou tomando uma dimensão muito maior, levada para o cenário nacional.

*

Uma vez confirmado o candidato, após seis meses de prévias, João convidou Bruno Covas para ser vice na sua chapa, como forma de amenizar as dissensões no partido, desgastado pela batalha interna. Alckmin criou uma rede de alianças com doze partidos para aumentar o tempo do programa de João no horário eleitoral.

João buscou também apoio em encontros com políticos e lideranças da sociedade civil. "As prévias foram longas e desgastantes, mas me prepararam melhor, me deram estofo", diz João. Além de treinar sua forma de abordagem das pessoas, entendeu melhor as práticas na política, cujas reuniões começavam, mas não tinham hora para terminar. Tornou-se defensor das prévias, como forma de acesso a qualquer filiado de apresentar-se candidato, amadurecer e preparar-se para a disputa. "Esse aquecimento me ajudou muito", diz ele. "Quando a campanha eleitoral começou, eu já estava bem mais conhecido, e também já conhecia melhor a cidade, as pessoas e seus problemas. Tinha feito aliados nos quatro cantos da capital. Aquilo me deu um *drive* – uma capacidade de mobilização muito boa."

Nos meses em que se desenrolava a definição da candidatura do PSDB, o cenário político nacional tomou um rumo vertiginoso. Sob fogo cerrado, Dilma nomeou Lula ministro-chefe da Casa Civil, a pretexto de melhorar as relações com o parlamento. A decisão, porém, foi considerada mera manobra para evitar que o próprio Lula fosse preso – como ministro, com foro privilegiado, seu julgamento teria de ser transferido do foro de Curitiba, onde estava, nas mãos de Moro, para Brasília. Lula chegou a ser empossado no cargo, em 17 de março de 2016. O ministro do Supremo Tribunal Federal Gilmar Mendes, contudo, cancelou a nomeação.

Quando enfim João foi oficializado como candidato, no final de julho, a onda de revolta contra o governo federal chegava ao auge. O julgamento do *impeachment* de Dilma terminou com a defenestração da presidente, um mês depois, em 31 de agosto de 2016, com base em "crime de responsabilidade fiscal", já em meio à campanha eleitoral para as prefeituras.

A entrada de um "não político" na disputa, dessa forma, era uma maneira de dizer que o PSDB estava fora de toda aquela confusão –

e reforçar sua posição como o partido anti-PT, contra quem tivera seguidos insucessos em eleições no plano nacional, desde o final do governo de Fernando Henrique. Assim, o "alien" do PSDB entrava na política por uma fenda no tempo e no espaço.

Candidato a prefeito de São Paulo de longe com maior patrimônio, João declarou na Justiça Eleitoral em 2016 que sua fortuna pessoal era de 180 milhões de reais, para o registro da candidatura. Era o maior doador da própria campanha, com um repasse de 4,4 milhões de reais, segundo o Tribunal Superior Eleitoral. Porém, com a velocidade que lhe era peculiar, assim que passou a ser candidato oficial à prefeitura, João se desincumbiu de todos os negócios que tinha.

Fazendo programas de TV desde 1988, João passou o bastão do *Face a Face* à apresentadora Adriane Galisteu, a quem havia entrevistado no próprio programa, e que retribuiu, fazendo dele o seu primeiro entrevistado. Luiz Marins apresentou temporariamente o *Show Business*, que no final do ano passou a ser feito pela jornalista Sônia Racy, ex-colunista social do Caderno 2, de *O Estado de S. Paulo*.

João desvencilhou-se também do Grupo Doria e, dentro dele, do LIDE. Transferiu todas as ações da empresa aos filhos. Passou o comando da empresa ao filho mais velho, João Doria Neto, o Johnny, que tinha então 22 anos. Johnny ficou assim com a responsabilidade de sustentar a família. "Ele não consultou ninguém", disse Johnny. Bia Doria, mulher de um e mãe do outro, também soube de repente daquela decisão. "Ele não havia falado sobre o assunto", diz ela.

Johnny só havia trabalhado antes no Grupo Doria como estagiário, assim como Felipe, que trabalhava na XP Investimentos. Nas férias, passavam metade do dia na empresa. "Meus amigos iam viajar, eu ia trabalhar", diz Johnny. "Conviviam no ambiente onde o pai estava trabalhando e ganhavam um dinheiro", diz João.

A filha mais nova, Carol, ligada à moda e à arte, gostava do trabalho na editora pertencente ao Grupo Doria. Johnny tinha uma empresa de tecnologia, em sociedade com amigos. Não estava informado sobre o dia a dia na empresa, mas sabia como João fazia as coisas, pela simples convivência – uma espécie de *coaching* permanente. "Meu pai está trabalhando 80% do tempo", diz Johnny. "E os outros 20% são parecidos com os 80%."

Para entrar na empresa, embora pudesse assumir o lugar mais alto da hierarquia, Johnny preferiu ficar na presidência do LIDE, tendo acima a presidente do grupo, Celia Pompeia, principal executiva e braço direito de João no negócio. Apoiou-se também em Luiz Fernando Furlan, ex-presidente do Conselho da Sadia, acionista da BRF, que foi vice-presidente da Fiesp, ministro do Desenvolvimento, Indústria e Comércio Exterior no governo de Lula e era o *chairman* do conselho de administração do LIDE.

"Pedi a Furlan que fizesse o *mentoring* (orientação) do Johnny", diz João. "Isso ajudou a consolidar sua nova posição, para que ele se sentisse seguro." "Passei a me inteirar melhor do negócio aos poucos, respeitando o que se fazia", diz Johnny, que assumiu o papel do pai como mestre de cerimônias nas reuniões do LIDE, o que fez com que se aproximasse das pessoas.

Ao mesmo tempo em que se desligava do negócio, João se entregou a viabilizar a candidatura, com a obstinação que punha em tudo. Ex-ministro da Educação de Lula, Fernando Haddad disputava a eleição para fazer seu segundo mandato na prefeitura, após vencer em 2012 o candidato do PSDB, o senador José Serra, ex-ministro da Saúde de Fernando Henrique. "Diziam que eu era maluco de disputar a eleição contra Haddad", conta João. Além dele, enfrentaria outros candidatos com tradição política: duas ex-prefeitas de São Paulo (Luiza Erundina e Marta Suplicy), além do deputado federal Celso Russomanno, lançado na política graças à popularidade de um programa de TV em defesa do consumidor, e de Sérgio Olímpio Gomes, o Major Olímpio, ex-policial militar.

A eleição municipal se inseriu na política nacional, onde se debatia de forma candente o aparelhamento do estado pelo PT. João ainda não sabia ao certo como se identificar politicamente com a onda de protestos contra a corrupção. Nacionalizar os temas da campanha da prefeitura foi, para ele, uma decisão "intuitiva". Tinha em mente apenas resolver localmente problemas que, no pacto federativo, eram responsabilidade da União, como condutora da política econômica. Propunha-se a "erradicar a pobreza em São Paulo, principalmente na periferia".

Como gestor, queria resolver todos os problemas, sendo atribuição do prefeito ou não. A mentalidade progressiva e construtiva, seu impulso por fazer sempre mais, e uma certa falta de limites, própria da ambição e do espírito do empreendedor, o levavam mais adiante – mesmo que além de suas atribuições. "Se você for esperar o governo federal tomar as medidas que devia tomar, e não tomar, você simplesmente lava as mãos", diz ele. "Há o problema da economia, da falta de recurso, de geração de emprego, de investimento social. Porém é preciso buscar e implementar soluções locais, caso contrário não se faz nada. Minha visão sempre foi diferente, por isso me classifiquei como gestor, e não como político."

Assim, se para obter o que pretendia teria de resolver os problemas da esfera federal, ele cruzaria a linha de suas atribuições – princípio dos enfrentamentos que teria mais tarde. Para ele, vencer Haddad era também combater Lula, a quem responsabilizava por toda aquela situação. "Contra Lula, se necessário, voto até no diabo", disse João.

Ele ainda não conhecia Jair Bolsonaro.

Para a campanha, Alckmin ofereceu a João a agência de marketing político que costumava atendê-lo, Nova Estratégia, de Nelson Biondi e seu genro, André Gomes. João, porém, queria alguém diferente. "O marqueteiro do João é ele mesmo", diz Julio Serson. Daniel Braga indicou Lula Guimarães, com quem ele tinha colaborado na campanha de Eduardo Braga, em 2014, ao governo do Amazonas.

Guimarães contou a João a respeito das campanhas que já tinha feito, criativas e com poucos recursos, como a do prefeito de Recife, Daniel Coelho, do PSDB. Coelho não havia vencido, mas tinha saído de 3% das intenções de voto para 27% como resultado no primeiro turno. Impressionado, o então governador de Pernambuco, Eduardo Campos, que apoiava o oponente, convidou-o a fazer sua campanha a presidente – não concluída porque Campos morreu em 2014 num acidente de avião.

Havia ainda uma dúvida jurídica sobre se poderiam utilizar o mote das prévias ("Acelera") também na campanha. Discutiram o conceito e João teve com Guimarães uma empatia maior. "O Lula Guimarães interpretou minha alma muito bem", diz João. "A campanha de João teve a sorte de contar com dois caras iluminados", diz Damião, referindo-se a Braga e Guimarães.

O desgaste do PT e a desilusão com a política, em razão dos escândalos de corrupção, favoreciam o surgimento de um candidato a prefeito que simbolizava a oposição a Lula – e que fosse, melhor ainda, identificado como alguém de fora da política. "Percebi claramente que as pessoas queriam que alguém cuidasse delas, em primeiro lugar, em vez de partidos e interesses", diz João. Isso ficou ainda mais claro nas pesquisas iniciais de diagnóstico, que mesclavam levantamentos qualitativos e quantitativos, por meio das quais Guimarães aferiu o grau de desgaste do eleitorado com os políticos tradicionais.

Por essas pesquisas, Fernando Haddad, então prefeito de São Paulo, o concorrente mais direto, no meio do processo de *impeachment* da presidente Dilma Rousseff e da revolta contra o PT, tinha 77% de rejeição. Ganhavam força movimentos de centro-direita, como o MBL, que iam para as ruas e tinham ganhado grande impulso com as manifestações de massa contra Dilma e a corrupção.

Marta Suplicy e Celso Russomanno, dois outros candidatos com currículo político, tinham problemas. Marta tinha o desgaste de ter pertencido ao PT. Assim, sua saída para o PMDB a deixou sem os eleitores antigos, muito fiéis ao partido, e sem conquistar novos. Russomanno inicialmente liderava as pesquisas de intenção de voto, mas, na opinião de Guimarães, essa posição se dava mais pela rejeição ao PT e pela falta até então de outro candidato. "João acabava sendo o candidato certo, no lugar certo, na hora certa", diz Guimarães. "Tinha todos os elementos que a pesquisa apontava: era uma cara nova, de fora da política, antipetista, desvinculado da corrupção e da má gestão."

Havia alguns desafios. A população mais pobre rejeitava o perfil do "empresário", termo associado à exploração do trabalho e ao enriquecimento próprio: a figura do patrão, "alguém insensível às dores da população", diz Guimarães. Não seria fácil também explicar de onde vinha a fortuna de João, que não era industrial, produzindo algo palpável. Como homem e empresário de televisão, estava longe da força e popularidade de alguém como Silvio Santos. "As pesquisas qualitativas indicavam que muita gente ainda confundia o João com o Amaury Júnior", diz Guimarães.

Assim, confirmava-se o *feeling* de João: foi mantido o "Acelera", com a imagem do "gestor", ou o "não político" – alguém de sucesso que trazia a experiência e a dinâmica da iniciativa privada para a administração pública. João já tinha cumprido no passado esse papel em empresas públicas, com a experiência da Paulistur e da Embratur. Daquela vez, queria mostrar que o homem de negócios podia ajudar a trazer recursos, aumentar a eficiência da gestão e fazer uma administração transparente, de modo a acabar com a corrupção, o que contribuía para a obtenção de resultados. "Esse mote – não sou político, sou gestor – pegou", diz João. "E rapidamente."

Para explicar quem era João, contando sua história, o diretor de arte e também músico Lucas De Ouro criou uma peça na qual sua biografia cabia em um vídeo de 30 segundos. Acompanhada por um ukulelê, a letra dizia:

Ralou desde menino
Batalhou prosperou
João Doria trabalhador

Quando foi ao ar no horário eleitoral e na internet, o filme teve uma resposta muito boa. A última frase – "João trabalhador" – tinha sido criada apenas para rimar, mas pegou. "Estão chamando ele de João trabalhador", constatou Daniel Braga, que monitorava as redes sociais. Esse virou então o mote de todas as peças da propaganda. Novos vídeos foram produzidos com a música, trazendo imagens do arquivo pessoal de João, incluindo sua carteira de trabalho.

Além de afirmar uma postura com a qual ele mesmo se identificava, o "João trabalhador" mostrava dinamismo, opondo-se à figura de Haddad, que tinha um jeito manso, meio vagaroso, e fama de ir pouco à prefeitura – um dos perfis no Instagram que o satirizavam era o "Haddad Tranquilão".

O "João Trabalhador" contrapunha-se também ao "João Dólar", epíteto que os adversários já usavam contra seu pai. Neutralizava ainda quem explorava de forma pejorativa sua imagem arrumadinha, de "calça justa" e "pulôver". Na campanha, os adversários procuravam pregar em João a figura do "coxinha" – a expressão inventada para designar o rico conservador, que acabou sendo associada aos partidários do PSDB. Para desarmar aquilo, Guimarães publicou no Twitter um meme com uma coxinha grande e outra pequena, e a frase: "O candidato que mais cresce nas pesquisas". "No início João não gostou, mas depois entendeu que é melhor incorporar a brincadeira do que ficar ofendido", diz ele.

O "João Trabalhador" podia não ser igual aos pobres e humildes, mas era, no mínimo, um rico que havia chegado ao sucesso com muito esforço. Aquilo funcionou. "Esse foi um dos momentos que fazem a gente perceber que está criando uma campanha vitoriosa", diz Damião.

A experiência de João na TV ajudou. Em cima de um banquinho, na primeira vez em que foi gravar o programa do horário eleitoral em estúdio, pediu que trouxessem a câmera mais para perto, fechada em seu rosto, para mostrar sua expressão. "Eu quero que as pessoas vejam meu olhar, sintam que estou falando a verdade", explicou.

Apesar de sua experiência na TV, aos 58 anos ele teve de se reprogramar. "João era um homem bem-sucedido, que chegou aonde chegou fazendo as coisas de um jeito", diz a jornalista Letícia Bragaglia, contratada por Guimarães para fazer a assessoria de imprensa e se juntar ao grupo de comunicação do candidato. "Porém, uma coisa é o apresentador, outra é o político. Ele sempre teve a humildade de ouvir as outras pessoas, tecnicamente."

O público ao qual João estava mais acostumado era o empresariado. Tinha de mudar a linguagem, a postura, o tom. Ao mesmo tempo, precisava marcar sua diferença para com a classe política, reafirmando sua postura de "gestor". "Houve uma assimilação muito rápida e muito positiva dessa mensagem", diz João. O "gestor" se opunha e atacava de forma bastante agressiva no programa eleitoral o "antigestor": o político tradicional, associado à corrupção e à derrocada econômica do país. "Lula, você vai ser preso", dizia. "Mas eu vou te levar um chocolatinho na prisão."

Além da crítica a Lula e à corrupção no plano geral, João colocou em ação as linhas gerais do que pretendia fazer na prefeitura de São Paulo: geração de emprego, combate à pobreza, melhoria urbana e a desestatização. O "Acelera", com o V horizontal, pegou. "Até as crianças faziam o 'Acelera'", diz João. Na campanha de rua, especialmente na periferia, saía cedo todos os dias, em uma van preta da marca Kia, antiga patrocinadora do LIDE, com o *slogan* "Acelera" grudado por toda a lataria. Fazia os trajetos sempre sentado ao lado do motorista – segundo o pessoal de apoio, a "primeira classe".

Ia aos terminais de trem e metrô, assim como à porta das garagens de ônibus, às 3 horas da madrugada, para falar com cobradores e motoristas. Uma garagem na periferia tinha até cerca de 2 mil motoristas, que chegavam muito cedo para o trabalho. Cumprimentava, se apresentava, entregava o santinho. "Pessoa a pessoa, santinho a santinho, voto a voto", diz. Nas reuniões com lideranças partidárias, afirmava que iria "varrer o PT da cidade de São Paulo" e lançava um grito de guerra: "Vai pra Cuba!" Difundiu um vídeo na internet em que chamava o ex-presidente de "sem-vergonha", "covarde" e "cara de pau". Teve mais de 29 milhões de acessos.

*

Na primeira pesquisa, em maio, feita pelo Instituto Paraná de Pesquisa, João tinha 1% das intenções de voto, na versão espontânea, e 4% na estimulada (onde se apresentam os nomes dos candidatos). "Era desanimador", diz ele. Celso Russomanno, que estava na frente, tinha 32,6%. Haddad estava com 11%. "Pior do que eu, só quem tinha zero", lembra. Em 45 dias com a campanha no ar, estava com 5% das intenções de voto, segundo as primeiras pesquisas. Nas últimas, tinha 44% dos votos válidos, segundo o Datafolha, e 35%, de acordo com o Ibope.

Nas urnas, porém, foi ainda melhor. Quando terminou a apuração, tinha 53,3% dos votos válidos. Foi o primeiro candidato a liquidar a eleição para a prefeitura de São Paulo no primeiro turno, desde que o pleito passara a ter dois turnos, em 1992. O segundo colocado, Fernando Haddad, ficou longe, com 16,7% dos votos válidos, seguido por Russomanno (13,6%), Marta Suplicy (10,1%) e Luiza Erundina (3,2%).

Quando foi anunciado o resultado, as cinquenta pessoas convidadas para acompanhar a marcha da apuração na casa de João começaram a procurar por ele. Estava fechado dentro da despensa, na cozinha. Estava tão nervoso que tinha se enfiado lá dentro – só apareceu quando soube o resultado.

A vitória "fulminante" surpreendeu o próprio João. "Eu tinha a expectativa de vencer, mas não no primeiro turno", diz ele. "O sentimento de trazer alguém de fora da política deu muito certo." No discurso da vitória, na sede municipal do PSDB em São Paulo, homenageou as lideranças históricas tucanas, a começar pelos ex-governadores André Franco Montoro e Mário Covas. Manifestou apoio à candidatura de Alckmin à Presidência, dali a dois anos, em 2018, e ofereceu bandeira branca aos opositores da campanha. "Queria agradecer aos que me delegaram, e também àqueles que não me delegaram. Vou governar para todos", disse. E federalizou o feito: "São Paulo não é dos paulistas, é de todos os brasileiros".

A vitória em São Paulo gerou efeito sobre outras prefeituras do país. João foi capa da revista *Veja*, que utilizou na chamada o tema da "onda azul" – cor do partido democrata, nos Estados Unidos. Representava o movimento de renovação política que já tinha levado Barack Obama à presidência nos Estados Unidos, contra a política desgastada de George W. Bush, e se espalhou mundo afora.

A onda azul brasileira ganhou as cores do tucanato. Dada a sua popularidade, durante a campanha João tinha gravado ao longo de dois dias 46 vídeos para outros candidatos a prefeito pelo PSDB ou apoiados pelo partido no país. Com sua ajuda, na eleição de 2016 o partido deu um salto nacional equivalente ao dos tempos de Fernando Henrique na Presidência. Colocou quase todos os seus candidatos ao menos no segundo turno e elegeu 803 prefeitos em todo o país, uma centena a mais que na eleição anterior, quatro anos antes – maior número de sua história. Só o PMDB, com 1.038

eleitos, tinha mais prefeitos. Além do maior número de prefeitos desde a sua fundação, o PSDB fez a maior bancada de mulheres no Legislativo e se fortaleceu em todo o estado de São Paulo, berço do partido, incluindo as cidades que formavam a região metropolitana da capital.

Bingo.

Folha de S.Paulo

★ ★ ★ UM JORNAL A SERVIÇO DO BRASIL

DIRETOR DE REDAÇÃO: OTAVIO FRIAS FILHO ★ ANO 96 ★ SEGUNDA-FEIRA, 3 DE OUTUBRO DE 2016 ★ Nº 31.960 ★ EDIÇÃO SP/DF ★ CONCLUÍDA ÀS 0H59 ★ R$

JOÃO DORIA É ELEITO NO 1º TURNO, FATO INÉDITO EM SP

★ TUCANO LANÇADO POR ALCKMIN RECEBE 53,3% DOS VOTOS ★ NO RIO, CRIVELLA (PRB) E FREIXO (PSOL) VÃO AO SEGUNDO TURNO ★ PT SAI COMO O MAIOR DERROTADO DAS

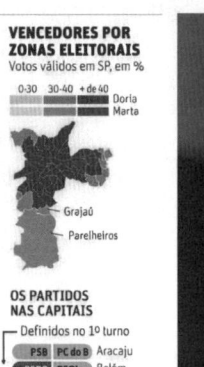

VENCEDORES POR ZONAS ELEITORAIS
Votos válidos em SP, em %

0-50 30-40 +de 40
Doria
Marta

Grajaú
Parelheiros

OS PARTIDOS NAS CAPITAIS

Definidos no 1º turno
- PSB / PC do B — Aracaju
- PSDB / PSOL — Belém
- PSDB / PHS — B. Horizonte
- PMDB — Boa Vista
- PSDB / PSD — C. Grande
- PSDB / PMDB — Cuiabá
- PSD / PMN — Curitiba
- PMDB / PP — Florianópolis
- PDT / PR — Fortaleza
- PMDB / PSB — Goiânia
- PSD — João Pessoa
- PMDB / REDE — Macapá
- PSDB / PR — Maceió
- PSDB / PR — Manaus
- PDT — Natal
- PSB — Palmas
- PSDB / PMDB — Porto Alegre
- PSDB / PTB — Porto Velho
- PT / PSB — Recife
- PT — Rio Branco
- PRB / PSOL — R. de Janeiro
- DEM — Salvador
- PDT / PMN — São Luís
- PSDB — São Paulo
- PSDB — Teresina
- PPS / SD — Vitória

Fonte: TSE

EDITORIAIS Opinião A4
Leia "Oportunidade perdida", sobre resultado da eleição em São Paulo, e "Entre hesitação e firmeza", a respeito da agenda econômica de Temer.

Avener Prado/Folhapress

3.085.187 VOTOS

João Doria no diretório estadual do PSDB depois de ser eleito prefeito de São Paulo

Na maior arrancada já registrada n[a] Paulo, o candidato do PSDB, João Dori[a] adversários para trás e venceu a disput[a] paulistana no primeiro turno, feito iné[dito] dos votos válidos —ou 3.085.187 6.945.741. A fatia de nulos e brancos (16

O empresário João Agripino da Cost[a] conseguiu atrair o voto útil de eleitores a com os rivais Celso Russomanno (PR[B]) (PMDB) e de insatisfeitos com a poli com o PT. Ele administrará um Orça bilhões em 2017 e precisará compor co para obter maioria na Câmara Munici[pal] que vai governar para todos e mode[rar]

O prefeito de São Paulo, Fernando H 16,7% dos votos válidos. Ele havia política para se dedicar ao cargo de (Universidade de São Paulo), caso n

O resultado representa uma v governador Geraldo Alckmin (P campanha de Doria. O tucano debutante em pleitos, o que o forta candidato à Presidência em 2018. saiu vitoriosa em metade das 28 ma

Considerada a votação em 90% d foi o maior derrotado neste pleito s[e] campanha mais curta e sem doaç PMDB, do presidente Michel Temer, Entre as principais siglas, crescer

Nas 26 capitais, 8 candidatos ve turno, sendo 7 deles prefeitos reele[itos] Crivella (PRB) e Marcelo Freixo segundo turno, no próximo dia 30

eleições2016

MAURO PAULINO
Decisões de última hora dos paulistanos deram vitória a Doria
Eleições 2016 pág. 3

VINICIUS MOTA
São Paulo elege novo poste, concebido na proveta de Alckmin
Opinião A4

CELSO ROCHA DE BARROS
Saídas conservadoras

A imprensa ressalta a eleição com números expressivos

O GLOBO

RIO DE JANEIRO — oglobo.com.br

SEGUNDA-FEIRA, 3 DE OUTUBRO DE 2016 · ANO XCII · Nº 30.373

Irineu Marinho (1876-1925) — (1904-2003) Roberto Marinho

Alckmin sai vitorioso ao eleger Doria no 1º turno

Aposta pessoal do governador Geraldo Alckmin, que dividiu o PSDB em São Paulo, o empresário João Doria conquistou a prefeitura da capital paulista com uma arrancada iminente em sua estreia eleitoral, superando o prefeito Fernando Haddad (PT). Com 53,29% dos votos, Doria, chamado de coxinha pelos adversários, venceu o petista (16,7%) até na periferia. O resultado fortalece Alckmin para a largada da corrida presidencial. PÁGINAS 16 a 19

MERVAL PEREIRA

CHICO

RICARDO NOBLAT
A culpa da esmagadora derrota do PT é apenas dele. PÁGINA 2

NELSON MOTTA
Padrinhos e eleitores de postes sumiram. PÁGINA 20

LAURO JARDIM
Resultado no Rio é derrota da arrogância de Paes. PÁGINA 29

JOSÉ CASADO
Alckmin atropelou o PT e a cúpula do PSDB. PÁGINA 29

MAIÁ MENEZES
Dois Marcelos, e o desafio de evitar extremismos. PÁGINA 29

FLAVIO FREIRE
Doria promete não disputar reeleição. Será? PÁGINA 29

O ESTADO DE S. PAULO

FUNDADO EM 1875 — JULIO MESQUITA (1862-1927)
EDIÇÃO DE 22H30

OUTUBRO DE 2016 · R$ 4,00 · ANO 137 · Nº 44911

estadão.com.br

Vitória de Doria no 1º turno fortalece Alckmin para 2018

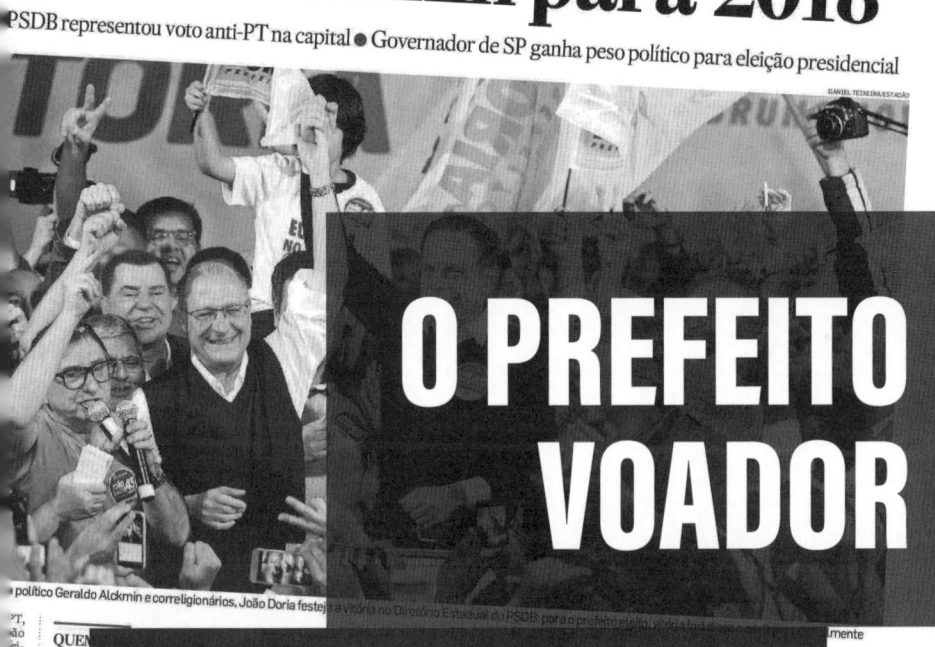

● PSDB representou voto anti-PT na capital ● Governador de SP ganha peso político para eleição presidencial

político Geraldo Alckmin e correligionários, João Doria festeja a vitória no Diretório Estadual do PSDB: para o prefeito eleito

O PREFEITO VOADOR

QUEM

Geraldo Alckmin (PSDB)
Padrinho de Doria, governador aumenta cacife para 2018

ACM Neto (DEM)
Com 73,99% em Salvador, é potencial liderança política

PSOL
Disputa 2º turno no Rio e

PT
Atingido na Lava Jato, partido perde espaço nacional

Eduardo Paes (PMDB)
Prefeito dos Jogos Olímpicos, não elege sucessor no Rio

Marina Silva (Rede)

No Rio, Crivella disputa 2º turno com Freixo

Marcelo Freixo, do PSOL, disputará com Marcelo Crivella, do PRB, a prefeitura do Rio de Janeiro

Colombianos rejeitam acordo de paz com Farc

Em plebiscito, votos contrários ao pacto com a guerrilha foram só 2%

Espelhado na experiência com Montoro na campanha ao governo do estado, em 1982, pela qual era "fascinado", João montou grupos de trabalho para definir o que fazer em cada área da prefeitura, de forma a buscar máxima eficiência. Enquanto ainda fazia a campanha eleitoral, vinte grupos tinham estudado os problemas da cidade, de maneira a formular um plano completo de ação na saúde, educação, habitação, segurança, meio ambiente, esporte, cultura, e assim por diante.

Em cada um desses grupos colocou "pessoas qualificadas, com disposição de contribuir, como fez o Montoro". Júlio Semeghini foi o coordenador geral dos grupos. O economista Marcos Campagnone foi coordenador-executivo do programa de governo, documento entregue ao Superior Tribunal Eleitoral para registro, trabalho que já tinha feito para Geraldo Alckmin. Dessa forma, uma vez eleito, estava pronto para começar a trabalhar na prefeitura desde o primeiro dia.

Para ele, o vice não podia ser decorativo ou uma figura passiva, esperando vagar o posto do titular: colocou Bruno Covas como secretário das prefeituras regionais. Trouxe seus colaboradores de campanha e, para fazer uma gestão diferente da política tradicional, gente também de fora da política. Fugindo aos compromissos ideológicos e partidários, convidava secretários como quem contrata executivos.

Foi o caso do advogado Cid Torquato, a quem conheceu num evento do LIDE, quando era diretor-executivo da Câmara Brasileira de Comércio Eletrônico. Em 2007, Torquato sofreu um acidente durante as férias na Croácia: bateu a cabeça num mergulho no mar e ficou tetraplégico. João convidou-o a ser secretário da Pessoa com Deficiência. "Como nunca tive ligação política, só me tornei secretário porque o prefeito era João", diz Torquato. "Ele mudou a minha vida."

A escolha das pessoas certas tinha o objetivo de cumprir promessas de campanha e os projetos trazidos pelos grupos de trabalho, que na administração viravam objetivos. Na campanha, João dizia que, tão logo tomasse posse, aumentaria o limite de velocidade das marginais do Tietê e do Pinheiros. Foi o que ele fez. Mandou ainda transferir ciclovias das vias principais para vias paralelas, de maneira a desobstruir o acesso ao comércio, um dos problemas que criticava na gestão de Haddad.

Sua proposta inicial, de fazer uma boa gestão e reduzir "o anel de pobreza" da cidade, confrontava o PT, que prometia a promoção social, mas nem de longe tinha erradicado a miséria, não apenas na prefeitura como em uma década e meia no governo federal. "Para isso, era preciso gerar emprego e oportunidades", diz João. Não contava para isso com o governo federal e cedo descobriu que não contaria também com o estadual. Começava aí um certo abalo em suas relações com Alckmin. "Na prefeitura, não tivemos qualquer apoio do governador", diz. "Ele não ofereceu nenhum investimento a nós na prefeitura: nada em educação, nada em asfalto, nada em saúde. Zero."

Para executar seus planos, tinha de ser autossuficiente, como fizera na Paulistur, quando Covas elogiava suas soluções, sem lhe pedir recursos. Porém, os desafios agora eram muito maiores. "É obrigação do prefeito trabalhar para reduzir a pobreza, diminuir a vulnerabilidade da população e melhorar a condição de vida, com mais qualidade da saúde, educação, segurança pública", diz. "Em vez de reclamar, o prefeito deve trabalhar. E foi isso que fizemos."

Para fazer sua administração "transformadora" em todas as áreas, era preciso gerar recursos próprios, de forma sobretudo a investir mais em educação, saúde e promoção social – as tarefas que considerava essenciais do Estado. Dos grupos de trabalho veio o plano de modernização e desburocratização da máquina pública, além da privatização em massa de equipamentos da prefeitura. Paulo Uebel, ex-diretor-geral do LIDE, encarregado dos estudos sobre a agilização da máquina pública, foi promovido a secretário da Desestatização e

Parcerias – o programa de privatização sob a responsabilidade de seu idealizador, o empresário do setor de energia e seu amigo pessoal, Wilson Poit.

"Nenhuma prefeitura do Brasil, em nenhum tempo, jamais teve um programa de desestatização", diz João. Além de privatizações, ele programou a outorga de concessões para exploração pela iniciativa privada de equipamentos públicos, como o Parque Ibirapuera, o Autódromo de Interlagos e o Estádio do Pacaembu. Dos três equipamentos públicos, a pior situação era a do Pacaembu. Sob a administração da Secretaria Municipal de Esportes, o estádio tinha uma infraestrutura arcaica, custava caro para a prefeitura e vinha sendo pouco utilizado, especialmente depois da inauguração de modernas arenas pelos clubes: o Itaquerão, do Corinthians, e o Allianz Parque, do Palmeiras.

João deu início aos processos de privatização, alguns dos quais só concluídos após sua saída da administração municipal, como o do Anhembi, que ele mesmo já tinha restaurado e reorganizado nos seus tempos de Paulistur. Tudo que podia ser tocado pela iniciativa privada valia – até os cemitérios. Enfrentava a mesma desconfiança de sempre. Privatizar o Ibirapuera? Iriam cobrar para entrar no parque? Aos poucos, porém, as resistências iam cedendo diante dos benefícios.

Alguns de seus programas surgiram depois da posse na prefeitura, como o das creches. Lançou o desafio de zerar a fila das creches para crianças de até três anos. Também ampliou o serviço ambulatorial da rede municipal de saúde, criando o Corujão da Saúde – convênio com hospitais particulares, para fazer exames durante a madrugada, período mais ocioso, pagos pelo poder público. Por esse sistema, entre 2019 e 2022, foram registrados 653 mil exames nos melhores hospitais privados, em atendimentos públicos.

Estabeleceu ainda orçamentos próprios para as subprefeituras, descentralizando recursos e decisões. Com conhecimento da própria jurisdição e mais autonomia, cada subprefeitura cuidava melhor dos problemas locais.

São Paulo vinha perdendo recursos com a desindustrialização e a consequente redução de receitas. Com uma população de 12 milhões de pessoas, segundo os dados disponíveis do IBGE até então, o Índice de Desenvolvimento Humano (IDH), composto por indicadores de renda, longevidade e educação, era de 0,805 na capital paulista. Pelo critério do IDH, São Paulo estava na 28ª colocação entre os 5.565 municípios avaliados do país. Um resultado muito abaixo do que seria de se esperar da cidade mais rica do país, sinalizador de uma alta concentração de renda.

A miséria crescia a olhos vistos. Um levantamento feito pela prefeitura e a Fipe estimava que em 2016 havia cerca de 15 mil pessoas em situação de rua na cidade. Como solução emergencial, João lançou os Centros Temporários de Acolhimento. Tinham o propósito de oferecer acomodação "digna", alimentação com três refeições por dia, vestuário básico, barbeiro e atendimento psicológico. Visavam também a qualificação profissional e a colocação no mercado de trabalho. "As pessoas não querem se eternizar nas ruas", diz ele.

Fizeram os dois primeiros CTAs na zona leste. Em quinze meses, foram implantadas dezoito unidades na cidade, incluindo algumas especializadas, como a voltada para crianças e adolescentes vítimas de abuso. Ofereciam cama, roupa de cama, toalha, xampu, pasta e escova de dentes. Era um "ambiente confortável", diz João, com TV, cozinha e alimento. Os CTAs eram integrados ao serviço de assistência social da prefeitura e ao Sistema Único de Saúde, o SUS, para atendimento médico e psicológico.

Mesmo assim, para sua surpresa, João recebeu a informação de que havia resistência por parte dos moradores de rua em aceitar aquela ajuda. De maneira a entender o que estava acontecendo, ele foi conversar com os sem-teto na Praça 14 Bis, na zona norte e também no centro da cidade. Ouviu que as pessoas não saíam da rua porque não se separavam do cachorro, nem da carroça – tudo o que possuíam. "Eles tinham razão", diz João. Todos os novos CTAs passaram a ter, então, um canil e um estacionamento de carroças – o "carroçódromo". Dos dezoito CTAs inaugurados na cidade na gestão de João, doze receberam esses equipamentos.

*

Mais difícil foi retirar da rua a população da Cracolândia, um desafio desde os primeiros dias. João tinha se proposto a recuperar as pessoas e resgatar aquela área da cidade, que funcionava como uma espécie de zona franca da droga no bairro de Campos Elíseos – no passado a região mais nobre da cidade, onde funcionava o antigo Palácio do Governo e ficavam os casarões da elite cafeeira. "O PT realizava [na Cracolândia] a política de redução de danos, que era deixar tudo como estava", diz ele.

Na gestão de Haddad, a prefeitura dava aos dependentes químicos 15 reais por dia, no programa Braços Abertos, para que limpassem as ruas – coisa que não faziam. Ao contrário, usavam o dinheiro para comprar mais droga. "A solução da prefeitura só aumentou o preço do crack e a ação dos dependentes químicos aliciados pelos criminosos para se tornarem traficantes", diz ele.

Uma equipe da Secretaria de Comunicação (Secom) entrou nos hotéis onde ficavam os craqueiros, que serviam como centros de distribuição de drogas, para entender a situação. "Não era uma coisa saudável", diz Letícia Bragaglia, da comunicação da prefeitura. "Eram uns pulgueiros, uma coisa horrorosa." João não concordava com aquilo. "Precisamos dar uma condição digna a essa gente", afirmou, ao ouvir o relatório daquela averiguação.

No início, a prefeitura montou um acampamento de emergência, onde começou a ser feito um atendimento inicial, com triagem dos dependentes químicos. "Procuramos encontrar meios que pudessem oferecer um tratamento humanitário e de saúde adequado", diz João. Considerava que os viciados em crack eram pessoas abandonadas e rejeitadas por suas próprias famílias e não tinham a quem recorrer, exceto ao Estado. "Eram pessoas dependentes, afastadas da família, solitárias e que precisavam de tratamento de saúde, psicológico e religioso, com sentimento de fé e proteção, para serem capazes de superar essa fase."

Recebeu críticas de abuso de autoridade, por defender a internação obrigatória. Entendia que todos os dependentes químicos tinham de passar pela triagem. Foi acusado de ser um "higienista" e ter montado um "campo de concentração". "A oposição era muito maldosa", diz Bragaglia. "João apenas não acreditava na política de redução de danos do Haddad, achava que tinha tratamento, queria resolver."

O Ministério Público de São Paulo interveio, proibindo a internação compulsória. "Houve muita dificuldade, por uma ação a meu ver equivocada do MP", diz João. Estava convencido de que a pessoa debilitada pela droga não tinha capacidade de decidir sozinha, e o propósito da prefeitura não era recolher, e sim "acolher as pessoas e tratar de forma correta, do ponto de vista de saúde e psicológico".

Para João, a iniciativa do MP só colaborou para manter o dependente na sua condição. "A droga é um encurtador do tempo de vida, nociva em qualquer circunstância", diz ele. "O dependente químico precisa ser tratado. Ele vai espontaneamente ou compulsoriamente. É assim nos Estados Unidos, na Ásia e em países da Europa. Não é invenção minha, é o que a ciência determina como solução, e dessas três formas: saúde, atendimento psicológico e suporte religioso. O paciente precisa ter fé, não importa a religião."

João tentou de tudo, inclusive o uso da força. Mandou a polícia desmontar a Cracolândia, traficantes foram presos, barracas foram recolhidas, retomou espaços dominados pelo crack. Os viciados, porém, apenas se espalharam pela cidade, criando um problema maior. Realocaram-se na Praça Princesa Isabel e, aos poucos, foram retornando ao mesmo lugar.

Com a proibição da internação compulsória, João fez então o que fazia sempre que tinha um problema complexo: montou um grupo de trabalho para reestudar o caso. Envolveu as secretarias de Assistência Social, Saúde, Segurança e Habitação, de forma a encontrar soluções e tomar providências de maneira coordenada em várias áreas ao mesmo tempo.

A prefeitura então colocou mais de trezentas pessoas para fazer um trabalho diário de convencimento com os dependentes químicos. Cada dia, convenciam dois ou três deles. "Muitos dos que faziam esse trabalho de persuasão eram ex-dependentes químicos, que dialogavam com conhecimento de causa", diz João. Era um resultado muito mais lento do que ele imaginava – mas avançava, na medida das possibilidades.

Outra medida polêmica foi apagar as manifestações gráficas nos muros da cidade, em nome de uma limpeza geral. "João era a favor do grafite, mas contra a pichação", diz Letícia Bragaglia. Pintou de verde um muro da Avenida 23 de Maio e teve de encarar não só a revolta dos pichadores como a dos defensores da arte de rua como forma de expressão. "Não dê vexame, São Paulo" – apareceu pichado na avenida após a decisão. Numa reversão das expectativas sobre a "onda azul", veículos de imprensa ironizaram a iniciativa da prefeitura, chamando-a de "maré cinza"[22].

Também gerou críticas a ideia de distribuir a farinata a moradores de rua, um alimento balanceado, que para a oposição era uma "ração humana". "Era um suplemento alimentar", diz João. Tinha se inspirado na experiência da dona Zilda Arns, irmã do cardeal arcebispo Dom Paulo Evaristo Arns, que utilizava o mesmo princípio nas suas ações sociais, em São Paulo, Rio de Janeiro e Paraná. Diante da reação negativa, acabou retrocedendo.

Algumas querelas iam parar nos tribunais. Uma decisão judicial em fevereiro de 2018 proibiu João de usar o nome "Cidade Linda" em eventos da prefeitura. Recorreu, mas perdeu. Logo em seguida, João também foi proibido de utilizar na prefeitura seu *slogan* da campanha eleitoral, "Acelera São Paulo" – e até de fazer o gesto do V apontado. Ao torná-lo bordão oficial do governo, teria incorrido em abuso, segundo denúncia do Ministério Público, que chegou a pedir também a suspensão de seus direitos políticos pela mesma razão – recusada pelo juiz.

Wilson Tafner, da Promotoria do Patrimônio Público, fez duas comunicações de descumprimento das proibições judiciais, nos dias 5 e 12 de março de 2018. "Querem me censurar, querem limitar minha liberdade de falar, de gesticular, de estar com o povo", reclamou num evento público, em 17 de março. "Não vão conseguir."[23] No entendimento do promotor Nelson Andrade, ele fazia promoção pessoal, usando a publicidade oficial da gestão sem "caráter educativo, informativo ou de orientação social", o que caracterizava improbidade administrativa. "Inibir gestos, inibir palavras, isso não existe, isso é censura", dizia João. "Nós vivemos num país livre, acabou o tempo da ditadura militar no Brasil."

Em 8 de agosto de 2020, quando já era governador de São Paulo, a decisão por sua condenação foi ratificada em segunda instância pela 2ª Câmara de Direito Público, condenando-o a pagar uma indenização equivalente a cinquenta vezes seu salário como prefeito, no total de 600 mil reais. Num outro processo, que somente terminou em 28 de julho de 2021, foi condenado também a pagar 190 mil reais em indenização pelo uso sem autorização, em agosto de 2017, da música "Ainda bem", de Marisa Monte e Arnaldo Antunes. A canção apareceu como fundo de um vídeo publicado nas redes sociais, com "caráter de promover a imagem pessoal do requerido", durante a inauguração de um campinho de futebol. Não funcionou a defesa, segundo a qual a música fazia parte do som ambiente e que se tratava de vídeo institucional da prefeitura, e não de campanha. Com um recurso, o caso foi para julgamento em segunda instância.

*

Na prefeitura, João adotava métodos de trabalho de empresas privadas, de forma a azeitar sua máquina de produzir soluções. Chegou a instituir o prêmio de "secretário do mês". Não punha a fotografia no quadro, mas elegia o colaborador que mais tinha se destacado e lhe dava um presente – um relógio, por exemplo.

Fazia com o secretariado o mesmo que Mário Covas em seus mutirões. O programa Cidade Linda tinha o objetivo de melhorar os serviços de zeladoria, como limpeza das ruas e manutenção do asfalto, uma das áreas que João criticava na gestão do PT. Dentro dele, lançou o programa Calçada Nova, que lembrava os programas executados por Mário Covas, quando reunia o secretariado municipal nos finais de semana para participar de mutirões pela cidade.

Não escapava ninguém, inclusive o secretário da Pessoa com Deficiência, Cid Torquato, que vinha na sua cadeira de rodas. "Na gestão pública, você tem de estar disposto a se sacrificar", diz João. "Caso contrário, é melhor nem entrar."

Aos sábados, os secretários começavam o expediente às 7 horas da manhã, quando João liderava a turma, com trajes de gari, para ir à rua – para "varrer, lavar", recorda Jorge Damião, secretário de Esportes e Lazer. Misturavam cimento para consertar calçadas em áreas públicas. "Sempre acreditei que o exemplo move as pessoas", diz João. "E numa prefeitura a visibilidade disso era muito grande."

O que João pretendia ao plantar árvores, limpar o gramado e arrumar calçadas era motivar as pessoas e mostrar o esforço da zeladoria. Porém, a iniciativa, feita para gerar imagens de divulgação, também gerou repercussão negativa. Nas redes sociais, a ideia de vestir os secretários de garis acabou sendo ironizada – chegaram a ser chamados de "Village People", banda criada nos anos 1970 que atuava fantasiada, de grande sucesso, especialmente com o público LGBT.

O secretariado aceitava o sábado laboral com relutância. Depois do expediente braçal, pela manhã, João ainda fazia a reunião do secretariado, que começava em torno do meio-dia, na prefeitura. O trabalho terminava por volta das 2 da tarde. "Nossas mulheres adoravam", ironiza Damião. Em compensação, João também encarava ser jogado na fogueira quando desafiado. Aceitou a proposta de Torquato de fazer um passeio pelas calçadas da cidade de cadeira de rodas, num evento para a imprensa, e nas camisetas de propaganda do Calçada Nova ele colocou, junto com a figura de um pedestre, a de um cadeirante.

A seriedade não impedia as brincadeiras, até sobre o excesso de seriedade. Avesso a falar palavrões, e torcedor do Santos, João chamava o interlocutor de "corintiano" quando se irritava com alguém – o máximo de ofensa que podia expressar. Sob a liderança de Damião, corintiano roxo, foi organizado um bem-humorado protesto geral. Numa das reuniões, todo o secretariado apareceu com a camisa do Corinthians, para espanto – e diversão – de João. "A gente tirava um sarro dele, para dar uma quebrada naquela rigidez", diz Damião. "Senão, ninguém aguentava."

*

Como prefeito, João estava sujeito a alguns percalços. Enquanto ainda estava em curso o processo de concessão do Estádio do Pacaembu, ele, que ia pouco a jogos, resolveu assistir a Corinthians x

Santos, no dia 4 de março de 2018, no fim da tarde de um domingo. Santista, no começo do jogo recebeu aplausos e afagos da torcida de seu time. Aos 21 minutos do segundo tempo, porém, quando estava um a zero para o Corinthians, já caindo a noite, de repente acabou – e não voltou – a luz no estádio. Tomou uma grande vaia. "Começaram a xingar, João foi retirado correndo do Pacaembu", diz Damião. "Aquele dia, quase perdi o emprego." "Alô @jDoriajr, os refletores do Pacaembu dão problema quase todo jogo, sabia? Dá um jeito nisso, prefeito", escreveu no Twitter um torcedor, às 18h56, naquele dia. "Sucatear para privatizar é isso", escreveu outro.

João enfrentou várias dificuldades para fazer a concessão do estádio, prevista para acontecer em julho de 2018. O Tribunal de Contas do Município barrou uma série de licitações. A concessão, ao consórcio privado Allegra Pacaembu, somente foi assinada em setembro de 2019, já na gestão de Bruno Covas, que assumiu o cargo – e foi reeleito –, quando João saiu para disputar o governo estadual, dando sequência aos projetos.

Com as obras a serem realizadas, em investimentos comprometidos da ordem de 400 milhões de reais, a reabertura do Pacaembu estava programada para acontecer em 2023. Ficaram de fora da concessão a Praça Charles Miller e o Museu do Futebol. O projeto previa a construção de um edifício com lojas e um centro esportivo no lugar do antigo complexo esportivo, com a demolição do antigo tobogã, arquibancada popular, sem assentos, que já havia substituído a concha acústica original.

João bebia na fonte de Covas e na sua própria, inventando e criando o que não existia, com ajuda de patrocínios e parcerias público-privadas. Encarava as críticas como parte do trabalho. Em vez de reclamar delas, procurava resolver as crises e superá-las. "No setor público é preciso ter paciência e muita determinação, senão as coisas não acontecem", diz ele.

A prefeitura já era uma grande empreitada, mas João, como uma usina, não parava. Estava sempre disposto a fazer mais, dando resposta imediata a tudo – e essa vontade também o colocava como o marinheiro sempre pronto a ouvir o canto das sereias, vindo de outro lugar, onde havia tanto ou ainda mais por fazer.

E foi como um canto de sereia que ele, prefeito com menos de um ano e meio no cargo, ainda em fase de consolidação dos programas que havia colocado em andamento, recebeu a proposta de dar um novo salto eleitoral, em 2018. E deu.

Na Avenida Paulista, com manifestantes contrários ao PT

BOLSODORIA

João gostou de ser prefeito – "uma experiência enriquecedora", diz ele. Dentro dos cargos políticos, é a posição em que mais se tem contato com a população – "as pessoas querem atenção, carinho". "Ser prefeito é ser um zelador, com uma grande carga sobre ele, porque o zelador é cobrado por coisas que são e também que não são de sua responsabilidade", diz. Água, esgoto e luz, por exemplo, são atribuições da esfera estadual ou de empresas privadas, concessionárias de serviços.

Havia muitas limitações para o que ele podia fazer pela cidade como prefeito, o que não diminuía as cobranças. Para um empreendedor, resolver problemas é encontrar os meios para que sejam resolvidos. Não é apenas vaidade ou simples ambição pessoal. É a natureza empresarial: sem se conformar com as impossibilidades, João tendia a buscar os meios, o que significava sair da própria circunscrição. Havia a crítica daqueles para quem João era um arrivista faminto demais. Para outros, ele apenas aproveitava o espaço que lhe tinha sido oferecido – o que fazia conforme seus instintos de tubarão. "O prefeito é um zelador, o João foi feito para voos maiores", diz Andrea Matarazzo.

A expressiva vitória eleitoral em 2016 e o forte início na prefeitura de São Paulo faziam com que ele tivesse seu nome cotado para as eleições seguintes, em 2018, quando se disputaram os cargos para a Presidência da República e os governos estaduais. Sua campanha, fortemente pautada no tema nacional do movimento anticorrupção, fincada no antilulismo, que tinha ajudado a eleger prefeitos do PSDB em todo o país, lhe dava projeção nacional.

Pretexto ou não para ampliar sua ação fora de São Paulo, João procurava conhecer modelos de gestão que funcionavam em outros estados, sobretudo nas áreas de saúde, transporte e educação. Visitou, por exemplo, as escolas de Palmas do Tocantins. Ganhava homenagens em outros estados. Desembarcou em Vitória no dia 23 de agosto de 2017, para receber o título de cidadão honorário de Vila Velha e encontrar o governador capixaba Paulo Hartung, do MDB. "Prefeito de São Paulo, apontado por muitos como o candidato tucano nas eleições presidenciais do ano que vem, João Doria (PSDB) desembarca nesta quarta-feira no Espírito Santo para uma série de atividades políticas", escreve a *Folha Vitória*[24].

A percepção dos colaboradores mais próximos, que estavam com ele desde a campanha à prefeitura, era de que João não expressava abertamente alguma pretensão de se candidatar a presidente, mas trabalhava para tal. "Na prefeitura, ele já se movimentava pelo Brasil inteiro e ampliamos nossa comunicação para o nível nacional", diz Letícia Bragaglia, coordenadora de imprensa. "A mídia estava *in love* com ele. O nome do João começou a ser cogitado para a Presidência, havia uma demanda. Houve o ensejo e o esboço da candidatura presidencial já naquele momento."

"Ele tinha recebido aquela votação extraordinária, era um fenômeno, e a gente rodava o Brasil", diz o ex-deputado estadual Marco Vinholi, que se aproximou de João durante o mandato na prefeitura. Foi depois um dos coordenadores da campanha ao governo paulista, assumiu a presidência do PSDB no estado e tornou-se secretário estadual do Desenvolvimento Social na futura gestão de João. "O meio político, o partido, a imprensa, muitos achavam que ele seria candidato a presidente, embora João nunca tivesse se manifestado nesse sentido. Achávamos que aquela eleição presidencial era dele."

A janela existia também em razão das dificuldades do PSDB no plano nacional, no qual o partido tinha sofrido consecutivas derrotas. Desde Fernando Henrique (1995-2002), teve sua maior oportunidade de vencer a eleição presidencial em 2014, com Aécio Neves, que perdeu para Dilma Rousseff por 3,5 milhões de votos de diferença (48,3% e 51,6% dos votos válidos, respectivamente). Aécio seria o nome natural do partido para as eleições em 2018, mas se complicou desde a derrota para Dilma, acusado de corrupção em meio às investigações da Lava Jato.

Em maio de 2017, veio a público um áudio de 48 minutos, com uma conversa por celular com o dono da JBS, Joesley Batista, gravada por Batista e entregue à Justiça por um acordo de delação premiada no âmbito da Lava Jato. Nessa conversa, Batista dizia a Aécio que pagaria 2 milhões de reais para os advogados que o defendiam. Por conta desse material, sua irmã Andrea Neves e o primo Frederico Pacheco de Medeiros, que receberam o dinheiro como laranjas de Aécio, foram presos pela Polícia Federal. O Supremo Tribunal Federal (STF) afastou Aécio do mandato de senador por Minas Gerais. Na conversa, Aécio pede que o dinheiro seja entregue à irmã por meio do primo: "Alguém que a gente mata antes de fazer a delação".[25]

Tal evidência colocou Aécio na mira da Justiça e dinamitou suas pretensões de chegar ao Palácio do Planalto. Entronizado na prefeitura como paladino contra a corrupção, João se encontrou numa posição desconfortável, com o maior expoente do partido envolvido na mesma lama do PT, com quem Joesley igualmente traficava. "Nunca defendi a expulsão dele", diz João, sobre Aécio. "Sugeri apenas que ele tivesse o bom senso e a iniciativa de afastar-se em caráter temporário, sem julgamento prévio, acreditando na justiça, e, se fosse inocentado, voltaria."

Diante da ameaça de racha da legenda, Aécio ficou no PSDB, para que pudesse até mesmo concorrer a nova eleição, caso o julgamento de cinco processos que se desenrolaram contra ele na Lava Jato demorasse mais. Porém, o partido se desmoralizava – e João criava um adversário dentro das próprias trincheiras. Aquele prefeito circulante, que ganhava espaço político a pretexto de trocar de experiência de gestão com políticos em todo o país, criava desconforto no partido, ainda mais por apontar veladamente seu dedo moralista para um cacique da legenda.

A resistência em afastar Aécio e inventar algo novo no plano nacional custou caro ao PSDB, que passou a se comportar como suspeito, em vez de crítico da política fisiológica. O partido demorou a apoiar o *impeachment* de Dilma, e depois a apoiar ou participar do governo de Michel Temer, o vice, que assumiu a Presidência em seu lugar. Resistiu, também, a entrar na corrida presidencial com o que tinha de novo. Assim como João, mais alguém viu a janela reaberta para a candidatura do PSDB a presidente em 2018: Alckmin.

Mesmo já tendo perdido a disputa para Lula uma vez, o governador de São Paulo viu na queda de Aécio uma repentina oportunidade de ressuscitar como candidato ao Planalto. E tomou a frente. "Esse lugar já era do Geraldo, que havia apoiado João para a prefeitura, e tinha a precedência", diz José Aníbal. Assim, a porta, que por um instante pareceu entreaberta, se fechou. Porém, surgiu outra em seu lugar.

*

Em 2018, uma parcela do PSDB em São Paulo passou a se movimentar para que João saísse candidato ao governo do estado, tão logo Alckmin decidiu se desincompatibilizar para disputar a Presidência da República. Os deputados estaduais tucanos achavam que o PSDB não podia abrir mão de ter um candidato próprio ao governo de São Paulo, em vez de apoiar Márcio França, vice de Alckmin, do PSB, que assumiu o governo do estado em abril de 2018, com a saída do titular para a disputa presidencial. Desde sua saída, o governador apoiou sua candidatura à reeleição no governo estadual. "Aquilo surpreendeu e entristeceu os prefeitos e sobretudo os parlamentares do partido", diz João.

Começou então uma articulação partidária pela candidatura própria. Os deputados e os membros da cúpula partidária no estado se voltaram para João. "O Geraldo claramente queria o Márcio França e que o partido não tivesse um candidato ao governo", diz Marco Vinholi. "Daí, nós, na Assembleia Legislativa, fomos à prefeitura e pedimos para João sair candidato ao governo do estado."

O prefeito de Barueri, pai da deputada federal Bruna Furlan, e um dos mais longevos prefeitos do estado de São Paulo, Rubens Furlan, fez um discurso candente em uma convenção do partido no hotel Jaraguá, em São Paulo. "Não aceito o nosso partido apoiar um socialista para o governo do estado", disse Furlan. "Não quero ver socialismo em São Paulo."

A rebelião contra Alckmin vinha ao encontro de João, que, como outros integrantes do PSDB, não gostava da ideia de apoiar França para que seguisse pelo mandato seguinte no Palácio dos Bandeirantes. Criticava-o, dizendo que tinha aumentado a dívida do estado em 1 bilhão de reais por mês – no total, foram 10 bilhões de reais pelos dez meses durante os quais governou.

Com 33 anos na época, filho de família de políticos de Catanduva, Vinholi estava à frente do grupo de parlamentares do PSDB que enfrentou a ala mais ligada a Alckmin. Receava que o ex-governador fosse "ficar bravo" com aquela manobra. Porém, achava que, para João, o governo do estado era um "tiro mais certo e viável" que a candidatura à Presidência, para a qual o partido já tinha Alckmin. Tornou-se líder da bancada do PSDB na Assembleia Legislativa, no mesmo dia em que João saiu da prefeitura, contra os desígnios do ex-governador.

"Eu de fato renunciei à prefeitura, mas houve um pedido de deputados estaduais do PSDB e também dos federais, para que disputasse o governo do estado", diz João. Ele afirma que foi candidato por ser "respeitoso ao partido" e por discordar da decisão de Alckmin de favorecer seu antigo vice. "Ele quis impor um candidato de outra legenda ao partido e o partido não quis", diz. "França representava uma visão socialista, estatizante, esquerdizante, que eu e muitos parlamentares e prefeitos do PSDB entendíamos ser inadequada. Era um erro do Geraldo."

João saiu da prefeitura oficialmente em 6 de abril de 2018 – um ano, três meses e cinco dias depois de assumir o posto. Já se previam reações negativas do eleitorado, que o elegeu na confiança de que não deixaria o cargo na sequência, como simples escada para outros voos. Uma pesquisa feita pelo Datafolha logo após sua saída da prefeitura, publicada em 16 de abril de 2018, indicou que 47% dos paulistanos reprovavam sua passagem pela administração do município – menos pela administração em si do que pela decisão de ter saído, tanto que Bruno Covas foi reeleito prefeito mais tarde, a partir da gestão iniciada por João. A sua taxa de aprovação tinha caído 11 pontos em relação à pesquisa anterior, de novembro de 2017: estava em 18%. A de reprovação aumentara 8 pontos (era 39%)[26].

Mesmo pagando o preço por não cumprir a promessa de ficar até o final, João minimizou sua saída da prefeitura, onde deixou o vice, Bruno Covas, que só não completaria o segundo mandato por uma fatalidade: tratando-se de câncer em estágio avançado, viria a falecer no cargo, em 16 de maio de 2021. Na época, João justificava sua posição alegando que, caso fosse eleito ao governo estadual, São Paulo teria o apoio também do governador – uma alfinetada em Alckmin. "Bruno foi brilhante, continuou bem o nosso trabalho", diz.

Apesar do apoio da legenda, João avançava sobre o território e os acordos de Alckmin, que preferia Márcio França. Dessa vez, ao contrário do que ocorreu na disputa pela prefeitura, quando se apresentou como candidato de Alckmin contra o partido, João aparecia como o candidato do partido contra Alckmin. E essa ousadia não ficou sem resposta.

Dois dias depois de entregar a carta de renúncia à prefeitura na Câmara Municipal, de modo a disputar o governo estadual, João foi surpreendido por um telefonema de Pedro Tobias, deputado estadual e presidente do PSDB paulista. Disse que o "governador" (Alckmin) estava pedindo para que houvesse prévias para a indicação partidária. Outros três pré-candidatos se apresentavam: o ex-senador José Aníbal, o secretário estadual de Desenvolvimento Social, Floriano Pesaro, e o cientista político e ex-editor Felipe D'Avila. "Vamos às prévias", respondeu João. "Mas, Pedro, por que vocês não falaram isso antes? O partido que me pediu para disputar o governo. Eu disputaria as prévias de qualquer maneira, mas considero desleal só terem me falado isso depois que renunciei à prefeitura."

O mesmo sistema das prévias, empunhado pelo governador paulista na definição do candidato à prefeitura para permitir a entrada de João na disputa, agora se usava contra ele. "O certo seria o João ter feito as prévias antes de sair da prefeitura", diz Vinholi. "De todo modo, o João ir contra as prévias não faria sentido. E tínhamos confiança de que venceríamos." Ainda assim, segundo o próprio João, ficou "um clima ruim".

Durante a campanha para as prévias, ele recebeu um telefonema de Alckmin e se ofereceu para encontrá-lo em sua casa, mas o ex-governador fez questão de visitá-lo imediatamente, na sede do Grupo Doria, na Faria Lima. Em meia hora ele estava no escritório. Procurou convencer João a desistir da candidatura ao governo estadual, supostamente por conta própria, mesmo tendo ele já deixado o mandato na prefeitura para a disputa.

"Governador, eu tenho de lhe confessar: só duas pessoas podem me fazer desistir da candidatura", disse João. "Uma é meu pai, que está lá no céu. Outra é o senhor, que está aqui, na minha frente. Meu pai não vai pedir isso. Se o senhor está me pedindo, ok, eu desisto. Mas vou dizer à imprensa que a minha desistência se deu porque o senhor me pediu para desistir. Eu não vou tomar essa decisão e dizer que foi minha, se é uma recomendação sua."

Alckmin, conta João, deu um pulo para trás. "Não sou eu que estou pedindo", disse Alckmin. "Mais claro de que o senhor está me pedindo para que eu desista, impossível", disse João. "Me influenciar numa decisão dessa natureza, repito, só o senhor e meu pai."

Por acordos que vinham desde que tinha deixado o governo do estado a Márcio França, a Alckmin interessava ter o apoio de outra legenda, com ganhos como o do tempo na TV. Havia no PSDB, porém, mais que a aversão a um político de um partido que tinha o socialismo no nome, era a desconfiança de que Alckmin não teria força para vencer a corrida presidencial e, assim, a legenda ficaria sem ambos os palácios: o do Planalto e também o Bandeirantes. Em nome da defesa dessa posição, João continuou em frente – e o tempo mostraria que o tucanato estadual tinha razão.

João ganhou as prévias em primeiro turno. Teve 11.993 votos, em 14.988 válidos, isto é, 80,02% do total. O segundo colocado, Floriano Pesaro, ficou com 7,35%. As pesquisas eleitorais já o mostravam à frente na disputa pela cadeira do Palácio dos Bandeirantes. O caminho para a campanha estava aberto, mas nem tudo estava bem. O partido saiu das prévias dividido – e o descompasso entre João e Alckmin não faria bem a nenhum dos dois.

*

Na eleição para os cargos majoritários em 2018, João pretendia usar o mesmo discurso contra o governo federal, com o qual se elegeu à prefeitura: o combate à corrupção, combinado com o mal que sempre a acompanha, que é a má gestão. A situação econômica do país tinha piorado, desde as manifestações de rua em 2016. O *impeachment* da presidente Dilma Rousseff, pondo fim à instalação do PT no poder federal, onde estava havia 14 anos, faltando dois anos para que ela completasse seu segundo mandato, não tinha resolvido o principal: a estagnação econômica, causa disparadora de todos os processos de insatisfação popular.

Campanha judicial com pretensão de lavar as cavalariças de Áugias da política brasileira, a Lava Jato chegava ao seu apogeu. Entre outros, atrás de praticamente toda a cúpula do seu partido, em 5 de abril de 2018 a

Justiça mandou para a cadeia o ex-presidente Luís Inácio Lula da Silva, instalado numa "cela especial" – um quadrilátero com um banheiro, dentro da sede da Polícia Federal em Curitiba. Condenado a nove anos de prisão pela caneta de Sergio Moro, por receber como benefício indireto de empreiteiras o uso de um apartamento tríplex no Guarujá, no litoral paulista, Lula não se apresentou para a prisão. Permaneceu entrincheirado no Sindicato dos Metalúrgicos do ABC paulista, seu berço político, saindo dali somente no dia 7, carregado para uma viatura preta da Polícia Federal pelos braços de uma multidão de militantes petistas, ali concentrados como um cinturão humano para sua defesa pessoal.

Um lance para a perplexidade da história, o Brasil tinha pela primeira vez um candidato à Presidência da República que, aberta a corrida presidencial, e na liderança das pesquisas de intenção de voto, ia para a cadeia. O vice da chapa, Fernando Haddad, passou a representá-lo na campanha, até o julgamento dos recursos.

Saído do posto de prefeito mais votado do Brasil, em oposição a Lula e seus correligionários em São Paulo, João entrava na disputa para o governo do estado na certeza de que o PSDB seria o principal antagonista do PT também no plano nacional – a exemplo do que havia ocorrido nas eleições anteriores. Por fidelidade partidária, apoiou Alckmin, embora críticos dentro do partido achassem que o fazia de forma um tanto discreta.

No primeiro turno, Alckmin enfrentou problemas, perdendo terreno progressivamente para um candidato antes improvável, Jair Bolsonaro, até então um azarão. Conhecido por seguidas legislaturas como deputado federal defendendo pautas da ultradireita, Bolsonaro corria por fora e tomou o espaço da oposição ao lulismo no plano federal. Ganhou a preferência inclusive de uma substancial parcela do empresariado, que também escolheu um remédio mais radical contra a volta de Lula, mesmo com poucas probabilidades de que pudesse entrar na disputa. Não confiava na capacidade de Alckmin para vencê-lo, ainda mais purificado pela manifestação popular, que havia emprestado ares de *via crucis* à sua prisão.

No primeiro turno, além do esvaziamento da campanha do PSDB no plano federal, João tinha alguns problemas para chamar de seus. Sem Lula Guimarães, contratou para a campanha a agência de marketing político de André Gomes e Nelson Biondi, que elaborou uma pauta mais voltada para os projetos de governo e realizações. Para vencer a rejeição criada com sua saída precoce da prefeitura, reforçava que Bruno Covas era a continuidade da gestão e que, como governador, a cidade teria "dois gestores".

Numa chapa em que o vice era o ex-deputado federal e ex-secretário de Alckmin, Rodrigo Garcia, então no DEM, concorria ao governo estadual contra o próprio Márcio França, candidato pelo PSB. Estavam ainda na disputa o presidente da Federação das Indústrias do Estado de São Paulo (Fiesp), Paulo Skaf – outro empresário –, e Luiz Marinho, ex-prefeito de São Bernardo do Campo, do PT, além de quatro candidatos "nanicos".

Inicialmente seguido de perto por Skaf nas pesquisas, João voltou suas baterias contra Márcio França, que recebeu boa parte dos votos de antigos aliados do PT – especialmente do PCdoB e do PDT, que buscavam um candidato viável à esquerda. Em entrevista ao jornal *O Estado de S. Paulo*, João disse que o partido do vice-governador, o PSB, era alinhado com a "extrema esquerda". De volta, recebia a pecha de "marqueteiro" – o que ele era, mas usada no sentido pejorativo da palavra, como se lhe faltasse substância por trás da imagem.

Não deixou de fazer o corpo a corpo com o eleitorado. Visitava garagens e terminais de ônibus, metrô e trem para se apresentar, explicar por que queria ser candidato, distribuir filipetas e gerar burburinho. "Ia com garra, muito cedo, ou depois das 7 da noite e em finais de semana", diz ele. "Queria estar presente, dar uma mostra de vontade, passar a imagem de determinação. E passei."

Passou, mas com menos facilidade que na campanha da prefeitura, quando venceu de forma fulminante. Acabou o primeiro turno em primeiro lugar, com 31% dos votos, indo ao segundo turno com França, que ficou com 21%. Tudo indicava que o segundo turno seria difícil – e foi.

*

No segundo turno, com a migração dos votos do primeiro turno, as coisas ficaram mais difíceis. Na corrida para a Presidência, Alckmin foi eliminado com 4,7% dos votos – bem atrás de Bolsonaro (46%)

e Haddad (29%), que passaram ao segundo turno, já confirmado o impedimento pelo STF da candidatura de Lula. Sem Alckmin, João fez sua opção por apoiar Bolsonaro. Como crítico de Lula, do lulismo e do PT, era a única opção que lhe pareceu lógica. "Ou eu ia para o Haddad, a quem eu tinha derrotado no primeiro turno em 2016, ou o outro, que tinha propostas de governo liberal, uma posição desestatizante, contrário à corrupção, ao Centrão, à reeleição", diz. "E acenava com ministros como Paulo Guedes, que vinha do mercado financeiro, e Sergio Moro."

Um ministro da economia banqueiro e o ex-juiz símbolo da Lava Jato na Justiça pareciam a garantia de cumprimento da plataforma anti-Lula. Como outros, João fez vista grossa a outras coisas: o passado de Bolsonaro como terrorista de direita, sua defesa da ditadura e de um torturador (Brilhante Ustra), sua aversão ao que se entende como direitos humanos e à defesa das minorias. Declarava abertamente que "bandido bom é bandido morto" e cultivava uma imprópria proximidade com milicianos do Rio de Janeiro, cujos membros chegara a condecorar como heróis na Assembleia Legislativa fluminense. Tudo indicava que o discurso de Bolsonaro na campanha era um, o presidente seria outro.

Também foi pouco percebido o conflito de interesses em levar Sergio Moro para o Ministério da Justiça, passando Moro a ser subordinado ao candidato beneficiado por sua decisão, como juiz em Curitiba, de sentenciar e mandar prender Lula. Aquela manobra, que parecia de acordo com o espírito da Lava Jato, seria mais tarde um dos fatores que levariam ao descrédito de todo o esforço de contenção da corrupção federal – e um refluxo político e institucional que sedimentaria o caminho para Lula não apenas ser libertado como concorrer como favorito em 2022.

As pesquisas de segundo turno ao governo do estado indicavam uma disputa muito parelha. Pior, para João havia uma tendência de queda. Em 17 e 18 de outubro, ele apareceu com pequena margem à frente de França – 52% a 48% no Ibope e 53% a 47% no Datafolha. Em 27 de outubro, as pesquisas davam empate técnico: o Ibope marcou 50% para cada um, e o Datafolha já apontava uma virada de França, com 51% a 49%.

O mapa da votação em primeiro turno mostrou que a decisão de deixar a prefeitura tinha custado muitos votos na capital, mas no restante do estado João avançava. Sua equipe, vinda dos governos anteriores do PSDB, tinha muita experiência, familiaridade e bases na política do interior paulista. Marco Vinholi, de Catanduva, com muita influência junto a prefeitos, trabalhava para aumentar a projeção de João na região.

Responsável pelo monitoramento das redes digitais, por meio de um programa que detectava as palavras mais usadas nas redes sociais, Daniel Braga verificou que o nome de Bolsonaro tomava cada vez mais força no interior paulista. Ponderou que tudo que Bolsonaro falava, e funcionava no interior do estado, era o que João já falava em 2016 – o discurso anti-Lula, liberal e contra a corrupção. "João, você vai continuar com esse discurso picolé de chuchu do Alckmin, ou vai ser o João Doria, aquele cara forte, que encantou as pessoas?", perguntou Braga. "Ou a gente muda o discurso e você volta a ser o anti-PT, como na campanha da prefeitura, ou vamos perder."

Para Braga, o discurso de João tinha sido apropriado por Bolsonaro. João é que era liberal – Bolsonaro, como militar, sempre defendera um nacionalismo estatizante. João tinha sido o primeiro a alvejar Lula, Bolsonaro sempre votara sistematicamente contra o governo, assim como o PT. Entre o que aparecia nas redes sociais, havia muito disto: "Eu vou de Bolsonaro e Doria". Surgiu também a hashtag #B17D45 – os números de Bolsonaro e João na eleição. "Captamos isso e jogamos para a militância do João."

Nesse monitoramento digital apareceu espontaneamente o termo "BolsoDoria", que associava João a Bolsonaro, que ele jamais havia encontrado, e com quem nada havia tratado a respeito de mútuo apoio. "Era um movimento orgânico, que veio da rua, e tinha os mesmos valores que os de nossa campanha", diz Braga. Muitos amigos de João, como Flávio Rocha, dono da rede de magazines Riachuelo, apoiavam Bolsonaro. "Dentro do PSDB mesmo, havia muita gente ao lado do Bolsonaro", afirma Braga.

O material digital passou então a explorar o BolsoDoria na comunicação, em redes sociais. "O interior de São Paulo era muito refratário a Haddad, Lula e qualquer coisa mais à esquerda", diz João.

"Começaram a falar em BolsoDoria no interior e passamos a usar isso na capital também. Incorporamos." O termo ganhou ainda mais visibilidade quando ele, em comício na Avenida Paulista, no dia 21 de outubro, em cima de um caminhão do MBL, usou publicamente o termo BolsoDoria, inscrito em uma camiseta com as cores do Brasil, ao lado do vereador Fernando Holiday. "Eu defendo o Brasil com Bolsonaro presidente!", bradou. "Não quero mais o PT no Brasil e em São Paulo, chega de esquerda!"

Com a mudança, João começou a reverter a queda nas pesquisas. Como costuma acontecer nesse tipo de cenário, quem vê a vitória fugindo das mãos apela – inclusive para a ação criminosa. E foi o que aconteceu.

Na manhã do debate em segundo turno com Márcio França, no SBT, em 23 de outubro de 2018, começou a circular pelo WhatsApp um vídeo com um homem nu, deitado na cama com seis mulheres, que seria João. "Era um absurdo, dava para ver que era montagem", diz Letícia Bragaglia. "Eu nunca tinha ouvido a expressão *deep fake*, foi a primeira vez." *Deep fake* era o conteúdo falso, no qual muitas vezes se aplica feições de alguém num vídeo com outro contexto, muito utilizado mais tarde pela milícia digital bolsonarista.

O vídeo não teve efeito eleitoral, virando um inquérito policial para apurar quem fez e distribuiu. Típica deturpação da comunicação digital que se tornou depois cada vez mais usada no jogo político.

*

A política brasileira nunca esteve livre das anomalias ou incidentes, orquestrados ou não, que mudam a história. Com lances como a internação de Tancredo Neves, horas antes da posse, em 1985, para depois morrer no hospital, o Brasil consagrou as reviravoltas de novela como ingrediente das importantes decisões. No segundo turno das eleições de 2018, o vídeo difundido para destruir a reputação de João não chegou a ser um deles – teve efeito zero no resultado eleitoral. O momento dramático, que deu um toque burlesco a um resultado, foi outro.

Em 6 de setembro, uma facada desferida em Bolsonaro durante uma passeata em Juiz de Fora por Adélio Bispo de Oliveira, um ex-garçom com sinais de perturbação mental, colocou o candidato na mesa de cirurgia, entre a vida e a morte, e influiu diretamente no resultado da eleição. O juiz Bruno Savino, da 3ª Vara Federal de Juiz de Fora, em 14 de junho de 2019, converteu a prisão preventiva de Adélio em internação por tempo indeterminado em um hospital psiquiátrico. Observou o resultado da perícia médica, realizada no presídio de Campo Grande, onde inicialmente ele se encontrava, diagnosticado como vítima de "transtorno delirante persistente, com alucinações de cunho religioso, persecutório e político que se manifestam frequentemente". Foi então considerado "inimputável", já que a lei não permitia punição ao doente mental.

O episódio, porém, foi utilizado na campanha de Bolsonaro para apresentá-lo como vítima de um atentado perpetrado por ordem dos seus adversários, mesmo sem provas dessa ligação. Com a facada, internado ainda sob risco de morte, Bolsonaro nem sequer foi aos debates entre os candidatos, vencendo a eleição deitado numa cama hospitalar. "Quem elegeu Bolsonaro foi o Lula", diz João. "Não foi uma campanha de dinheiro, ao contrário, foi a campanha para presidente mais barata da história. A facada deu força eleitoral a Bolsonaro. Ao deixá-lo de fora dos debates, tirou do eleitorado a oportunidade de enxergar suas imensas limitações."

Na mesma onda antilulista, alinhados com Bolsonaro, elegeram-se governadores de diferentes partidos, como o juiz Wilson Witzel (PSC) no Rio de Janeiro, o empresário Romeu Zema (Novo) em Minas Gerais, Eduardo Leite (PSDB) no Rio Grande do Sul e João em São Paulo. Somente em sete estados do Nordeste, maior reduto eleitoral de Lula, foram eleitos governadores de partidos considerados de esquerda – PT, PSB e PC do B.

João recebeu 10,9 milhões de votos, 51,75% dos votos válidos, graças ao desempenho no interior do estado. França, que venceu na capital, ficou com 10,2 milhões de votos (48,2%). O resultado foi anunciado na noite de domingo, dia da votação.

Na segunda-feira, às oito da manhã, João fazia a primeira reunião de governo.

Agora governador, com secretariado padrão ministerial

DIANTE DA REALIDADE

No governo estadual, João aplicou o mesmo pragmatismo dos negócios privados que já havia testado na prefeitura, onde seu programa seguia o curso sob a direção de Bruno Covas. Como fizera com Covas, no governo estadual colocou Rodrigo Garcia, o vice, num cargo executivo. Como secretário de governo, usava sua experiência no meio como um anteparo contra os políticos, ou um meio de campo onde o governo pudesse manobrar entre eles. De resto, criou um secretariado ao qual pretendeu dar nível de ministério federal, começando de fato pela convocação de vários ex-ministros do governo Michel Temer, que na maioria estavam se desincompatibilizando dos cargos na administração federal naqueles mesmos dias.

Sete ministros de Temer passaram para o governo de São Paulo – um terço de todo o secretariado. Gilberto Kassab, ministro da Ciência, Tecnologia, Inovações e Comunicações virou chefe da Casa Civil; Aloysio Nunes Ferreira, ex-ministro das Relações Exteriores, tornou-se chefe da Investe SP, agência de atração de negócios internacionais para o estado; Alexandre Baldy, ex-ministro das Cidades, foi para a Secretaria dos Transportes Metropolitanos; Sérgio Sá Leitão, ex-ministro nacional da Cultura, foi o novo secretário estadual da Cultura; Rossieli Soares ficou com a Educação estadual; Vinicius Lummertz também trocou seu ministério pela Secretaria do Turismo de São Paulo. O sétimo dessa lista foi o ex-ministro da Fazenda de Temer, Henrique Meirelles, que saíra um pouco antes do governo para disputar a Presidência pelo MDB – ficou em sétimo lugar, com 1,2% dos votos válidos.

Ao trazer boa parte da equipe que já atuava em conjunto no governo de Temer, João encontrou um meio de colocar sua gestão em ação rapidamente. Com alguns deles, ele já vinha, como prefeito, tratando de projetos para São Paulo. Era o caso de Meirelles, com quem João se empenhou num projeto com o Banco Mundial para fazer o Brasil subir no *ranking* da produtividade, no qual se encontrava em 126º lugar entre os países do mundo.

Meirelles queria aumentar a eficiência da economia brasileira e, na prefeitura, João colaborou. Um dos entraves para o desempenho empresarial era o tempo médio dos registros de novas empresas na Junta Comercial, que era em média de 101 dias. João se interessou pelo assunto, foi analisar a situação e descobriu que esse tempo na cidade de São Paulo era de 126 dias. Com investimento em tecnologia, fez esse prazo cair para cinco dias.

A atenção dada por João ao projeto de Meirelles acentuou a identificação e o respeito entre ambos. Quando assumiu o governo estadual, aquela aproximação facilitou o convite para que o ex-ministro e ex-candidato a presidente se tornasse seu secretário da Fazenda. Acumulou também o Planejamento e a política de privatizações. Era muito trabalho, e Meirelles tinha "ofertas muito boas" para voltar ao setor privado, mas João o encantou. "Ele é muito insistente e persuasivo", diz Meirelles a respeito de João.

Desde a Paulistur, João seguia uma norma de ouro dos manuais da boa liderança: formava equipes, delegava tarefas, dava autonomia e poder aos delegados, fazendo a cobrança do andamento e dos resultados. Não tinha receio ou ciúme de convidar pessoas maiores e melhores em alguma coisa para trabalhar com ele. A figura de Meirelles era importante por várias razões. Embora sua candidatura à Presidência não tivesse prosperado, tinha o perfil de homem competente da iniciativa privada, tendo sido presidente do BankBoston, com passagens de sucesso também por cargos na esfera pública: o Banco Central e o próprio Ministério da Fazenda. Agregava ao governo não apenas competência, mas também respeitabilidade internacional, algo importante para a atração de investimentos estrangeiros, como João pretendia.

Uma das primeiras coisas que Meirelles precisou fazer foi equacionar as finanças estaduais, por causa da dívida de 10 bilhões de reais deixada na curta gestão de Márcio França. Meirelles propôs um plano em duas frentes. A primeira era um contingenciamento de despesas e uma reforma administrativa para reduzir gastos.

Eliminaram-se estatais e autarquias, passando suas funções para outros órgãos de governo. Caíram nessa malha a Fundação Parque Zoológico, o Instituto Florestal, a Companhia de Desenvolvimento Habitacional e Urbano de São Paulo (CDHU), a Empresa Metropolitana de Transportes Urbanos de São Paulo (EMTU), a Superintendência de Controle de Endemias (Sucen) e o Departamento Aeroviário do Estado de São Paulo (Daesp). Foi feita a concessão a empresas privadas de quase tudo que não podia ser fechado ou vendido, de estradas aos 25 parques estaduais: nada deixou de ser feito ou, ao menos, iniciado.

Alguns dos apêndices governamentais foram salvos da degola pela Assembleia Legislativa, como a Dersa, estatal gerenciadora das estradas paulistas ainda não administradas por concessionárias privadas. Contudo, o grosso da reforma passou[27].

Parte importante do ajuste nas contas públicas veio de cortes no funcionalismo, que representavam quase metade do orçamento público estadual, feitos sobretudo nos ganhos que não eram salário – as "gratificações". "Houve resistência", diz Rodrigo Garcia, na linha de frente das negociações. "Defendemos as medidas, dizendo que aquilo prejudicava 1 milhão de pessoas, mas beneficiava os 46 milhões de pessoas no estado." Por outro lado, em reconhecimento pelo trabalho na pandemia, os 69 mil funcionários do setor da Saúde receberam 20% de aumento de salário.

Com isso, São Paulo foi o único lugar a fazer reforma administrativa e ajuste fiscal de fato no Brasil. "João jogou duríssimo, não admitia conversa política, mesmo que fosse ruim para a imagem ou que alguém fosse ficar bravo", diz Vinholi. Dispunha-se a pagar um preço de impopularidade, certo de que resultaria em benefícios futuros. A reforma nos âmbitos administrativo, fiscal e previdenciário foi rara e exemplar vitória para os anais da política brasileira. Proverbialmente, tornou-se impossível no Brasil cortar o Estado, dado o sistema político e burocrático instituído e enraizado para defender a si mesmo. "Para fazer a reforma, apanhei como em briga de cachorro, mas saiu", diz João.

Outra frente do saneamento das contas públicas era o aumento de receitas. Meirelles procurou aumentar a arrecadação, não com aumento de impostos, mas com a extinção de incentivos fiscais. A busca de eficiência em todos os setores seguiu com a desburocratização de processos internos de governo e a simplificação dos negócios, de forma a estimular as empresas e o empreendedorismo de maneira geral, gerar crescimento e receita com impostos. No governo estadual, João podia incentivar o que já havia feito na prefeitura de São Paulo para estimular a criação de empresas em todo o estado.

Quando assumiu o governo, São Paulo vinha crescendo menos que a média brasileira havia três décadas. Para mudar isso, era importante buscar investimentos estrangeiros, o que não era simples, num momento em que o Brasil, após a eleição de Bolsonaro, era visto "com uma certa reserva", segundo Meirelles. "João internacionalizou tanto a cidade quanto o estado", afirma Julio Serson, que tinha sido seu secretário municipal de Relações Internacionais e passou com ele para o governo estadual, na mesma função. "Não quero você trocando bandeirinha nem flâmula com países estrangeiros, precisamos atrair investimento", disse João, quando lhe fez o convite, ainda no início da prefeitura.

O próprio João, como governador, liderou pessoalmente uma série de viagens ao exterior, em busca de internacionalizar negócios e atrair recursos externos para o estado. A primeira delas foi em Davos, principal fórum da economia mundial, no seu primeiro mês de governo, em janeiro de 2019. Depois, levou grupos de secretários e empresários paulistas a Londres, Nova York e Berlim. "Para contornar as reservas dos investidores com relação ao Brasil, nós lembramos a autonomia federativa que os estados tinham com relação à União, garantida pela Constituição", diz Meirelles. "São Paulo tinha estabilidade, apesar das mudanças no plano federal, e uma postura de abertura ao investimento privado."

Em agosto fizeram a viagem à China, maior parceiro comercial do Brasil – e de São Paulo. Na missão brasileira, estavam representadas cinquenta empresas e instituições paulistas. Entre elas, o Instituto Butantan, maior produtor de vacinas da América do Sul: da gripe à raiva, além de antídotos para venenos de animais peçonhentos.

Todos os dias, no início da noite em Pequim, João promovia um jantar dentro do hotel, no qual cada integrante da missão fazia um balanço do dia de trabalho. Discutiram-se contratos para exportar laranja, etanol, calçados infantis, tecnologia, entre outros produtos. O primeiro acordo a ser fechado foi uma cooperação operacional do Butantan com as empresas farmacêuticas BravoVax, chinesa, e a norte-americana Exxell BIO, anunciado por seu presidente, Dimas Covas, que, apesar do sobrenome, era parente apenas distante de Mário Covas – ele estava no cargo desde 2017, nomeado durante a gestão de Geraldo Alckmin.

De Pequim, o grupo seguiu para Xangai, onde João inaugurou um escritório do governo paulista, braço da InvestSP, agência governamental dedicada a facilitar empreendimentos no estado. "Isso mais tarde se revelou fundamental, quando chegou a pandemia", diz Meirelles.

Na Alemanha, a missão paulista foi à fábrica da Volkswagen, em Wolfsburg. Das conversações, a empresa saiu com a decisão de investir 2,4 bilhões de reais nas fábricas de São Carlos e São Bernardo do Campo para a produção de novos modelos, como o Polo, para exportá-lo – inclusive para a própria Alemanha.

No Japão, foram a Nagoya, onde visitaram a fábrica da Toyota. Em 19 de setembro de 2019, a empresa anunciou outro bilhão de reais de investimento em São Paulo, para a produção de um veículo SUV compacto, que antes seria feito na Alemanha. Esse era o valor mínimo a ser investido para obter o IncentivAuto, que concedia um abatimento de até 25% no ICMS, o imposto estadual. Ao final dessas rodadas, João e Meirelles já haviam garantido a entrada de cerca de 16 bilhões de reais em recursos no estado somente da indústria automobilística.

Em outubro de 2021, na missão em Dubai e Abu Dhabi, nos Emirados Árabes, foram fechados acordos com quatro instituições e fundos de investimento para facilitar exportações de São Paulo e doze acordos com empresas privadas do estado, que traziam 1,1 bilhão de reais em investimentos diretos. A parceria com a Câmara de Comércio e Indústria de Sharjah, vizinha a Dubai, previa investimentos sobretudo nas áreas de infraestrutura e empreendimentos imobiliários.

*

Ao implantar seu modelo de gestão no governo estadual, João quis instituir a reunião do secretariado aos sábados, como fazia na prefeitura, mas ouviu muitos protestos, sobretudo das famílias dos secretários. Mudou o dia para a segunda-feira de manhã. Cada um falava sobre o que era mais relevante no momento. "Eu estava mais acostumado a fazer isso no setor privado", diz Meirelles. "As reuniões promoveram uma integração muito grande, coisa que eu não tinha visto, por exemplo, no ministério. Toda sexta-feira eu tinha que fechar a apresentação que faria na segunda-feira."

Como fizera com Bruno Covas na prefeitura, quis dar ao seu vice uma função executiva. "A iniciativa foi minha", diz João. "Rodrigo teve muita humildade e discernimento, nunca me pediu um cargo." Propôs que Garcia ficasse com a Secretaria de Governo. "Rodrigo, nós vamos fazer uma gestão empresarial, com planejamento e execução, você vai ser o COO do governo", disse. "O que é COO?", perguntou Garcia, de olhos arregalados. (COO significa Chief Operation Officer, diretor operacional responsável pelo bom funcionamento de uma organização, na definição dos manuais de administração. Trabalha com o CEO – Chief Executive Officer – no apoio e implementação das decisões.)

Eleitos, os vices antes não tinham função alguma. Daquela forma, João fazia com que se tornassem parte do time. "Ele tinha aquela visão de fora, vontade de fazer, sem conhecer as dificuldades de dentro da máquina pública", diz Garcia. "Pude ajudá-lo nisso, e não saía decisão sem que estivéssemos de acordo."

Como diretores de uma empresa privada, os secretários tinham suas metas e regularmente prestavam contas do andamento do trabalho e dos resultados. "Uma característica do João: ele não só dá continuidade ao que faz, com coragem e ousadia, trazendo a abordagem do setor privado para o setor público, como preza pela transparência da informação", acrescenta Meirelles.

Os secretários falavam diante de cronômetros digitais, colocados sobre a mesa para que controlassem seu próprio tempo – tinham no máximo dez minutos cada um. No início, havia um cronômetro para cada dois secretários; mais tarde, tornaram-se cronômetros individuais. Ao fim do tempo, béém! – o *timer* buzinava.

Decidido a continuar morando na própria casa, além de renunciar ao salário de governador, João reservou para o trabalho uma parte da residência oficial e deixou para Rodrigo Garcia o gabinete oficial de trabalho. Como uma das primeiras medidas, ao tomar posse, João fez, como em todos os lugares por onde passava, uma reforma do ambiente – no caso, o Palácio dos Bandeirantes. Pintou as paredes de cinza e as portas de preto, dando toques de agência de publicidade à arquitetura original, inspirada no colonial português, de paredes brancas, madeira à vista e granito.

Algumas salas tinham os lambris da parede desgastados e trocar a madeira custaria caro. Pintá-las de preto foi uma solução mais barata. No chão, colocou carpete de madeira sobre o antigo piso. "As moças da limpeza agradeceram, porque dá menos trabalho", diz Rodrigo Garcia. No restaurante, um bandejão mal-afamado, mandou trocar os pratos e os talheres envelhecidos. O bufê ganhou plantas ornamentais e fez um esforço para melhorar a qualidade das refeições. "O ambiente melhorou, a comida nem tanto", afirma Jorge Damião, no governo colocado como presidente do Memorial da América Latina.

Todas as salas de trabalho ganharam novo mobiliário, com mesas pretas, lapiseiras e grande profusão de canetas e lápis impecavelmente apontados, assim como as inevitáveis orquídeas brancas da predileção de João, com sua fixação pela flor ornamental. Era, também, a memória ou homenagem ao pai. Nas flores, como em quase tudo que João fazia, o Doria pai estava lá.

*

Pela reforma do Palácio dos Bandeirantes, João recebeu as críticas esperadas, por gastos com mudanças que, à primeira vista, pareciam cosméticas. Porém, ele implementava o método de sempre, aprendido desde cedo, de começar criando um ambiente prático, contemporâneo e de estímulo ao trabalho, sinalizando o padrão de qualidade pretendido. Todas as mesas de escritório ganharam potes com lápis pretos apontadíssimos e profusão de canetas. Ele controlava cada detalhe, arrumando pessoalmente o que ia encontrando fora do lugar. Ninguém tinha dúvida de que quem governava também o palácio era João Doria.

Ele já havia mostrado na prefeitura que não atendia a interesses políticos nem mesmo de aliados, quando contrariavam a eficácia da gestão, o que criava muitas arestas. Na prefeitura, por exemplo, havia baixado uma resolução, de número 16, obrigando motoristas de Uber e outros aplicativos de transporte a fazer um curso e um emplacamento especial dos veículos, de forma a aumentar sua eficiência e a segurança dos passageiros. Colocou contra si o MBL, que o tinha apoiado na campanha. "O prefeito que se diz liberal e antipetista [...] taxou Netflix e serviços de *streaming* e agora vai acabar com 50 mil empregos para agradar ao sindicato dos táxis", acusou pelo Twitter o vereador Fernando Holiday[28].

No governo estadual não era diferente. Uma mudança de postura, pelo perfil de João, foi cortar a célebre prática do "cafezinho", uma tradição na política. Muitos prefeitos vinham a São Paulo para pedir dinheiro e, mais importante, tirar uma foto ao lado do governador. Eram conversas muitas vezes sem objetivo, com a finalidade de publicar a fotografia e mostrar trabalho na imprensa local. João não cedia a essas convenções da política tradicional. Cortou convênios do governo anterior, que eram assinados e anunciados, mas não tinham lastro orçamentário – coisa para inglês ver.

Dentro da política, o João não tinha virado um político, ou virava um político diferente, porque não perdia tempo com a política tradicional. "Ele criou um novo paradigma", diz Marco Vinholi. "Marcava que dali em diante a política mudava, agiria diferente, queria resultado." Quando recebia um prefeito, colocava diante dele o célebre cronômetro usado por ele mesmo e seus secretários. A reunião tinha de resolver alguma coisa viável – e dentro do horário reservado.

"Usei o relógio a vida inteira, você precisa ter horário para começar e terminar alguma coisa, hora de trabalho é trabalho, lazer é lazer: aí você fala de futebol", diz João. Instituiu protocolos, para que as decisões tivessem seguimento. Se não tinham o cafezinho, por outro lado os políticos entravam na sala sabendo que não seriam enrolados, e o combinado seria cumprido. "Antes ficava muito na fotografia com o governador, mas as coisas não aconteciam de fato para o prefeito", afirma Vinholi.

*

Não era só no setor público que a rigidez de João criava arestas. Ele não deixava de encarar desavenças entre seus pares, mesmo quando se tratava de gente com peso no empresariado. Em junho de 2019, o governo paulista proibiu a Humanitas360, uma organização sem fins lucrativos, de promover oficinas e gerir uma cooperativa chamada Lili, formada por quarenta presas no presídio feminino de Tremembé 2.

Entre os conselheiros da Humanitas360 estava o ex-presidente Fernando Henrique. Sua diretora era Patrícia Villela Marino, de uma das três famílias controladoras do banco Itaú, casada com Ricardo Villela Marino, presidente do conselho de administração do Itaú para a América Latina.

Em uma entrevista à BBC News, Patrícia Villela declarou que o governo paulista fazia "pouco caso" e tinha um "comportamento violento" com a instituição[29]. Tratava-se da aplicação da lei, que não permitia o cooperativismo entre presos em regime fechado em São Paulo.

O problema, porém, era ainda maior, porque a Humanitas360 tinha participado de uma ação liminar para impedir a licitação por parte do governo estadual de quatro novos presídios paulistas, dois em Gália e dois em Registro e Aguaí, de forma a passá-los para uma gestão compartilhada com a iniciativa privada – um compromisso de campanha de João. Por meio de um recurso no Tribunal de Justiça, a liminar seria cassada em fevereiro de 2020[30].

Ele não dava trégua também ao seu próprio pessoal. Cobrava o andamento das metas, às vezes diariamente. "Ele punha as decisões para andar, mesmo que fossem difíceis, até o nível do estresse", diz Garcia. "Às vezes tinha de recuar, mas em muitas coisas pudemos avançar." Em todas as áreas, João procurava tomar a iniciativa e dava um choque de gestão. Criava metas e estabelecia os meios para atingi-las.

Com 50 bilhões de reais positivos em caixa, gerados escalonadamente com a reforma do estado, mais os investimentos privados, São Paulo tocava em 2022 quase 8 mil obras, com a geração de cerca de 200 mil empregos diretos pelo governo e outros 2 milhões de empregos indiretos, derivados dos investimentos em andamento.

Juntos, o estado e a iniciativa privada aplicaram recursos em rodovias, saneamento, educação, segurança pública, na área ambiental, entre outras. "Na prefeitura e no governo do estado, comandei gestões transformadoras e ousadas", disse João no discurso de despedida aos colaboradores, em junho de 2022. "Tudo que fizemos foi fruto das reformas, mas também de uma mudança de atitude: não ficamos esperando o governo federal fazer a reforma dele ou tomar a iniciativa de alguma coisa. Fizemos a nossa parte."

Havia também a cobrança de eficiência e o esforço de inovação. Na área da segurança, foi assim com o Olho Vivo, programa de instalação de *body cams*, câmeras individuais em cada um dos policiais, acopladas à farda. Registravam as atividades dos agentes em vídeo e áudio, uma garantia de ação correta e aumento da própria segurança dos policiais no seu trabalho, mas que enfrentou forte resistência inicial.

João conheceu o sistema numa viagem que fez a Nova York, com o objetivo de estudar as operações preventivas da polícia americana e fazer um acordo de cooperação para o treinamento dos policiais de São Paulo. Viu o funcionamento e as vantagens das *body cams* e, ao retornar, recomendou ao general João Campos, secretário da Segurança, que pedisse ao comando da PM sua adoção.

Enfrentou uma dura resistência dos policiais militares, cuja fama de violência aumentava na mesma medida em que aumentava também a força do crime organizado, especialmente na periferia. Na linha de Franco Montoro e Mário Covas, que procuraram controlar as exorbitâncias da Polícia Militar vindas dos tempos da ditadura, quando havia forte influência do regime militar sobre as polícias estaduais, João queria tornar a PM mais eficiente de forma geral – o que incluía o cumprimento estrito da lei e o respeito aos direitos humanos.

Assim como autoritarismo não é autoridade, entendia que eficiente não é a polícia que mata, ideia que os autoritaristas procuram passar, e sim a polícia que não mata ou não precisa matar. Com a vantagem de que, dentro do Estado de Direito, há segurança para quem é honesto – o que não ocorre quando se instala o império da arbitrariedade, em que qualquer cidadão pode ser vítima do Estado. O programa Olho Vivo deu excelentes resultados.

O uso de *body cams* reduziu 80% das mortes por policiais e 32% das mortes de policiais já no primeiro ano de uso. O índice de violência policial caiu ao menor nível em oito anos[31]. Em 2021, já havia 5.600 policiais utilizando câmeras no estado. Dado o sucesso do programa, os próprios policiais que resistiam no início acabaram aderindo.

O empenho de João nos assuntos menores não era diferente nos temas mais importantes ou polêmicos. Dava atenção mesmo às pequenas despesas, que, no final, somadas, faziam grande diferença. Era o caso do Zoológico de São Paulo, que custava aos cofres públicos cerca de 9 milhões de reais ao ano. "Era uma despesa pequena, comparada a outras do orçamento, mas deixamos de gastar 9 milhões, que puderam ser aplicados em programas sociais", diz Garcia. "O Zoológico está funcionando melhor, e o cuidado com cada pequena conta acabou somando para o saneamento geral."

O conjunto das ações permitiu um ajuste que provocou uma queda abrupta do endividamento do estado – que saiu de mais de 200% da receita no início do governo para 110% em apenas três anos. Com isso, surgiu dinheiro para o investimento, canalizado para prioridades estabelecidas no programa de governo. Uma delas foi o saneamento básico, como o projeto da Sabesp de instalação da rede de esgoto para 650 mil famílias, um investimento normalmente invisível aos olhos do público, mas que teve um efeito a céu aberto: a limpeza do rio Pinheiros. Mais um caso de transformação de um problema em solução que envolvia a infraestrutura, o meio ambiente e até mesmo o lazer, já que as pessoas passaram a desfrutar o parque que surgiu no corredor ao longo do rio. "Ninguém tinha conseguido, mas o João estabeleceu a despoluição do rio como prioridade e acabou sendo feito", diz Garcia. "Passou a caber às pessoas manter esse resultado."

O mesmo ocorreu no Metrô, uma companhia estatal estadual. "Já havia os projetos para a duplicação da rede, mas, quando começamos, ela estava parada", diz Garcia. Com as obras em andamento, a rede subterrânea do Metrô de São Paulo aumentou de 100 para 140 quilômetros. Cerca de outros 60 quilômetros seriam inaugurados na gestão seguinte, até completar-se a duplicação da rede. "É um dos benefícios da continuidade dos governos, que permite a execução de projetos de longo prazo", diz Garcia.

No final, tudo tinha algo da mania por perfeição que João aplicava na política. Não apenas nas grandes coisas, como nas menores, que tinham também de ser cuidadas – um senso estético do poder, que daria uma pimenta adicional ao seu histórico confronto com o presidente.

*

João nunca havia estado com Bolsonaro durante a campanha eleitoral, em 2018. Conheceu-o pessoalmente depois de eleito, em dezembro, num escritório da Fundação Getúlio Vargas, em São Paulo, a pedido do banqueiro e futuro ministro da Economia, Paulo Guedes. Estranhou que, em vez de gente da equipe de transição do governo, entraram na sala para participar da conversa os filhos do presidente: Flávio, eleito senador, Eduardo Bolsonaro, reeleito deputado, Carlos Bolsonaro, reeleito vereador, e um quarto filho, Jair Renan, que João nem sabia existir. "Quatro filhos participando de uma reunião era algo totalmente inesperado", diz.

O futuro ministro da Economia pediu a João que explicasse a importância de Bolsonaro ir a Davos, no início do ano seguinte. Segundo João, o presidente nem sabia onde era Davos, cidade nos Alpes suíços, na qual se reúnem anualmente os principais líderes políticos e empresariais, ao estilo do que João fazia no Brasil em escala nacional, no LIDE. "Isso é coisa para o Paulo Guedes", disse Bolsonaro. Alegou que ainda estava se recuperando da facada levada na campanha: não sabia se estaria em condição de viajar no mês seguinte. Único dos governadores eleitos que já tinha ido a Davos, ainda quando prefeito, João insistiu. "É uma boa oportunidade para o senhor se posicionar adequadamente e falar com os grandes investidores internacionais", disse.

Encontraram-se outra vez, então oficialmente, na primeira semana de janeiro, depois de ambos terem sido empossados. João foi ao Palácio do Planalto para apresentar um projeto que dependia do governo federal: a reforma do Museu do Ipiranga, em São Paulo. Em campanha, tinha prometido restaurá-lo, como uma das prioridades de sua gestão, assim como a despoluição do rio Pinheiros. "Queriam me fazer desistir de prometer essas duas coisas, diziam que era impossível", recorda ele. Assim mesmo, mandou incluir ambos os projetos no registro do programa de governo no Superior Tribunal Eleitoral (STE). Depois da posse, tratava disso incontinenti.

"Logo que ganhei a eleição, comecei a me movimentar, pois sabia que daria muito trabalho: o museu não era apenas uma decisão de governo, era um projeto de Estado, difícil de fazer", afirma. Quando prefeito, João tinha se envolvido com as primeiras conversas para a reforma do museu com o então ministro da Cultura do governo Temer, Sérgio Sá Leitão.

Tendo em vista as comemorações dos 200 anos da independência do Brasil em 2022, e o fato de que o museu estava fechado havia seis anos, Leitão já tinha iniciado como ministro um projeto de restauração, a ser realizado com recursos da Lei Rouanet, que permite o desconto em impostos federais do dinheiro investido por empresas privadas em projetos aprovados. Aquilo envolvia também a prefeitura, que fazia a zeladoria do parque diante do museu, também a ser reformado, o que havia colocado Leitão em contato com João e os gestores municipais.

Quando trouxe Leitão do ministério para a Secretaria da Cultura, João levou adiante duas ideias. A primeira era fazer a Secretaria da Cultura incorporar também a "Economia Criativa", de forma a estimular a atividade econômica baseada no trabalho artesanal – uma especialidade de Leitão. A outra era dar prioridade à renovação do museu, cujo projeto havia iniciado no governo federal.

As reuniões com Leitão começaram tão logo João se viu eleito. "Fazíamos reunião uma vez por semana, dois meses antes de tomar posse", diz Leitão, que fechou o gabinete de ministro no dia 31 de dezembro de 2018, às 17 horas, e no dia 1º de janeiro, às 9 horas da manhã, assumiu a secretaria, como os demais ex-ministros de Temer, antes mesmo de embarcar para Brasília, para a cerimônia de despedida do governo federal.

No dia 2, Leitão já tinha a sua primeira reunião com o governador. Ao final, João chamou sua secretária, Erika Céspedes, e, no ato, marcou o dia 17 de março para colocar os patrocinadores diante do projeto, revisado, com vídeo, brindes e três patrocinadores já negociados de 12 milhões de reais cada um, "para animar os outros", diz Leitão – um recurso de venda que João utilizava no LIDE. O tempo, porém, era curto, e o custo da obra, muito alto. "Conseguir aquilo era uma façanha", recorda Leitão, ao sair do encontro com o chefe.

Na sequência, João foi até Bolsonaro. Para tocar adiante a restauração do Museu do Ipiranga, era preciso a assinatura do governo federal, de forma a enquadrar os patrocínios na Lei Rouanet. "Havia um interesse muito grande na recuperação do museu, desde que se pudessem utilizar os benefícios da lei", diz ele.

Na reunião no Palácio do Planalto, acompanhado por Leitão e com a presença do ministro da Economia, Paulo Guedes, João apresentou o projeto ao presidente. Seria um marco a ser inaugurado no final da gestão de ambos, em 7 de setembro de 2022, data da celebração dos 200 anos da Independência. Pediu a liberação dos recursos, mas ouviu de Bolsonaro um pronto "não". O presidente reclamou da Lei Rouanet, mencionou Chico Buarque de forma pejorativa e, usando adjetivos como "porcaria", disse que a lei tinha sido feita para os "artistas de esquerda". "Não vou dar dinheiro para esses vagabundos", declarou.

João procurou argumentar: a restauração do Museu do Ipiranga não era um projeto ideológico, nem favorecia artistas: tratava-se da recuperação de um equipamento público, importante patrimônio histórico-cultural brasileiro, sob a responsabilidade da Universidade de São Paulo, sua gestora. A Independência, que tinha no museu seu maior símbolo, com importante acervo, incluindo o clássico quadro *Independência ou morte*, pintado por Pedro Américo, era do Brasil e não de um partido, ou mesmo do governo estadual. Ocorria que o museu localiza-se em São Paulo, nas proximidades do rio Ipiranga, onde Dom Pedro I proclamou a Independência, ao voltar de viagem a Santos. "Eu arrumo os recursos, só preciso da garantia de que a lei seja aplicada", disse João. "Daqui a quatro anos teremos as festividades da Independência. O que o senhor vai dizer para a população: que não quis que o museu fosse recuperado com a Lei Rouanet, que existe, está aí?"

Nesse momento, Guedes ajudou. Manifestou-se a favor da concessão da Lei Rouanet para o projeto. "Acho que o Doria tem razão, o museu é necessário, ele tem as empresas e não revogamos a lei." "Quanto vai custar essa...", disse Bolsonaro, e soltou um palavrão, para horror de João, avesso a palavras de baixo calão, tanto quanto a fumaça de cigarros. O projeto previa inicialmente 100 milhões de reais para a reforma. "Ou a gente aprova ou não vai ter museu, porque não tem dinheiro", disse João. Sugeriu alternativamente tomar os 100 milhões de reais de empréstimo ao Tesouro, prometendo a Guedes que o governo paulista pagaria com juros. "Dinheiro público, não", disse o ministro. De má vontade, então, Bolsonaro concordou. Para agilizar o processo, João já estava com uma carta-acordo de uma página, para assinatura. Bolsonaro assinou o papel, assim como João e Guedes.

No dia 17 de março, data marcada com Leitão, a apresentação do projeto do novo Museu do Ipiranga foi feita para uma centena de empresários. Os três patrocinadores iniciais foram a Sabesp, a EDP e o Itaú. Assim que acabou a apresentação, João não deixou Leitão ir embora. Levou-o para outra sala, chamou a secretária e marcou outra data na agenda. "Você tem dois meses para fazer vinte desses cem patrocinadores que estiveram aqui hoje apoiarem o projeto e chegarmos aos 150 milhões de reais de que precisamos", disse João. "Nesse dia vamos apresentá-los à imprensa."

No dia, o projeto foi apresentado, mas com 160 milhões de reais de patrocínio. Os últimos 12 milhões desse total foram confirmados pelo diretor de marketing do Bradesco, Márcio Parizotto, às 18 horas da véspera.

Assim aconteciam as façanhas, e viriam outras maiores, o que incluía superar o obstáculo do presidente. A reunião em que se tratou do Museu do Ipiranga foi o primeiro e único despacho do governador de São Paulo com Bolsonaro, durante os três anos e três meses em que João ficou no cargo. "Fui embora e nunca mais voltei", diz ele. "Não tinha clima, nenhuma atmosfera." O projeto de restauração do Museu do Ipiranga ganhou sinal verde, mas aquele primeiro encontro foi uma amostra inicial de que a relação com o presidente não seria boa, dada a visão diametralmente oposta de ambos. Esse abismo começou pela importância dedicada à cultura, mas foi muito além – e, por circunstâncias imprevistas, se transformou literalmente numa questão de vida ou morte.

*

Mesmo estando alinhado com Bolsonaro no segundo turno da eleição, João não teve dúvida de se colocar do lado oposto, assim que viu o rumo que o governo ia tomando. Por isso foi perseguido pela militância bolsonarista, com sua máquina de *fake news* nas redes sociais turbinada com dinheiro do governo, acusado de trair o político no qual se apoiou para a própria eleição. Havia diversos governadores eleitos no alinhamento com Bolsonaro e contra o PT no primeiro e segundo turnos, como Romeu Zema em Minas Gerais e Eduardo Leite no Rio Grande do Sul. Somente João, porém, não escondia sua aversão a Bolsonaro, nem tinha receio de enfrentá-lo publicamente.

Reafirmava que seu interesse era governar direito, e não fazer política, inclusive de boa vizinhança, ainda que isso criasse um antagonismo com o presidente. "Na vida é preciso ter coragem e atitude", diz ele. "Foi o que eu fiz, primeiro, ao renunciar à prefeitura para defender o estado. Segundo, não ia perfilar com um homem totalmente incapaz e que já nas primeiras semanas negava o que defendia em campanha, tanto que muitos de seus ministros ele demitiu logo no início, porque não admitia contestação. Sempre fui gestor dentro da política, não um político na gestão pública."

Essa repulsa tinha algo de estética, algo para João muito importante. Suas impressões sobre o presidente pioraram quando o viu entrar no Fórum de Davos, onde Bolsonaro discursou, em 22 de janeiro de 2019. O presidente decidiu ir, apesar de ainda estar usando um dreno no abdômen por causa da facada. Levou um discurso elaborado sob inspiração do ministro da Economia, Paulo Guedes. No avião, porém, Filipe Martins, colaborador de marketing desde a campanha eleitoral, colocado como chefe da Assessoria Internacional da Presidência da República, disse que tinha outro discurso, mais leve. Bolsonaro pediu que o lesse em voz alta, gostou e rasgou o discurso combinado com Guedes.

Primeiro a discursar no Fórum, Bolsonaro entrou no palco sem tirar o sobretudo – coisa estranha para os europeus e, para João, uma inadequação imperdoável. Em Davos, segundo o próprio João registrou em vídeo, fazia 17 graus negativos. Na Europa, todo ambiente tem aquecimento, e em Davos, como em outros lugares públicos, seguia-se um protocolo: todos deixavam seus casacos de frio na chapelaria, na entrada. Ficar com o sobretudo, além de fazer suar, fazia de Bolsonaro o único ali a se vestir daquela forma.

Sentado na primeira fileira, deferência do fundador e *chairman* do Fórum, Klaus Schwab, João sentiu a reação fria da plateia, que não gostou de nada em Bolsonaro: da comitiva excessiva, com cinco ministros, da roupa do presidente e do fato de que ele se fazia acompanhar por um ajudante de ordens em traje militar, carregando uma pasta. Na segunda fileira, atrás de João, estavam Luis Alberto Moreno, presidente do Banco Interamericano de Desenvolvimento (BID), e Jim Yong Kim, presidente do Banco Mundial. Ao lado,

Christine Lagarde, na época ainda dirigindo o Fundo Monetário Internacional (FMI), cargo que ocupou antes de ser levada à presidência do Banco Central Europeu. "O que é isso?", perguntou-lhe Lagarde, em francês. "Ele está doente, senhora", disse João, procurando justificar, com a facada, o excesso de trajes usados pelo presidente.

O discurso de Bolsonaro não melhorou aquela impressão. Diante de um plenário com 5 mil lideranças e autoridades, tendo a oportunidade de falar para o mundo durante vinte minutos na abertura do Fórum, Bolsonaro usou pouco mais de seis. Entre outras coisas, disse que as pessoas precisavam visitar as praias e belezas naturais do Brasil. Estava claro também que ele e João seguiam caminhos opostos em temas como Meio Ambiente, que colocou Bolsonaro desde o início de seu governo contra toda a comunidade internacional.

Tudo aquilo foi frustrante, tendo em vista o objetivo em Davos, que era passar uma boa imagem para atrair investimentos estrangeiros. Um ano antes da pandemia do coronavírus, algo então ainda inimaginável, João já tinha colocado na sua pauta de Davos atrair recursos estrangeiros para fazer do Instituto Butantan o "maior produtor de vacinas do mundo". Ela incluía também chamar investidores para o desenvolvimento de vinte aeroportos regionais e desembolsar 270 milhões de reais para obter direitos de exploração de concessões nas áreas de transporte e geração de energia.

Queria ainda construir 260 quilômetros de linhas de trem, não somente do Metrô como entre cidades, e criar um "Vale do Silício" – um centro de empresas de alta tecnologia –, na vasta área onde funcionava o Ceagesp, maior centro de distribuição de alimentos da capital, que ele pretendia mudar para outro lugar[32]. Em Davos, somente o acordo fechado com a RGE, detentora da Bracell, fábrica de papel e celulose em Lençóis Paulista, garantiu um investimento de 7 bilhões de reais em uma nova linha de produtos. "Mudou o perfil da região", diz Julio Serson[33].

Em Davos, o presidente se apresentou para a entrevista à imprensa ao lado de Schwab, que lhe dirigiu quatro perguntas previamente combinadas, como fazia com todos os chefes de Estado. A cada uma das perguntas, o presidente respondia lendo fichas numeradas, que tirava do sobretudo. "Logo vi que Bolsonaro não tinha nenhuma condição de administrar o país", diz João. "Ele não era um presidente da República." Em vez de marcar reuniões com possíveis investidores ou um dos setenta chefes de Estado presentes no evento, o presidente foi fotografado fazendo o prato no bandejão de um supermercado, na companhia do ajudante de ordens.

No futuro, João teria muitos e outros bons motivos para se afastar de Bolsonaro, mas, para ele, aquilo já era o bastante.

*

Apesar das impressões de João sobre o presidente, o Bolsonaro de Davos ainda se mostrava próximo do governador paulista – e agradecido. Num almoço com o tema "O futuro do Brasil", em seu terceiro dia no evento, o presidente, ao lado de Paulo Guedes e do próprio João, chegou a mencioná-lo como seu possível sucessor a uma plateia de cinquenta empresários. "Estou vendo o Doria prefeito, governador, e, se Deus quiser, presidente no futuro", disse Bolsonaro. "É um homem que tem capacidade e tem um coração que realmente bate pelo seu país."[34]

Teria sido mais fácil para João permanecer ao lado do presidente, mas, mesmo no traje da política, era algo que ele não conseguia fazer. Ao voltar ao Brasil, encontrou em Brasília o responsável pelo marketing digital das suas campanhas, Daniel Braga, que estava na época fazendo a comunicação da reforma da Previdência, a ser promovida por Paulo Guedes. No encontro, Braga se manifestou contra aquela mudança de postura com relação ao presidente, apenas três meses após a eleição. "Vão dizer que isso é traição, que você foi oportunista", disse. João se aborreceu. Chamou Braga de "Bolsominion", termo empregado para os defensores fanáticos pelo presidente, que vinha dos diminutos operários a serviço do bandido protagonista do desenho animado *Meu Malvado Favorito*.

A fachada construída por Bolsonaro na campanha já estava caindo – e João constatou de imediato o que estava por trás. O liberalismo, cujo fiel depositário no governo era Paulo Guedes, começava a cair por terra, assim como a transparência e o combate à corrupção, representados no governo por Sergio Moro. João gostava de Moro, com quem, no início do governo, tratava da transferência de presos do crime organizado para prisões federais de segurança máxima. Porém, via Bolsonaro se distanciando cada vez mais do discurso da campanha, de Moro e de tudo que os tinha juntado na campanha. Não queria colar seu nome a alguém cujo rumo já não estava claro, como ocorreu com os que apoiaram Lula, no início dos governos do PT.

Em fevereiro de 2019, seu segundo mês no governo, contra a afirmação na campanha de que era favorável ao mandato único, e apesar dos acenos a João de que gostaria de vê-lo como seu sucessor, Bolsonaro já falava em reeleição – e trabalhava quase exclusivamente para isso. "Aí começou a guerra entre eles," diz Letícia Bragaglia. Em lugar de governar para todos os brasileiros, buscando uma posição mais moderada e agregadora, o presidente manteve o discurso de candidato, radical e segregacionista, como se estivesse ainda em campanha, apontando contra o lulismo, a esquerda e toda aquela fatia do eleitorado que representava o "outro lado" – metade da população brasileira, para quem devia também governar. Passou rapidamente a livrar-se dos discordantes dentro do próprio governo, que tinham encorpado o apoio à sua candidatura, permitindo a sua eleição, mas começaram a ser expurgados.

Em 18 de fevereiro, Bolsonaro demitiu o ministro da Secretaria-Geral, Gustavo Bebianno, ex-presidente do Partido Social Liberal (PSL), partido pelo qual Bolsonaro havia vencido a eleição, e principal articulador político de sua campanha. O presidente já fazia suas primeiras críticas ao ministro da Justiça, Sergio Moro, então ainda bastante popular pela sua atuação como o principal juiz da Lava Jato. No lugar de Bebianno, colocou um general com nome de ex-presidente militar: Floriano Peixoto.

Esse seria um recurso à mão toda vez que alguém discutia ordens. À falta de civis que se subordinassem incondicionalmente, o presidente passou a encher o serviço público de militares, imbuídos da rígida disciplina hierárquica da corporação, na qual, por natureza, contrariar superiores está fora de cogitação. Um relatório de 2021 do Tribunal de Contas da União mostrava preocupação com uma "possível militarização excessiva do serviço público civil". De saída, Bolsonaro dobrou o número de militares lotados no Executivo – eram 2.765 no último ano do governo de Temer, 3,5 mil no seu primeiro ano de governo e chegariam a 6.175 em 2020.

Cercado pelos filhos, o presidente entrava em atrito com todos os demais, incluindo os governadores. "Recebia só os aduladores, sem conversar com os governadores e o setor produtivo", diz João. Desde o início do governo, Bolsonaro ignorava o Pacto Federativo, que exige do governo federal alguma contrapartida pelo que cada estado entrega de arrecadação – e São Paulo contribuía com 60% dos recursos federais. Com Bolsonaro, passou a não receber nada. "Nem os governos do PT agiram dessa maneira", diz João. "Geraldo [Alckmin] teve recursos federais para programas sociais, por exemplo, na área de saneamento e de habitação social, com Lula e Dilma, e nunca houve interrupção. Com Bolsonaro, passamos a receber zero. Isso não aconteceu nem na ditadura militar."

Quando as últimas habitações populares com recursos federais do governo Temer foram entregues, os programas da área social em São Paulo passaram a ser financiados exclusivamente pelo próprio governo estadual. Entre 2019 e o início de 2022, o governo paulista entregou 39.973 residências para a população de baixa renda, com um investimento de 2,7 bilhões de reais. Lançou ainda o programa Nossa Casa, para a construção de mais 10 mil habitações populares em 87 municípios. Custou mais 1,1 bilhão de reais, provisionados em parceria com as construtoras envolvidas no projeto, gerador de 30 mil empregos nos canteiros de obra.

Por obter esses recursos é que foram feitas as reformas administrativa e fiscal, além das concessões de equipamentos públicos para exploração pela iniciativa privada. Benefícios fiscais foram suspensos por um ano. O governo paulista dificultou até mesmo a redução do IPVA de veículos para deficientes. "Era preciso recuperar o caixa do estado para investir, gerar empregos e fazer a economia girar", diz João. "E não tem milagre nisso, o estado não tem máquina de emitir dinheiro."

Não eram medidas para agradar ninguém. Eram, porém, a aposta para recuperar a economia paulista – cujos resultados se veriam dali a três anos.

*

Não eram só os estados com governadores dissonantes que o presidente procurava asfixiar. As vozes discordantes que ele podia demitir iam sendo defenestradas, uma a uma. Com menos de seis meses de trabalho, em 13 de junho de 2019, Bolsonaro dispensou o secretário-geral da Presidência da República, com *status* de ministro, o general Carlos Alberto Santos Cruz, crítico da influência no governo do filho do presidente, o vereador Carlos Bolsonaro, responsável pelo comando da milícia digital do bolsonarismo.

Outros ministros caíram sucessivamente: o mais pesado da lista foi o ministro da Justiça, Sergio Moro, que saiu denunciando a tentativa de Bolsonaro de obter informações privilegiadas sobre investigações de corrupção envolvendo sua família, acusada de promover na Assembleia Legislativa do Rio de Janeiro, sua base eleitoral, o crime de "rachadinha" – o desvio de dinheiro do salário recebido por funcionários públicos a quem se dava emprego para beneficiar o próprio empregador.

Para Moro, a gota d'água foi a exoneração de Maurício Valeixo, e a nomeação de um novo diretor da Polícia Federal, órgão subordinado ao ministério do qual ele era o chefe, decisões tomadas por Bolsonaro à sua revelia. Em 24 de abril de 2020, o ex-juiz virou ex-ministro e saiu do governo atirando: deixou claro que o presidente eleito contra a corrupção pretendia acobertar investigações que versassem sobre ele mesmo, algo que não tinha ocorrido sequer nos governos do PT. "Falei para o presidente que seria uma interferência política [na Polícia Federal]", afirmou Moro, no comunicado de sua demissão. "Ele disse que seria mesmo."[35]

O combate à corrupção é essencial num país democrático: não se pode acusar impunemente, sem provas, mas também não se pode deixar de investigar indícios de corrupção – quaisquer que sejam. Ao agir para afastar as investigações sobre os seus filhos, Bolsonaro patrocinava ato que já seria de grande gravidade – não houvesse algo ainda pior, avançando a galope.

A primeira dose da vacina, contrapondo-se ao negacionismo do governo Bolsonaro

O SALVA-VIDAS

No dia 25 de fevereiro de 2020, uma terça-feira de carnaval, às dez horas da manhã, quando ainda estava descansando na Bahia, João recebeu um telefonema do médico infectologista David Uip. "João, infelizmente temos o primeiro caso de covid no Brasil", disse Uip. "É em São Paulo."

Ainda se tinha pouca ideia da letalidade da epidemia, que começou em Wuhan, capital da província central da China. Lá funcionava um tradicional mercado vivo onde se misturavam animais domésticos e silvestres, involuntária indústria de vírus mutantes que produziu como seu último modelo o coronavírus SARS-CoV-2.

Chineses contaminados espalharam o vírus pelo país, no final de 2019. Transmitido pelo ar ou contato com material infectado, levado aos olhos ou ao nariz, ele ficava incubado entre seis e catorze dias. Assim, doentes sem sintomas contaminavam outras pessoas e o vírus se espalhava em progressão geométrica, transformando-se numa ameaça mundial.

Para conter a covid-19, a China adotou medidas de isolamento social, mesmo para quem não apresentava sintomas, como única forma de deter a escalada da doença. Quando não matava, sobretudo os mais idosos ou pessoas com alguma fragilidade de saúde, o vírus causava complicações sistêmicas. Por subtrair oxigênio do organismo, atacava órgãos como os pulmões e os rins e, entre outras sequelas, afetava a memória.

Em 31 de dezembro de 2019, a OMS tinha sido informada da progressão da doença, quando ela já estava fora das fronteiras chinesas. Em 5 de janeiro de 2020, a entidade alertava para 44 casos de "pneumonia de causa desconhecida" na China. Quatro dias mais tarde, quando 34 brasileiros foram repatriados de Wuhan por duas aeronaves da Força Aérea Brasileira, ficando de quarentena na Base de Anápolis, em Goiás, foi comunicada a identificação do código genético do coronavírus, causador da doença. No final do mês, a OMS admitiu que havia grande risco de uma pandemia, isto é, uma epidemia em escala global.

A primeira lista de alerta contra o vírus envolvia o Japão, Singapura, Coreia do Sul, Coreia do Norte, Tailândia, Camboja, além da China. Três dias depois, o mesmo alerta se dava nos primeiros países da Europa – França, Itália e Alemanha – e no Oriente Médio.

A rápida progressão do contágio na Europa se somou à demora na recuperação dos pacientes em estado grave, que dependiam de suporte respiratório. Com isso, as UTIs dos hospitais ficavam lotadas e os leitos não eram desocupados, impedindo a entrada de novos pacientes. Médicos e a enfermagem adoeciam e morriam também, como bombeiros em meio a um incêndio. Nos seis primeiros meses da doença, 6% dos infectados acabavam morrendo, segundo levantamento da OMS.

O Brasil foi um dos últimos países em que a pandemia chegou. Nos países europeus, como a Itália e a Espanha, onde as UTIs não davam conta do atendimento, começaram a ser adotadas medidas mais drásticas: ficaram proibidos todos os deslocamentos, sob pena de multa. Locais de aglomeração pública foram lacrados. A OMS passou a recomendar a adoção do *lockdown* – paralisação total das atividades, com isolamento domiciliar para evitar qualquer contato humano.

A primeira notícia da chegada daquela ameaça ao Brasil vinha do Hospital Albert Einstein, em São Paulo. Um empresário paulista chegou da Itália, após o feriado de carnaval. Estava se sentindo mal no final de semana, voltou ao Brasil e se internou. O secretário de comunicação do governo, Cleber Mata, enviou no dia 25 de fevereiro de 2020 um WhatsApp a João, dizendo que eles precisavam se preparar para comunicar aquele episódio.

Sugeriu convidar David Uip para formar um comitê de supervisão da pandemia, a ser apresentado à imprensa, junto com o secretário da Saúde, José Henrique Germann, ex-diretor-superintendente do Hospital Albert Einstein. Assim eles poderiam esclarecer a população sobre os riscos do vírus e o que o estado iria fazer para controlar a expansão da doença.

Ex-diretor-executivo do Instituto do Coração (Incor), da Faculdade de Medicina da Universidade de São Paulo e do Instituto de Infectologia Emílio Ribas, Uip era não só um dos maiores especialistas em doenças infecciosas do país, como tinha experiência administrativa e de governo recente – tinha sido secretário da Saúde de Alckmin.

Mata sugeriu uma breve lista para João escolher a denominação do grupo de apoio na pandemia e, imediatamente, o governador preferiu Centro de Contingência. João pediu a Mata que entrasse em contato com Uip no mesmo dia e que o secretário da Saúde estivesse com o ministro da pasta na hora da primeira comunicação do caso ao público. "O problema é em São Paulo", disse. "É importante que o Germann esteja ao lado do [Henrique] Mandetta", então ministro da Saúde.

Uip e João falaram ao celular antes da entrevista que anunciaria a criação do Centro de Contingência. Uip e João compartilhavam da certeza de que seria preciso gente pensando exclusivamente na pandemia. "Isso vai requerer ação imediata", disse Uip. João lhe pediu para criar com o Centro de Contingência um "comitê científico" – um grupo de especialistas, formado sob o comando do próprio Uip. "Você escolhe quem acha melhor e coordena o trabalho", disse João.

Às cinco horas da tarde da Quarta-feira de Cinzas, um pouco antes de João embarcar de volta a São Paulo, Uip ligou novamente. "Já tenho o comitê", disse. Ele leu os doze nomes da lista inicial – seriam vinte no total. Combinaram um encontro para as 10 horas da manhã seguinte, com o secretário Germann.

A primeira reunião do comitê científico foi na quinta-feira após o carnaval – a partir daí, as reuniões foram semanais. "Tudo era aprendizado, ninguém sabia o que era a covid, nem os infectologistas, e os melhores estavam em São Paulo, a começar do próprio Uip", diz João. "Mas a atitude de estabelecer o comitê nos deu o balizamento."

A pandemia cresceu rapidamente no radar. Em 27 de fevereiro de 2020, eram 132 os casos monitorados pelo Ministério da Saúde. Os especialistas já vinham prevendo consequências trágicas no país. "Vamos ter pessoas morrendo em casa ou morrendo na porta dos hospitais, porque não vamos ter onde interná-las. Vamos ter um cenário de guerra", avaliava Thaís Guimarães, médica infectologista e presidente da Comissão de Infectologia do Hospital das Clínicas, na

CNN. "Acima de 90% já estamos em colapso, porque não temos como fazer a rotatividade de leitos."[36]

Em 6 de março, havia treze casos de covid-19 confirmados no país. Em São Paulo, João anunciava a abertura de quinhentos novos leitos de internação, de forma gradual, a partir do dia 8 de março. Desses leitos, 339 destinavam-se à UTI covid e 161 à enfermaria, para evitar o colapso da rede pública. "Naquela altura, sabíamos que teríamos mortos", diz Uip. "O que eu disse ao João é que não podíamos deixar ninguém sem atendimento."

Em março, quando a partir do dia 17 começou a contagem dos mortos, ninguém sabia ainda quando chegariam as vacinas. João ouviu dos especialistas do comitê, contudo, que elas viriam antes dos medicamentos. Era preciso ter vacina. Graças à aproximação com a China durante a missão comercial patrocinada pelo governo paulista, o Butantan estudou uma colaboração com a SinoVac, que já investira para encontrar uma vacina contra o novo vírus, por ser o país onde a pandemia tinha começado, e onde os estudos sobre a doença se encontravam mais avançados.

Aquele trabalho anterior do governo paulista, provando o ditado segundo o qual a sorte premia quem trabalha, facilitava um acordo para a distribuição no Brasil da vacina em testes da SinoVac, chamada de CoronaVac. "Quando João teve a iniciativa de abrir o escritório em Xangai, a ideia era estabelecer uma ponte comercial com a China", diz Henrique Meirelles. "Porém, serviu a um propósito não previsto, que foi negociar a vacina, enfrentando desde o início um problema muito grande."

Era um trunfo, mas, enquanto não havia vacina de fato, o comitê científico recomendava um período de isolamento social, como já vinha sendo feito na própria China e em países da Europa, especialmente na Itália, Espanha e Reino Unido, de forma a conter – possivelmente cortar – a expansão da doença.

No dia 21 de março, um sábado, com a equipe de reportagem da TV Globo do lado de fora, esperando na porta, o comitê se reuniu na casa de João. Estavam presentes, além de Uip e outros especialistas, amigos do governador, convocados para ajudá-lo na decisão. Os membros do comitê queriam um *lockdown* – uma paralisação total das atividades por um período de tempo, um choque de isolamento, como já estava ocorrendo na Europa. João relutava, mas acabou por concordar em fazer uma paralisação parcial – convencido não pelas pessoas, segundo as testemunhas, mas pelos dados.

Da reunião saiu a decisão do "isolamento social", reduzindo as medidas restritivas ao máximo possível. "A ironia era que no início ele era o único contra as medidas de restrição", diz um dos presentes à reunião. "Porém, depois de ouvir os especialistas, e com a decisão tomada, saiu para falar com os jornalistas como o principal defensor do isolamento social. Assumiu a postura da pessoa que iria cuidar de vidas, dali em diante. Sem medo."

O pronunciamento de João, adotando a postura de salva-vidas, ao anunciar logo depois no Palácio dos Bandeirantes as restrições a serem adotadas a partir da terça-feira seguinte, dia 24, foi transmitido ao vivo, em partes, no jornal *SPTV*, da TV Globo. O resumo foi ao ar naquela noite no *Jornal Nacional*. O prazo inicial previsto para a quarentena era de quinze dias – uma tentativa de cortar a pandemia antes que se tornasse crítica. A medida atingia as 645 cidades do estado, com cerca de 46 milhões de pessoas.

"Agora não é hora de fazer festa, baile funk, não é hora de nenhum tipo de celebração", disse ele. "Fiquem em casa. E, nesse sentido, quero dizer que Bruno Covas e eu vamos adotar medidas policiais para evitar aglomerações, bailes, festas funk ou de qualquer natureza, seja na capital, seja em qualquer outra cidade do estado de São Paulo."[37]

*

Em todo o mundo, suspendiam-se as apresentações públicas, dos shows aos grandes eventos esportivos, como os campeonatos de futebol. O governo japonês pediu, em 24 de março, que fossem adiadas as Olimpíadas, previstas para ocorrer no país em julho daquele ano. Na história, o maior evento esportivo do mundo só havia sido cancelado duas vezes – em ambos os casos, a causa tinha sido uma guerra mundial.

O Brasil teve mais tempo para se preparar, tendo em vista que a doença se espalhou antes na Europa, onde se viram seus efeitos. Em países como a Itália e a Espanha, com a internação prolongada dos pacientes, as UTIs não podiam receber pacientes novos – e o sistema de saúde entrava em colapso. No Brasil, o Ministério da Saúde comprou mais máscaras e ampliou o horário de atendimento da rede pública de saúde, como medida contra um eventual aumento da procura por pacientes. Porém, não havia vontade de agir por parte de Bolsonaro.

O trabalho exigia coordenação nacional, mas era dificultado pela ação contrária do presidente. Em 20 de março, enquanto o Ministério da Saúde anunciava a compra de 5 milhões de testes rápidos para a detecção da doença, Bolsonaro determinava os serviços que não poderiam parar, entre eles os de internet. Um dia depois da restrição à entrada de estrangeiros no Brasil, e no dia em que começava a vigorar o plano de distanciamento social em São Paulo, seu pronunciamento à nação, em 24 de março de 2020, contra a campanha paulista do "Fique em casa", foi acompanhado de um "panelaço" – gente batendo panelas na janela de casa, modalidade de protesto difundida desde a era Dilma e que ganhou mais utilidade numa hora em que os manifestantes, quarentenados, não podiam ir para as ruas.

O discurso de Bolsonaro vinha na contramão de tudo que era recomendado pelos cientistas e norteava o governo paulista. Na comunicação, o presidente jactou-se de que ele mesmo não pegaria a doença, pois tinha "histórico de atleta", e desdenhou de seus efeitos, que segundo ele seriam no máximo de "uma gripezinha ou resfriadinho". "Devemos, sim, voltar à normalidade", disse. "Algumas poucas autoridades estaduais e municipais devem abandonar o conceito de terra arrasada, como proibição de transporte, fechamento de comércio e confinamento em massa. O que se passa no mundo tem mostrado que o grupo de risco é o de pessoas acima de 60 anos. Então, por que fechar escolas?"

A resposta era óbvia – crianças não sofriam os efeitos da doença, mas transmitiam o vírus –, e ficava claro que a Bolsonaro já não interessava a realidade. Pior, como ocorreu com Donald Trump, nos Estados Unidos, passou a confundir a população com falsas soluções.

No seu pronunciamento, lançou a ideia da cloroquina, medicamento para malária e lúpus, sem eficácia comprovada contra o coronavírus, algo já feito por Trump, cujo manual parecia estar seguindo. "Nosso governo tem recebido notícias positivas sobre esse remédio", disse. "Sem pânico ou histeria, como venho falando desde o princípio, venceremos o vírus e nos orgulharemos de estar vivendo nesse novo Brasil, que tem tudo, sim, para ser uma grande nação", disse o presidente[38]. Às palavras, Bolsonaro juntou a ação. Na última semana de março, passeou misturando-se à multidão, na periferia de Brasília, sem máscara, para dar o exemplo à nação.

A partir dali, João passou a ser a referência nas notícias sobre o combate à pandemia. A oposição a Bolsonaro era diametral. "Como governador do estado, eu gostaria que o Brasil tivesse um presidente que liderasse o país em uma crise como essa, não minimizasse os problemas e não dissesse que o coronavírus é uma 'gripezinha', ou relativizasse uma questão tão grave para o país e os brasileiros neste momento", disse.

Com isso, passou a ser também o alvo preferencial dos ataques por parte da patrulha digital bolsonarista, que o acusava de liderar um movimento de governadores e prefeitos para fechar a economia, causando desemprego e danos futuros à nação. O próprio Bolsonaro seguiu à frente da reação, defendendo que o país deveria manter a vida normal, sob o risco de uma profunda crise econômica – muito embora os especialistas dissessem que o maior risco, tanto para as vidas quanto para a economia, seria deixar a covid se espalhar.

Formou-se uma onda de comunicação para tirar a credibilidade da vacina, um instrumento inquestionável de saúde pública, dentro de uma campanha mais ampla de desconstrução da ciência e da própria noção de fato e verdade. A máquina bolsonarista trabalhava para desestabilizar o sistema democrático. Para isso, era preciso tirar a credibilidade, ridicularizar e neutralizar quem trabalhava racionalmente, abalar a imprensa independente e destruir a própria noção de realidade.

João sofreu também a crítica e a oposição dentro do seu próprio partido, ressentido do seu estilo de tratorista político, passando por cima de obstáculos, ignorando acordos de bastidores para a defesa de interesses particulares, e se moveu para o lado de quem ele confrontava. "Houve uma grande mudança do PSDB para o bolsonarismo", disse o ex-ministro das Relações Exteriores e ex-senador do PSDB Aloysio Nunes, um dos integrantes da cúpula do partido, em entrevista ao UOL, em setembro de 2022[39].

Muitos criticaram João pelo embate com Bolsonaro, que teria sido exagerado e desnecessário. Teria faltado, nesse sentido, alguma habilidade, isto é, faltou o "político". "O sistema político reage e procura expurgar aqueles que querem fazer algo diferente", diz Raul Doria. O próprio João, porém, não se importava. "Na pandemia, eu não estava preocupado com a política, estava preocupado com vidas", diz ele. "Sem João, não teria havido vacina, ou teria havido somente muito mais tarde, com muito mais perda de vidas", diz David Uip. "A história vai ter que reconhecer isso um dia. Ele é um herói nacional."

*

Desde o início do governo, contra os melindres políticos, que não conhecia ainda tão bem, João tinha se cercado de alguns cuidados. Evitava situações que pudessem expô-lo às negociatas que sempre aparecem no balcão dos detentores do poder. Como parte dos processos internos, seguiu no governo estadual algumas medidas de *compliance*. Nunca recebia uma pessoa sozinho – sempre tinha alguém ao seu lado como testemunha.

O jogo no Palácio dos Bandeirantes era diferente da prefeitura, onde o prefeito está mais próximo da população – e, portanto, da realidade. João era uma pessoa aberta a ouvir, mas existe no mundo do poder o clássico receio de falar a verdade ao chefe – caminho para o encastelamento dos chefes de Estado. No governo estadual, João começou a se ver envolvido pela máquina de ilusões que desorienta os poderosos. "Aquele palácio gigante tira qualquer um da realidade, ninguém te fala a verdade, te manipulam o tempo todo", diz Raul Doria.

Depois de algum tempo instalado no governo estadual, João já sofria a contaminação da máquina política, que costuma alienar os ocupantes de cargos de decisão. "Nas campanhas e na prefeitura, João ouvia muito a nós, da comunicação", diz Daniel Braga. "No governo estadual, com toda aquela gente só elogiando, parou de ouvir."

Poucos tinham coragem de lhe dizer o que pensavam, como no rol de decisões para restaurar as contas do estado. Dentro da reforma fiscal, foram analisadas todas as medidas possíveis, como cortar o subsídio para a compra de veículos por deficientes – o que reduzia em até 25% o preço final do veículo. João juntou o secretariado e o corpo técnico, fez questão de ouvir um por um. Todos concordavam. Somente Gilberto Kassab, nomeado secretário da Casa Civil, teve coragem de confrontar a ideia. "João, politicamente, isso vai ser uma facada no seu coração", disse. No final, a isenção para deficientes ficou. "Governo é assim", disse Rodrigo Garcia a Raul. Apesar de concessões aqui e ali, a reforma fiscal, no conjunto, seguiu.

Sem nenhum cargo no governo, mas como conselheiro do irmão, ainda no início da pandemia, Raul pediu para que se convocasse uma reunião, na qual estavam a equipe da Secretaria de Comunicação (Secom), o vice-governador e secretário de governo Rodrigo Garcia e outros integrantes do primeiro escalão. Leu uma carta que João lhe mandou quando tinha 7 anos de idade, lhe dando diretrizes.

Como irmão mais velho, na carta João orientava Raul sobre como escovar os dentes, tomar banho, e assim por diante. "Convoquei essa reunião para dizer que esta é a essência do meu irmão", disse Raul, na ocasião. "Eu preciso que vocês me ajudem a recuperá-lo."

A crise provocada pela pandemia mesclava aquele momento de João no governo com o desafio emergente da covid-19, somado ao embate com o presidente. Aquela tempestade perfeita era o maior teste de João, como político e também como administrador. Diante daquela situação, ele procurou manter a tranquilidade, respaldando-se na ciência – uma forma também de manter-se apegado à realidade. "Uma coisa que a vida me ensinou é ouvir a quem entende, assimilar a partir do conhecimento", diz. "Foi o que eu fiz."

Não havia ainda um entendimento pleno da doença, e as medidas restritivas eram acautelatórias, de caráter emergencial até que houvesse vacina ou medicamentos. Com o trabalho dos especialistas, essas medidas foram consolidadas no que se chamou de Plano São Paulo. Cada área de atividade humana foi examinada. A execução da parte operada pela Secretaria da Saúde ficou sob orientação do Comitê Científico, e a econômica, sob a responsabilidade de Patrícia Ellen, secretária de Desenvolvimento Econômico, Ciência, Tecnologia e Inovação.

Com esse plano, São Paulo foi o primeiro estado a fazer e administrar a "quarentena", cujo afrouxamento dependeria do andamento do controle da doença, dentro de parâmetros previstos no próprio plano. Foi instituído um sistema de cores semelhante aos sinais de trânsito para indicar o nível da pandemia, cada qual com um protocolo adequado. A fase vermelha era a mais restritiva. Depois vinham a laranja, amarela e verde. Os critérios objetivos para o acionamento de cada fase eram a taxa de ocupação de leitos em hospitais por pacientes de covid-19, o número de internações e o de óbitos, compreendidos num período de sete dias.

Nas 24 horas anteriores à data em que a quarentena entrou em vigor, 24 de março de 2020, as autoridades de saúde tinham registrado 901 pedidos de internação em leitos de UTI no estado de São Paulo. O sistema de saúde público estadual estava com 75,3% dos leitos de UTI ocupados. No Brasil, esse índice era de mais de 80% em 16 estados, além do Distrito Federal.

Na etapa vermelha, eram mantidas apenas as atividades consideradas essenciais: o policiamento, farmácias e hospitais, serviços de limpeza e transporte público, postos de gasolina, transportadoras, armazéns, serviços de *call center*, padarias, açougues, supermercados, bancos e lotéricas. As indústrias podiam seguir funcionando, desde que respeitassem os protocolos de segurança, como a criação de turnos alternados, para reduzir o número de pessoas no ambiente de trabalho, o distanciamento entre funcionários, o uso de máscaras e a disponibilização de álcool em gel para assepsia das mãos.

Ainda assim, importante parte do comércio ficou fechada, incluindo shopping centers, bares e restaurantes, academias de ginástica e salões de beleza. De maneira a minimizar a situação desses estabelecimentos, eram permitidas vendas com entrega em domicílio ou no sistema de *drive-thru*. Com as escolas fechadas, os estudantes passavam para as aulas on-line. Eventos, convenções, atividades culturais, como teatro, cinema e quaisquer outras que envolvessem aglomeração, incluindo templos religiosos, tiveram de aprender a funcionar por meio virtual. Os jogos de futebol aconteciam com os estádios vazios, sem a torcida, que só voltaria presencialmente em 4 de outubro de 2021, quando já havia vacinação.

Cidades foram fechadas ao trânsito de pessoas vindas de outros municípios. Os aeroportos ficaram vazios. João fazia pressão para que os prefeitos adotassem à risca tudo o que recomendava o Comitê Científico. "Essa fase foi duríssima", diz Marco Vinholi, que, instalado na Secretaria de Desenvolvimento Regional, dialogava com as prefeituras e visitava hospitais de campanha no interior. "Tinha o desafio do convencimento, e ao mesmo tempo a necessidade de ajudar os prefeitos. Muitas cidades tinham dificuldades, eles pediam respiradores para as UTIs e buscavam vaga em hospitais de São Paulo para transferir pacientes. Por um período, o governo de São Paulo foi só isso."

Apesar dessa situação, de acordo com a estimativa da Secretaria de Fazenda, a cargo de Meirelles, 84% da economia de São Paulo permaneceu aberta. A construção civil, por exemplo, continuou operando – os funcionários nos canteiros de obras, porém, tinham de adotar medidas protocolares de proteção, como o uso de máscara e álcool em gel. O almoço nos canteiros foi escalonado, para formar grupos menores. "A indústria foi brilhante na aplicação da lei", diz João. "O setor privado respondeu muito bem, foi muito consciente." Ainda assim, houve setores muito prejudicados, especialmente o comércio de alimentos e bebidas, que mais poderia disseminar a contaminação do vírus.

Choveram críticas dos setores fechados, como bares e restaurantes, aumentando a pressão sobre João. O clima se tornava cada vez mais agressivo, por causa das milícias bolsonaristas, que passaram a cercar a sua casa. "Nós nunca paramos de trabalhar, eu ia a instituições, asilos, para a rua, e quem mais sofria com isso eram nossos filhos, que estavam em casa, no isolamento", diz Bia Doria, que nessa época liderava o Comitê Solidário, criado por João para atender a população de rua e os mais prejudicados pela pandemia.

Quem ficava na casa de João passava o dia ouvindo palavrões de gente na rua. Atiravam objetos por cima do muro. O caseiro um dia retirou uma bomba rudimentar, despejada de um drone, usando para manter distância do objeto o limpador da piscina. "Para sair de casa era um problema, só com escolta", diz Bia. "Foi uma tensão constante."

*

João não tinha intenção de prejudicar ou beneficiar qualquer setor de atividade econômica. "Ele é muito focado no trabalho e não dá privilégios, quando está num posto de comando", diz Bia Doria. Sua entrada na vida pública não fez bem aos negócios da família, incluindo Raul. Embora o irmão de João não tivesse cargo no governo, sua empresa, a Cine, perdeu clientes que tinha havia 30 anos, como a Ambev, que, dentro de suas normas de *compliance*, o classificou como "PEP", "Pessoa Exposta Politicamente".

Chegou a entrar em dificuldades financeiras, a ponto de deixar contas sem pagar. Foi encontrado um dia por João e amigos na sala de sua casa, deitado no chão, em estado de torpor, e, ao ser acordado pelo grupo, pensou que estava morto. "Nós vamos cuidar de você", disse João, e abraçou firmemente o irmão. Os amigos então passaram a ajudá-lo a pagar as contas até que a empresa se restabelecesse. Raul decidiu então afastar-se temporariamente do comando da sua própria empresa, "para não prejudicar mais o negócio".

Durante a pandemia, a situação piorou. O LIDE, negócio que sustentava a família de João, estava dentro dos setores mais atingidos pelas medidas de contenção. Como toda empresa de eventos, teve de interromper suas atividades presenciais, com uma queda abrupta de mais de 60% do seu faturamento. Esse, porém, era um problema para o filho, Johnny, que dirigia a empresa desde a entrada de João na política. Como governador, o pai não discutia com ele o assunto e seguia as recomendações do comitê de profissionais. Silenciosamente dizia ao filho: "Viabilize-se". O LIDE estava no mesmo barco de todo o mundo.

Enquanto isso, o presidente da República radicalizava o confronto, colocando-se ao lado dos que reclamavam das medidas de restrição. Passeava de motocicleta, frequentava lugares públicos, desafiando a doença, eximindo-se do ônus por aquela paralisação. Jogava todas as responsabilidades nos prefeitos e governadores – João à frente.

Entre eles estava Edinho Silva, do PT, ex-ministro da Comunicação Social no governo Dilma, prefeito de Araraquara, que, em vez das medidas de contenção, fez na cidade um *lockdown* de fato, paralisando tudo. Foi atacado diretamente por Bolsonaro, em 14 de janeiro de 2022, em uma das *lives* que fazia pelo YouTube. "Ficamos sabendo que muita gente comeu cães e gatos, lá em Araraquara, porque estava passando fome", disse o presidente, que comparou a cidade à Venezuela, pelo mesmo motivo[40].

"O enfrentamento político com Bolsonaro foi terrível", diz Edinho. "Na pandemia, ficamos num grande desespero para comprar respiradores, com as pessoas se internando nos hospitais. Apesar de sermos de outro partido, e João ter vários motivos para nos tratar de forma diferente, sempre tivemos por parte dele um tratamento republicano, muito correto. Recebemos os respiradores, assim que o governo de São Paulo conseguiu comprá-los, e reconhecemos que ele fez um esforço muito grande para que se pudesse ter a solução definitiva: a vacina. Fizemos uma aliança em prol da vida."

Bolsonaro atacava João também de maneira aberta. Chamou-o de "um tanto quanto autoritário", "nanico projeto de ditador" e "santo de calça apertada", referência constante ao vestuário do governador, martelada nas redes sociais sob o comando do que em Brasília se chamava "gabinete do ódio" – a inteligência da milícia digital do presidente, liderada por seu filho, Carlos.

Para o presidente, que dinamitava colaboradores cuja sombra via crescer, ameaçando seus planos de reeleição, o governador faz-tudo era agora uma concorrência política e eleitoral, que ousava contrariá-lo. "João foi alvo permanente da indústria de *fake news* do presidente, que é uma máquina de destruir reputações", afirma o comunicador Lula Guimarães, que fez a campanha de João na prefeitura.

O presidente da República atacava a imprensa, procurando desmoralizá-la. Colocava em dúvida sua credibilidade. Dava tratamento indigno aos profissionais da imprensa, como a *Folha de S. Paulo* e a TV Globo, enquanto João se mantinha próximo dos veículos de comunicação. Falava com alguns jornalistas diretamente. Desde a campanha para a prefeitura, a assessora de comunicação de João, Letícia Bragaglia, mantinha grupos de jornalistas em listas de transmissão por WhatsApp, de modo a enviar imagens e informações sobre todas as suas atividades públicas em tempo real. "Criamos um sistema para irrigar a imprensa instantaneamente", diz ela. "João sempre foi político com transmissão on-line."

No governo de São Paulo, ainda antes da pandemia, levada para a Secretaria de Comunicação, Ana Regina Bicudo fez um trabalho de aproximação com correspondentes internacionais. Organizou um primeiro encontro com João, ao qual estiveram presentes 32 jornalistas de veículos estrangeiros. "Ficou aquela simpatia", diz ela. "Mostramos a importância de São Paulo como a máquina da América Latina e o que isso impactava no cenário brasileiro."

Em 2019, os correspondentes não conseguiam falar sequer com a assessoria de comunicação do Palácio do Planalto. O governo de São Paulo, então, passou a ocupar esse espaço na mídia internacional. Quando João tomou a iniciativa da vacinação na pandemia, aquela aproximação prévia fez com que ele se tornasse rapidamente assunto em todo o mundo. "São Paulo virou o foco", diz Bicudo. "Aí já não eram os correspondentes, mas a imprensa internacional inteira: CBS, CNN britânica, RAI, TV5 francesa, *The Wall Street Journal*, jornais de todo o mundo."

Na imprensa ao redor do planeta, João tinha virado o mocinho – para aborrecimento ainda maior de quem se encontrava no papel de bandido.

*

Contra a presença crescente de João na imprensa nacional e internacional, a máquina digital bolsonarista bombardeava a população repetidamente, por meio das redes sociais, com material falso, ofensivo ou mesmo absurdo. Ao mesmo tempo, procurava substituir a imprensa como fonte de informação, instalar a cizânia e dividir a população. Nessas mensagens, dizia-se que Doria era um "fantoche" do governo da China, utilizado para vender a CoronaVac. Inventaram que a vacina continha um *chip*, que entrava no corpo das pessoas, de forma a colher informações e mantê-las vigiadas pelo Partido Comunista chinês.

Em 7 de março de 2021, um grupo de manifestantes promoveu um ato de protesto contra as medidas de restrição em frente à residência de João. Jogaram coquetéis molotov, que caíram numa área de estacionamento. Desde então, uma unidade da Polícia Militar passou a fazer plantão permanente na pequena praça em frente. "Depois que a polícia isolou a área, eles passaram a acampar na frente da casa dos vizinhos", diz Bia Doria. "Os vizinhos então passaram também a reclamar."

Em 29 de março de 2021, após o anúncio de que o estado devia seguir na fase vermelha, em função do crescimento do número de casos de covid-19 no estado, João chegou a comunicar por meio da imprensa que estava saindo da casa e passaria a morar no Palácio dos Bandeirantes, por motivo de segurança. "Meu desprezo por esses extremistas que ameaçam a mim, a minha família e as pessoas que defendem a vida", escreveu, no comunicado distribuído pelo Palácio dos Bandeirantes. "É uma decisão difícil, mas necessária nesse momento de muita intolerância ao pensamento contraditório, de belicismo verborrágico e de cegueira ideológica."

A mudança era um despiste – João continuou morando em sua casa, que ganhou um pouco mais de tranquilidade. Porém, a indignação era verdadeira. Em larga escala, e diariamente, aquele veneno funcionava justamente contra quem estava tentando resolver o problema. Outros governadores procuravam seguir os mesmos passos, mas sem se indispor com o presidente. De acordo com o figurino do antipolítico com que se apresentara desde a sua entrada na política, João procurava fazer o que achava certo e não via motivo suficiente para deixar de enfrentar um tipo de demagogia que acabava se tornando literalmente perigo de morte. "Minha preocupação não era política, era com a vida das pessoas, integralmente", diz.

*

No início da pandemia, o governo de São Paulo trabalhava com o ministro da Saúde, Henrique Mandetta, ex-deputado federal pelo DEM, que, como médico de carreira, levava a sério os riscos da covid-19. "Com o Mandetta, como médico, havia ainda uma relação muito boa, um diálogo fluido", diz João. "Tão boa que ele foi demitido. Tinha consciência do risco e da gravidade da pandemia, independentemente de estar servindo a um maluco."

Apesar da maior parte da população seguir o isolamento social, o número de casos se multiplicava, aproximando os hospitais do limite de lotação nas UTIs. Até 13 de abril de 2020, o governo de São Paulo já tinha inaugurado doze hospitais de campanha, além de promover o rápido crescimento de leitos de UTI na rede privada e nas santas casas – em março de 2021, um ano depois, o estado contaria com 14.414 leitos de UTI covid-19, dos quais 4.340 da rede privada e 10.074 da rede pública e filantrópica, um aumento de 150%[41].

Mandetta colaborou na criação de um amplo projeto de abertura de hospitais de campanha, para atender ao que os hospitais regulares não davam conta. Em pronunciamentos públicos, defendia que o país devia seguir as orientações da OMS sobre as restrições de circulação, contrariando seu chefe, o presidente. Tornava-se personalidade mais popular que Bolsonaro. Pesquisa do Datafolha de 3 de abril de 2020 indicava que 51% da população achava que Bolsonaro mais atrapalhava do que ajudava na pandemia. Já a aprovação do Ministério da Saúde saltara de 55% para 76% da população, com queda da reprovação de 12% para 5%[42].

O ministro da Saúde incomodava a chefia. Mandetta chegou a dizer que, pelo andamento da pandemia, poderia haver no Brasil mais de 300 mil mortos, o que já seria uma tragédia (em um ano e sete meses, foram mais de 600 mil). Aquela projeção, que contrariava o discurso de Bolsonaro, ajudou a avalizar as ações tanto de proteção (a quarentena e as medidas preventivas) quanto de solução (a busca pela vacina).

Apesar da aprovação da opinião pública ao seu trabalho, ou por causa dela, Mandetta foi demitido em 16 de abril de 2020. No seu lugar, Bolsonaro colocou outro médico, o oncologista Nelson Teich, que não durou um mês – foi demitido em 15 de maio seguinte, pela mesma razão que seu antecessor. Ao depor na CPI da covid, criada para investigar os muitos desmandos que vinham ocorrendo – de fraude na compra de respiradores, que levaria ao *impeachment* do governador do Rio de Janeiro, Wilson Witzel, às atitudes do presidente contra o isolamento social, consideradas criminosas –, Teich justificou sua saída pela insistência do presidente em querer liberar a economia e substituir o isolamento e a vacinação com a "ampliação do uso da cloroquina". "Esse era o problema pontual, mas isso refletia uma falta de autonomia e uma falta de liderança", disse Teich[43].

Bolsonaro seguiu no seu discurso negacionista e de boicote à vacinação. Não era o único. Alexander Lukashenko, desde 1994 presidente da Bielorrússia, disse que a pandemia era "psicose" e, portanto, inofensiva. Receitou à população fazer sauna e ingerir diariamente 50 mililitros de vodca por precaução. Outro ditador, este de esquerda, Daniel Ortega, da Nicarágua, disse que a pandemia era um "sinal de Deus" e manteve tudo funcionando, das escolas aos jogos de futebol. Teve, porém, o cuidado de ocultar estatísticas e evitar testes, de modo que a pandemia parecesse inexistente pela simples falta de registros. Já Gurbanguly Berdimuhamedow, do Turcomenistão, simplesmente proibiu o uso da palavra covid-19, tirando a crise do noticiário, e determinou a aspiração da fumaça de "harmala" – erva estimulante utilizada no Oriente como antidepressivo – para matar os "vírus invisíveis aos olhos".

No lugar de Teich, Bolsonaro colocou então um subalterno capaz de tomar decisões sem discutir: o então secretário-executivo do ministério, o general de divisão Eduardo Pazuello, cuja maior experiência anterior tinha sido a coordenação das Forças Armadas nas Olimpíadas do Rio de Janeiro, em 2016, e da recepção de refugiados venezuelanos em Roraima, em 2018.

Fechava-se a última porta de cooperação dos governos estaduais com Bolsonaro. De Pazuello em diante, a sociedade começava a se organizar de vez sem o governo federal ou contra ele.

*

Depois de ter prorrogado a quarentena, João anunciou em 22 de abril, logo após a demissão de Mandetta, o início da flexibilização das restrições à pandemia, apesar de membros do comitê avaliarem que ainda era cedo. O estrangulamento dos negócios e o fato de que o controle não tinha eliminado a pandemia por completo indicavam a necessidade da entrada em uma nova fase do plano, para permitir a reabertura gradual da economia, com um gerenciamento das restrições, a ser efetivada a partir de 11 de maio.

Na fase amarela, alguns estabelecimentos ficavam abertos, mas com restrições: devia haver espaço maior entre mesas e assentos, por exemplo, e era obrigatório o uso de máscaras em recintos fechados. "Nós não estamos dizendo que deixaremos de ter quarentena depois do dia 10 de maio", disse João. "Nós teremos o Plano São Paulo, que vai estabelecer áreas e setores que poderão ser estendidos e outros não."[44]

Com Pazuello, aumentou a pressão sobre a Agência Nacional de Vigilância Sanitária (Anvisa), órgão federal de caráter técnico, responsável pela aprovação de vacinas, que passou a manter em suspense a autorização para a aplicação da CoronaVac, para a qual, naquela fase, não havia alternativa. "Foram meses de tensão, com a Anvisa protelando a vacina, pedindo informações adicionais", diz João. Pazuello mandou também o ministério suspender a consolidação dos dados sobre a pandemia do país, o que impedia qualquer divulgação.

Dessa forma, a imprensa formou um *pool* para coletar os dados de cada estado e continuar fazendo esse acompanhamento, em junho de 2020[45].

Em 22 de outubro de 2020, numa transmissão ao vivo ao lado do presidente Jair Bolsonaro, Pazuello explicou por que acatou a decisão do presidente de mandar cancelar o protocolo de intenções para a compra de 46 milhões de doses da vacina CoronaVac, anunciado no dia anterior, em reunião com governadores, que exigiam a medida ao Ministério da Saúde. "É simples assim: um manda e o outro obedece"[46], disse.

O general resistiria mais tempo que seus antecessores: seria demitido somente em 23 de março de 2022.

*

Diante da inação federal, a partir de maio de 2020, o governo paulista passou a ceder o Plano São Paulo a outros governos estaduais – no vácuo do governo federal, virou o plano do Brasil. "Se [o presidente] tivesse a atitude correta, a iniciativa teria de ser do governo federal", diz João. Os ataques de Bolsonaro se tornaram cada vez mais pessoais – menos genericamente em relação aos governadores, incluindo os do Nordeste, que eram na maior parte lulistas, e mais dirigidos ao "governadorzinho" de São Paulo.

A guerra da desinformação, executada pela milícia digital bolsonarista, incluía destruir reputações de instituições as mais consagradas. O Butantan, que operava para trazer ao Brasil a CoronaVac por meio da parceria com a SinoVac, era uma instituição científica centenária, de reputação internacional, responsável em grande parte por algo que sempre funcionou muito bem no país: as campanhas de vacinação. Em maio de 2020, logo após a adoção das primeiras medidas de restrição contra a circulação de pessoas para evitar a propagação do vírus, a SinoVac enviou uma comunicação ao Butantan, dizendo que a pesquisa da vacina estava em estágio avançado, com resultados positivos. O presidente do Butantan, Dimas Covas, disse a João que a vacina era segura.

– Vamos comprar – ouviu do governador.

Não era uma simples compra, pois envolvia um trabalho de cooperação na fase de testes. Os chineses da SinoVac perguntaram se havia interesse, caso os resultados continuassem seguros e positivos por parte dos órgãos de fiscalização da China, em colaborar com as etapas da testagem, antes de adquirir a vacina. A resposta foi positiva.

A ideia era que a vacina fosse aplicada primeiro em médicos e enfermeiros, que estavam na linha de frente do atendimento aos doentes e, por isso, ficavam frequentemente expostos ao coronavírus. Um grupo recebia a vacina de verdade e outro um placebo – uma injeção inócua – para que se comparassem mais tarde os resultados entre ambos.

Três meses depois, em agosto, a vacina CoronaVac já estava aprovada pela vigilância sanitária chinesa como segura e eficaz e, em caráter emergencial, já era aplicada em território chinês – depois disso, seria a vacina mais aplicada no mundo.

Na mesma época, o presidente Bolsonaro ainda se opunha à compra de vacinas e continuava defendendo a cloroquina. Em seus pronunciamentos, dizia que pedir vacina era "mi-mi-mi" e que haveria poucas mortes, ou que essas mortes decorreriam de doenças pregressas, isto é, de gente que já estava com alguma complicação de saúde, como se isso fosse justificativa para deixar pessoas morrerem de vez. Chegou a sugerir que quem tomasse vacina com testes insuficientes viraria "jacaré". Dizia ainda que, no fim das contas, a morte era inevitável – e para todos.

Seguia o presidente americano, Donald Trump, primeiro a opor-se às medidas de restrição, que tinha defendido inicialmente a cloroquina, e também pressionava os organismos regulatórios americanos, em especial o FDA, do qual dependia a aprovação de medicamentos, entre eles as vacinas. As autoridades de saúde seguiam a coordenação da OMS para debelar a pandemia, como uma ação global, e a posição de Trump ficou mais delicada quando o jornal *The New York Times* apontou, no início de abril de 2020, que a família do presidente americano investia em um fundo cujo maior ativo eram ações da Sanofi, laboratório que produzia a cloroquina[47]. Mais tarde, descobriu-se que havia obtido ganhos de capital com ações da Regeneron Pharmaceuticals e da Gilead Sciences Inc., fabricantes de dois dos remédios que Trump anunciou ter utilizado quando ele mesmo pegou a doença. Outro investidor da Sanofi era a Invesco, fundo anteriormente administrado por Wilbur Ross, secretário de Comércio de Trump.

O governo americano fez uma compra maciça de cloroquina, mas ficou com 63 milhões de doses entulhando seus estoques, quando o FDA proibiu o governo de distribuir o remédio para pacientes de covid-19, em junho[48]. Aquele estoque excedente de cloroquina no país foi exportado. Em parte, para o Brasil: quando nos Estados Unidos o medicamento já era descartado para tratamento da covid-19, em 1º de junho, o Itamaraty anunciou que o país estava recebendo do governo americano 2 milhões de doses, "como demonstração de solidariedade".

Pelo Twitter, o chanceler de Bolsonaro, Ernesto Araújo, anunciou também uma parceria na "pesquisa clínica da hidroxicloroquina e no desenvolvimento de uma vacina" com não mencionadas instituições americanas[49].

Em outubro de 2020, durante a campanha pela sua reeleição, Trump chegou a dizer que derrubaria Anthony Fauci, médico diretor do Instituto Nacional de Doenças Alérgicas e Infecciosas dos Estados Unidos, apontando-o como responsável pela crise econômica no país. "Temos garantias e discutido o assunto com as autoridades regulatórias, que prometeram que não deixarão considerações políticas interferirem em decisões de controle", disse Fauci à agência Reuters. "Não vou para lugar nenhum."[50]

De fato, Trump perdeu a eleição, e Fauci permaneceu.

*

Como ocorreu na prefeitura, quando ultrapassou a esfera de atuação do prefeito em busca de uma solução global para os problemas da cidade, incluindo o desemprego e as questões sociais, João queria uma solução real, mesmo que estivesse fora da sua alçada. Fosse como fosse, queria trazer a vacina para o estado de São Paulo – e para o Brasil como um todo. Com isso, atraía para si o conflito com Bolsonaro, colocando-se como o gestor público que fazia ele próprio o que o presidente deveria estar fazendo.

Como empreendedor, aquele que não vê limites e segue adiante, custe o que custar, estava correto. Como político, entrava num embate arriscado. Colocava-se tanto como candidato ao Palácio do Planalto como o inimigo número 1 do presidente com quem se alinhara na campanha eleitoral – e que não poupava quem se apresentasse como concorrente.

"Meu confronto com o presidente começou bem antes, mas a pandemia foi o ápice do conflito, com o seu negacionismo criminoso", diz João. No início, ele desfrutou de grande popularidade pela iniciativa da vacina. Era entrevistado pela imprensa do Brasil e do exterior diariamente, com grande destaque. Com o tempo, porém, aquela exposição, seguida do ataque permanente das milícias bolsonaristas nas redes sociais, foi se transformando em desgaste. Mais tarde, João recebeu críticas de que teria exagerado, não apenas no confronto com o presidente, mas também na autoexposição.

No início da pandemia, instituiu entrevistas coletivas, que eram diárias e depois passaram a ser semanais, para fazer um balanço do cenário e prestar contas à população. Uma hora antes de cada uma delas, a coordenadora da comunicação, Letícia Bragaglia, fazia um *media training*, numa sala fechada, passando com João e os secretários as perguntas possíveis de serem feitas pelos jornalistas.

Em tudo, João era o oposto de Bolsonaro – e fazia questão de mostrar. O presidente agredia verbalmente os jornalistas e, para humilhá-los, instituiu na pandemia o "cercadinho" – área reservada à imprensa, aglomerada pela manhã do lado de fora do Palácio da Alvorada, à espera do seu surgimento, única oportunidade de ouvi-lo, dada a falta de entrevistas coletivas oficiais. Incomodado com as perguntas, e para constranger os repórteres, Bolsonaro mandou abrir o acesso da área a outras pessoas, previamente selecionadas, que formavam uma claque para aplaudir o presidente, disputar espaço com os jornalistas, constrangê-los e fazer perguntas simpáticas, favoráveis ou que serviam de trampolim para o que ele queria dizer.

João, por sua vez, fazia questão de promover as entrevistas a rigor, oficial e cerimoniosamente, de maneira a dar importância aos jornalistas, à informação e ao público de maneira geral. A assessoria de comunicação montou no amplo saguão do Palácio dos Bandeirantes uma estrutura fixa para fazer e transmitir as entrevistas coletivas ao vivo. João não tratava a imprensa como acessório, nem achava que tinha de mudar os jornalistas quando o criticavam – ao contrário, queria fazer melhor para ser reconhecido. "Eu incorporo a crítica", diz. "Ela ajuda a gente a se aperfeiçoar." A prova disso era o fato de guardar com destaque em seu escritório capas de revistas e manchetes de jornal sobre ele mesmo, sinal de reconhecimento da importância dada ao que escreviam sobre o que ele fazia.

Nas coletivas, usava de gentileza, chamando os repórteres pelo nome. Embora convidasse as autoridades envolvidas no combate à pandemia, conduzia as entrevistas pessoalmente. Muitos, dentro do próprio governo, achavam que João não devia se expor tanto. Embora sua intenção fosse mostrar respeito pelas pessoas que perdiam familiares, prestando contas à população, as entrevistas tomavam um tom fúnebre por incluírem sempre uma contagem de mortos e tratarem de medidas restritivas. Davam a impressão também de que a pandemia era mais grave em São Paulo, somente pelo fato de divulgar os números com transparência obsessiva. Aquela assembleia permanente gerava aflição para quem estava do lado de cá da televisão e receava perder o emprego ou já sofria com perdas familiares, pessoais ou financeiras, decorrentes da pandemia.

Uip sugeriu que as coletivas passassem a ser dadas não por João, como governador, e sim por ele, como coordenador do Centro de Contingência, ao lado do secretário da Saúde, José Henrique Germann. "Eu disse ao João que nos Estados Unidos essa tarefa era dos órgãos responsáveis pela saúde", conta. "Ao estar lá todas as vezes, João atraiu para si aquele desgaste de se associar sempre a notícia ruim, desnecessariamente."

João, no entanto, achava que aquela era uma responsabilidade dele – ainda que isso tivesse algum custo político ou de imagem. Via a situação como uma emergência de guerra, e se encontrava na posição de Winston Churchill na Segunda Guerra Mundial, dirigindo-se à população quase diariamente. A superexposição se dava, também, pelo fato de que João gostava dela. "O governo era um lugar onde João podia exercer coisas que ele ama, além de fazer a gestão: criar eventos, relacionar-se com a imprensa, lidar com a comunicação", diz Letícia Bragaglia. Continuou mesmo quando as entrevistas coletivas se tornaram rotina. Até colaboradores próximos passaram a arrumar desculpas para não mais assistir às coletivas no Palácio. "A informação era necessária, porque era uma situação de alerta diário", diz João. Para ele, não se tratava de confrontar Bolsonaro, somente de "fazer as coisas como deveriam ter sido feitas".

Até certa altura, aquilo estava funcionando, inclusive politicamente, como mostraram as eleições de 2020. Naquele ano, além da reeleição de Bruno Covas na capital, o PSDB saiu com um recorde de 176 prefeitos eleitos ainda no primeiro turno, no estado de São Paulo – ficaram outros sete para o segundo turno. "O partido se fortaleceu", diz Marco Vinholi, secretário do Desenvolvimento Regional.

Porém, a pandemia acumulava mortes, aumentava o medo, acirrava as dissensões – e os ventos da política começavam a virar.

*

Uma das razões de João para passar informação diariamente era fazer frente à indústria de *fake news* bolsonarista, que o atacava em período integral, numa verdadeira guerrilha pelo meio virtual, no qual valia tudo. A política sistemática de minar adversários promovia o negacionismo contra o realismo. Assim como as entrevistas coletivas, o *slogan* de campanha "Fique em casa", utilizado para orientar a quarentena, acabou sendo apropriado pelos opositores das medidas de restrição e usado de volta contra o próprio João, de forma a sugerir que quem ficava em casa estava perdendo tempo ou sendo prejudicado.

"João pagou um preço altíssimo por ter enfrentado a pandemia da forma como enfrentou", diz um colaborador próximo de João. "Sem pensar na política, tomou as medidas duras que tinha de tomar. Trabalhou demais, pecou pelo excesso, acabou fazendo e anunciando coisa demais, e isso trouxe um desgaste. Porém, a realidade é que ele fez exatamente o que todo mundo no Brasil pede da política, que é fazer o que tem de ser feito."

Naquela época, ainda não se tinha a dimensão dos efeitos que o empobrecimento, o medo e a comunicação maciça nas redes sociais tomavam contra João, a vacina e a ciência. Na esfera virtual, disseminava-se um neomessianismo político, que gerava um fanatismo negacionista, desenhado para criar uma massa de apoio incondicional a Bolsonaro.

Em plena era digital, com ajuda das *fake news* e do discurso messiânico, Bolsonaro se colocava como o salvador. Seu instrumento maior de persuasão era o Auxílio Brasil, novo nome para o Bolsa Família, criado pelo PT, que ele dizia pretender extinguir na campanha eleitoral, e, ampliado a partir da pandemia, se tornava seu principal trunfo para a reeleição. O presidente defendia a "liberdade", contra as restrições de saúde pública, que numa epidemia exigem um esforço coordenado e solidário da coletividade.

Na briga do realismo contra o negacionismo, do pragmatismo contra o populismo e a demagogia, Bolsonaro apostava que prevaleceria, com a narrativa de que, em vez de ser ele quem criara obstáculos na pandemia, eram os governadores e prefeitos os responsáveis pela situação econômica. O assalariamento da população com o Auxílio Brasil, somado à campanha para o levantamento de suspeição sobre as vacinas, era uma pesada aposta de que haveria mais gente ao seu lado do que a população indignada por sua relutância em enfrentar a covid-19.

Para os beneficiários da cornucópia do governo federal, não importava a vacina, atacada da mesma forma que a ciência e qualquer racionalidade na vida pública. Assim, João decidiu avançar sozinho. Em 7 de dezembro de 2020, mesmo ainda sem ter a aprovação da Anvisa para qualquer vacina, e uma semana após a chegada de matéria-prima da CoronaVac da China, anunciou o Plano Estadual de Imunização, descolado do Plano Nacional de Imunizações do Ministério da Saúde. Estabeleceu a data de 25 de janeiro de 2021, aniversário da cidade de São Paulo, para a aplicação da primeira dose e início da vacinação. Depois, antecipou-a para 15 de janeiro[51].

Dali em diante, pelo plano, o governo estadual seguiria cinco fases. Na primeira, seriam vacinados os profissionais da saúde, pessoas acima de 75 anos e "vulneráveis" – pessoas com doenças pregressas –, que se encontravam na faixa de maior risco. João anunciou também que o estado disponibilizaria 4 milhões de doses de CoronaVac para outros estados. Os recursos vinham do tesouro estadual. "Neste momento, a união de todos deve prevalecer sobre a ideologia", disse, em coletiva de imprensa no Palácio. "Montamos em São Paulo um plano para que a vacinação se inicie em janeiro. Não estamos virando as costas para o PNI [Plano Nacional de Vacinação, do governo federal], mas precisamos ser mais ágeis e por isso estamos nos antecipando."

João deixava o governo em xeque. Forçava a autorização para aplicação, porque o governo não poderia ficar retardando ainda mais a vacinação, quando havia vacina pronta para uso e grande parte da população ansiosa para tomá-la e retomar assim que possível a vida normal. O estado de tensão subiu novamente ao seu maior nível, desde que havia decretado a quarentena, contra os interesses de Bolsonaro.

Em 17 de janeiro de 2021, dois dias depois da data que tinha colocado como limite, João acompanhou de dentro do Hospital das Clínicas a reunião da Anvisa, acompanhada pela imprensa, que aprovou a aplicação da CoronaVac em caráter emergencial. Usando uma camiseta com o *slogan* "#VacinaJá", João posou para as câmeras quando a primeira injeção foi aplicada, às 15h30. Escolhida a dedo para simbolizar o início da campanha, a enfermeira Mônica Calazans, negra, de 54 anos, funcionária da UTI do Hospital Emílio Ribas, recebeu a primeira dose.

Em seu escritório, em casa, João guardou de lembrança uma ampola de CoronaVac dentro de uma caixa de vidro, como a rosa mágica de *A Bela e a Fera*, acomodada entre seus troféus, como uma joia.

*

Ao levar adiante as medidas de contingenciamento e depois o plano da vacina, João foi deixado sozinho pelos seus pares, os governadores, que se beneficiavam da chegada da vacina, mas não tinham entrado em confronto direto com o presidente. Aquela fase de sacrifício valera a pena, mas tinha sido prolongada e desgastante. "João ficou com todo o ônus daquela disputa, enquanto os outros dividiram o bônus", diz Daniel Braga. Somente depois de feita a vacinação até a quarta dose, o afrouxamento das restrições de convívio foi mais efetivo, até serem completamente suspensas, em 31 de outubro de 2021 – apenas o uso de máscaras em ambiente fechado permaneceu obrigatório. O plano de contingência não apenas tinha funcionado como se tornou uma instituição permanente, para o caso da volta de variantes do vírus, com o qual a humanidade passou a conviver, assim como ocorre com a gripe, também controlada nas campanhas de vacinação.

No final de 2021, São Paulo contabilizava 152.098 mortes decorrentes da infecção pelo SARS-CoV-2, em 4,4 milhões de casos registrados. Em dois anos, foi internado quase meio milhão de pessoas pela doença e recebeu alta hospitalar. O universo dos vacinados saiu de 3,5% no início de abril para 88% do total da população em 3 de novembro. O número de mortes num único dia caiu de 890, em 1º de abril de 2021, para 62. A taxa de ocupação dos leitos de UTI no estado de São Paulo, após a vacinação maciça, era de 25,94%. Na Grande São Paulo, de 34,9%. "É uma vitória da ciência, da vacina e da vida", afirmou João, ao anunciar o fim do contingenciamento[52].

O governador ao qual a milícia digital do presidente procurou colar a responsabilidade pela crise econômica derivada da pandemia foi na realidade o que fez seu estado sair primeiro da paralisia. Tinha sido o único a ter a economia em crescimento no país em três anos de gestão. "Tudo isso foi um envolvimento corajoso e ousado da parte do João", diz Meirelles. "Gerou muita reação, mas o tempo mostrou que ele estava certo." Ficava claro que a causa da crise econômica era a pandemia e não as medidas de defesa contra ela. "Em 2021 eu já dizia que o principal fator de recuperação e do crescimento econômico era a vacina", diz Meirelles. "E assim foi, porque a vacina gerou confiança." A estratégia na área da saúde, segundo Meirelles, "funcionou muito bem nesse sentido".

O Plano São Paulo forçou o governo federal a agir. Além de comprar 120 milhões de doses da CoronaVac, de acordo com o Butantan, teve que efetuar a compra de vacinas da Pfizer. Aberta para investigar a inação do governo federal diante da crise, a Comissão Parlamentar de Inquérito da Pandemia apurou uma série de irregularidades, incluindo a cobrança de propina, causa oculta da demora pelo Ministério da Saúde nas negociações para o início da vacinação.

Em seu relatório, a CPI indicou que a Pfizer havia procurado o governo 34 vezes entre 17 de março e 10 de dezembro de 2020, tentando fechar um pré-acordo para a compra de vacinas pelo governo federal. O primeiro e-mail, dirigido diretamente ao presidente Bolsonaro, não recebeu resposta. Foram oferecidos 70 milhões de doses da vacina. O acordo somente foi fechado em dezembro, quando o governo de São Paulo já anunciava que estaria pronto para começar a vacinação em 25 de janeiro, data do aniversário da cidade de São Paulo[53].

Ao jornal *Folha de S. Paulo*, um representante da empresa Davati Medical Supply, Luiz Paulo Dominguetti Pereira, disse que o diretor de Logística do Ministério da Saúde, Roberto Ferreira Dias, pediu uma "majoração" no preço das doses que estavam sendo negociadas para a compra da vacina Astrazeneca, num contrato de 400 milhões de doses. Pela conversa, em um jantar no restaurante Vasto, no Brasília Shopping, em 25 de fevereiro de 2021, Dias queria "1 dólar por vacina" para que a empresa fechasse contrato com o ministério. Teria sugerido ainda que o preço da vacina poderia subir de 3,5 para 15 dólares por dose[54]. Davati reafirmou seu depoimento na CPI da Pandemia em 1º de julho de 2021[55].

Dias foi exonerado em junho de 2021, não pelo Ministério da Saúde, mas pelo ministro-chefe da Casa Civil, o general Luiz Eduardo Ramos Baptista Pereira. Em seu relatório final, a CPI apontou que o governo havia retardado propositadamente a compra de vacinas para forçar negociações ilícitas, não somente com a Astrazeneca como na compra da Covaxin e outras vacinas. "O Brasil poderia ter sido o primeiro país do mundo a começar a vacinação, junto com o Reino Unido", apontou o relator da CPI, o senador Renan Calheiros[56].

*

Graças à "assinatura de protocolos", como chamava João, as medidas de contingência seguidas pelo comércio e a indústria tinham contribuído para retardar a disseminação da doença e retomar as atividades assim que possível – e o resultado desse esforço veio. "Com essa organização, assim que houve a retomada, o estado de São Paulo retomou mais forte as atividades", diz Henrique Meirelles. "Tanto que em 2020 São Paulo foi um dos poucos lugares do mundo em que a economia cresceu 0,3%, enquanto o Brasil caiu 4,1% e o resto do mundo, incluindo os Estados Unidos, recuou 3,5%."

Para quem sabia o quanto de razão fora necessário no combate à pandemia, para evitar um resultado muito pior que os mais de 600 mil mortos no Brasil até o final de 2022, parecia incrível que o negacionismo pudesse prosperar. Porém, a extensão do estrago causado na sociedade pelo uso da pandemia com fins políticos extremistas, sob a influência da mídia digital, tinha sido maior que podia supor a vã filosofia.

E esse estrago apareceria de forma bastante eloquente em dois lugares: nas ruas e nas urnas.

Em uma das muitas convenções do PSDB

A POLÍTICA E SEUS RESULTADOS

Em 12 de setembro de 2021, três anos depois de subir num carro do MBL com a camiseta "BolsoDoria", João voltou a um ato promovido pelo mesmo movimento, na mesma Avenida Paulista, só que dessa vez em favor do *impeachment* do presidente. Diante de 6 mil pessoas aglomeradas na avenida, usando camiseta branca e máscara preta anticovid, dançou com a plateia uma marchinha anti-Bolsonaro. "Bolsonarista, miliciano, a roubalheira do mito está acabando", dizia a música. "Não é razoável um país com um botijão de gás a 130 reais", disse João. "O que pode mudar o Brasil é o exercício da democracia."[56]

No final do seu terceiro ano de governo, em 2021, João tinha razões para acreditar que poderia postular a candidatura à Presidência. Era agora o "João da vacina", que, no fim das contas, contra a sabotagem do presidente da República, tinha forçado a compra de vacinas CoronaVac, Astrazeneca e Pfizer pelo governo federal. Só isso já não era pouca coisa. Até 27 de março de 2022, São Paulo vacinou 99,6% da população maior de 5 anos com pelo menos a primeira dose. No total, foram 104,2 milhões de doses administradas no estado – 41,8 milhões da primeira dose, 38,2 milhões da segunda, 1,2 milhão da vacina de dose única e 22,8 milhões da dose de reforço.

Aquela crise trouxe benefícios. Ficou mais clara a ideia de João, ainda antes da pandemia, já colocada em sua lista de iniciativas levada a Davos em 2019, segundo a qual era preciso um investimento para reforçar a pesquisa, a estrutura de produção e a capacidade de atendimento do Butantan. De 2020 a agosto de 2022, a Fundação Butantan investiu 970 milhões de reais, dos quais 115 milhões vieram da própria instituição, 189 milhões da Comunitas,

Organização Civil de Interesse Público (OSCIP) mantida por grandes empresas privadas, e o restante, do governo de São Paulo.

Com esses recursos, o Centro de Produção Multipropósito de Vacinas, quase um novo parque industrial dentro do complexo do Instituto, em área geminada ao *campus* da USP, em São Paulo, no primeiro semestre de 2023 passaria a ter capacidade de produzir mais de 100 milhões de doses da CoronaVac e de outras vacinas por ano. Assim, o Butantan praticamente duplicava sua capacidade de produção.

Em 2021, a produção do CoronaVac já representava um aumento de 100% na produção de vacinas do Instituto. Foram entregues 100 milhões de doses, compradas pelo governo federal, para serem aplicadas por meio do Sistema Único de Saúde, o SUS. Entregou ainda 80 milhões de vacinas trivalentes contra influenza; 2,3 milhões de vacinas contra a raiva; 16 milhões contra a hepatite B; 3,5 milhões para a hepatite A; 4 milhões para difteria, tétano e pertussis acelular. No total, foram mais de 208 milhões de doses, sem contar os soros demandados pelo Ministério da Saúde (antilonômico; antidiftérico; antibotulínico; antibotrópico e anticrotálico).

João começou a trazer investimentos ao Butantan não apenas para aumentar a produção de vacinas como para desenvolver vacinas próprias, de forma preventiva, no caso de futuras pandemias. Para isso, seu sucessor, Rodrigo Garcia, criou uma secretaria especial de Tecnologia da Saúde, para a qual convidou David Uip. Não bastava ter trazido a vacina. Era preciso que São Paulo colaborasse para tornar o país autossuficiente em caso de novas pandemias, inclusive de novas variantes do coronavírus.

Apesar de todas as adversidades, o governo estadual tinha avançado em todas as áreas, graças aos planos setoriais com metas, cronograma de execução e cobrança de resultados, visando a eficiência e não benesses políticas – o modelo ao qual a gestão pública no Brasil se acostumou. "Eu tinha absoluta convicção de que deixaríamos um saldo positivo de crescimento econômico, graças às reformas administrativa e fiscal e aos investimentos que trouxemos", diz João. "Tudo isso foi viabilizado, mesmo com a pandemia."

A caravana do governo paulista em busca de investimentos não parou. Depois de Xangai, Dubai e Munique, em 3 de dezembro de 2021 foi inaugurado o escritório do InvestSP em Nova York, no "São Paulo Day", evento sobre oportunidades no estado, realizado no NY Palace Hotel, do qual participaram 26 empresários com negócios no estado. Por videoconferência, contou com a presença do prefeito novaiorquino, Eric Adams, ex-policial do Partido Democrata, eleito com apoio empresarial.

No total, na gestão de João entraram em São Paulo 265 bilhões de reais em investimentos diretos feitos pelo setor privado, que chegavam a 300 bilhões de reais, se contados os investimentos por meio de concessões, comprometidos ao longo de dez anos. Desses recursos, cerca de 100 bilhões estavam assegurados para serem aplicados nos três anos iniciais, com efeitos benéficos sobre o emprego e a arrecadação de impostos. "Caso São Paulo fosse um país, teria sido um dos cinco de maior crescimento econômico no mundo nos três anos, compreendidos em boa parte pela pandemia, de 2019 a 2022", diz Henrique Meirelles.

Em todas as obras havia a iniciativa e o jeito de fazer de João. Em janeiro de 2020, foi finalizada a concessão da malha rodoviária entre Piracicaba e Panorama, chamada de "Pipa". Seriam investidos 14 bilhões de reais em 30 anos pelo consórcio Infraestrutura Brasil, formado por um fundo com recursos do governo de Singapura e do banco Pátria, antigo Patrimônio. O lote abrangia 1.273 quilômetros de rodovias, incluindo 218 quilômetros antes operados pela Centrovias, e 1.055 quilômetros pelo governo, por meio do Departamento de Estradas de Rodagem (DER).

Já nos dois primeiros anos da concessão, o consórcio se comprometia a investir 1,5 bilhão de reais em duplicações, novas pistas, faixas adicionais e vias marginais, que aumentavam a segurança e facilitavam o escoamento da produção do interior paulista. Em vez de colocar como critério de decisão o investimento mínimo oferecido pelas empresas concorrentes, o governo fixou o valor necessário para os projetos – venceu quem atendeu às exigências do edital. Por meio de concessões a consórcios privados, entre 2019 e 2022 foram realizadas 791 obras rodoviárias, abrindo ou modernizando mais de 8 mil quilômetros de estradas – como a conclusão da duplicação da Tamoios, principal via de acesso ao litoral norte.

A aposta de João em atrair investimentos para São Paulo e retomar o crescimento do emprego na indústria dava resultados. "Importantíssimo: os investidores apostaram que São Paulo iria sair bem e crescer após a pandemia", diz Meirelles. Em 16 de março de 2022, a Great Wall Motor (GWM), maior montadora privada de veículos chinesa, anunciou um investimento de 10 bilhões de reais até 2032, dos quais 4 bilhões até 2025, para a produção de novos veículos na sua fábrica de Iracemápolis, no interior paulista, comprada da Mercedes-Benz. Pretendia produzir 100 mil veículos por ano. Seria a primeira planta da empresa fora dos Estados Unidos a fazer carros elétricos – um SUV e uma picape. Com isso, seriam gerados 2 mil empregos diretos até 2025.

Em 30 de março de 2022, o governo anunciou um programa de incentivo à produção em São Paulo de carros híbridos e elétricos – uma tendência mundial. Com o "Pró Veículo Verde", pretendia-se atrair mais 20 bilhões de reais em três anos. Para isso, oferecia 500 milhões de reais em créditos do ICMS a serem repassados a montadoras que produzissem modelos com esse perfil. Além de atrair tecnologia e gerar empregos, João cumpria os compromissos da COP-26, entre os quais estava a adoção de veículos sustentáveis – especialmente os utilizados na frota estadual nas áreas de segurança pública e educação.

*

A consolidação da plataforma de campanha em metas de governo deu resultado em todas as frentes de trabalho. João não deixou de lado os investimentos estruturais, importantes para o futuro, sobretudo em educação. Quando João assumiu, São Paulo estava na sétima colocação no Índice de Desenvolvimento da Educação Básica (Ideb), após sucessivas gestões do PSDB, que, em 16 anos, fez 364 escolas públicas estaduais de tempo integral. Ele convidou para a Secretaria da Educação Rossieli Soares, ex-secretário de Educação

Básica do Ministério da Educação, conselheiro da Câmara de Educação Básica do Conselho Nacional de Educação e ministro da Educação no final do governo Temer. Considerava precisar de um "líder" naquela área. "A situação de São Paulo na educação era uma vergonha", diz João. "Desafiei o Rossieli a colocar São Paulo na liderança em educação – e colocamos."

Nos três anos e meio de João, foram feitas ou reformadas 2 mil escolas para que se transformassem em escolas digitais de ensino, que multiplicaram por dez o número de alunos em tempo integral, em edifícios com computadores, Wi-Fi e quatro refeições por dia. "Eu queria mudar o paradigma, com condições dignas para os professores e principalmente para os alunos", diz João. "É isso que muda a história de vida, o que muda um país, uma nação."

Com a reforma do Estado, os programas sociais ganharam prioridade, num cenário de miséria piorado com a pandemia, quando o número de desempregados chegou a um recorde de 14,8 milhões de pessoas, e se estimava que perto de 40% da população ativa, 34,2 milhões de pessoas, vivia do trabalho informal. Outros 33,3 milhões de pessoas estavam "subutilizados" e havia 6 milhões de brasileiros em estado de "desalento", isto é, tinham desistido de procurar trabalho[57].

No governo de São Paulo, João lançou o Bolsa Trabalho, programa de ajuda de custo durante a capacitação profissional, que atendeu 180 mil desempregados, com investimento de meio bilhão de reais no biênio 2021-2022. Os inscritos no programa podiam escolher entre seis cursos profissionalizantes na Universidade Virtual do Estado de São Paulo (Univesp) e recebiam apoio para colocação nos Postos de Atendimento ao Trabalhador (PATs). Pelo programa, 93% dos formados na primeira turma eram mulheres, que tinham recebido a bolsa de 540 reais mensais até a formatura, com 40 mil contratações em 634 municípios.

Isso não o impedia de tratar das questões emergenciais. Em São Paulo, durante a pandemia, João mobilizou o poder público e a iniciativa privada em um Comitê Solidário que levantou 2 bilhões de reais para combater a fome e a carestia. O governo distribuiu até julho de 2021 cerca de 20 mil toneladas de alimentos nos postos de vacinação, segundo a Secretaria de Ação Social, no programa Vacina Contra Fome. Criou ainda o Bolsa do Povo, maior programa de assistência social e transferência de renda da história do estado, de forma a mitigar os efeitos da pandemia, com 5 milhões de pessoas beneficiadas – um investimento público de 2,7 bilhões de reais para prover renda, qualificação e alimentação.

Melhorou ainda o Bom Prato, programa assistencial que já oferecia uma refeição ao preço de 1 real e café da manhã a 50 centavos, desenvolvido por governos anteriores do PSDB para combater a fome. Com João, a rede Bom Prato ganhou 17 novas unidades, além de 20 unidades móveis, e passou a servir 130 mil refeições diárias, em média, de acordo com a Secretaria de Desenvolvimento Social.

*

Os pilares do governo, além do crescimento econômico, educação e saúde, incluíam também a cultura e o meio ambiente. Por trás do saneamento do rio Pinheiros, houve na realidade o trabalho de ampliação maciça da rede de esgotos, base para a limpeza do rio, com benefícios para a saúde e qualidade de vida de uma população estimada em 3 milhões de pessoas nas 650 mil residências atendidas. O rio ganhou também uma faixa verde com duas ciclovias, recuperando, humanizando e dando utilização às margens.

Em seu governo, João instituiu ainda o Refloresta, um investimento de 1 bilhão de reais para a recuperação da Mata Atlântica. Enquanto Bolsonaro era acusado de permitir o desmatamento da Amazônia, na gestão de João o estado de São Paulo foi o único do Brasil a aumentar sua área verde. Graças à ação combinada do reflorestamento com o controle do desmatamento, a cobertura florestal no estado cresceu 3% em sua gestão. "Primeiro não deixamos desmatar, invadir, destruir", diz. "E fizemos o programa de reflorestamento."

Embora Bolsonaro se arvorasse à condição de defensor da segurança pública, com seu discurso segundo o qual "bandido bom é bandido morto", João foi quem mais investiu na área e promoveu a eficiência policial, traduzida não no aumento do número de mortos, e sim na sua diminuição. Na segurança, muito graças ao programa Olho Vivo, a gestão tinha sido bem-sucedida, tanto na garantia dos direitos humanos quanto no aumento da eficiência policial. O número de flagrantes subiu 41,4%, e o de apreensão de armas de fogo foi 12,9% maior nos batalhões equipados com as *body cams*.

Reportagem publicada em julho de 2022 pelo UOL mostrava que as mortes cometidas por policiais militares em doze meses caíram de 207 para 41, nos 131 batalhões do estado de São Paulo, um ano depois que as ações de seus agentes começaram a ser filmadas[58].

O uso de câmeras pelos policiais também aumentou sua própria proteção. De 2019 a 2021, as ocorrências de resistência às abordagens policiais caíram 32,7% nos batalhões que usavam a tecnologia. Nas unidades que não a utilizavam, a queda foi de 19,2%. O resultado acabou desarmando a forte resistência inicial dos próprios policiais contra o Olho Vivo.

Em três anos, na gestão de João foi feito o maior investimento estadual em segurança pública com helicópteros, uniformes, veículos e armamento. O estado comprou mais de 9 mil viaturas para a Polícia Militar e trouxe para a corporação sua primeira frota de viaturas blindadas, de 350 unidades. Ele, que em 2017 já havia criado na prefeitura o Dronepol – policiamento utilizando drones, aeronaves de controle remoto –, no governo estadual adquiriu 66,9 mil armas, incluindo pistolas Glock, utilizadas pela polícia de Nova York, 31,6 mil coletes à prova de balas e 7,5 mil armas não letais, de choque, para imobilização.

Fez a primeira delegacia cibernética do país, para cuidar exclusivamente de crimes digitais, e aumentou de uma para onze as Delegacias da Mulher, com funcionamento 24 horas. Em agosto de 2021, a Secretaria da Segurança Pública completou a reciclagem de 88 mil policiais – a maior feita pela PM na história do estado – e abriu 21,8 mil novas vagas para a corporação. De 2019 a 2022, os policiais receberam reajuste salarial acumulado de 25%.

Não faltaram medidas voltadas à população carcerária, carente das coisas mais elementares: ao final do seu governo, todos os internos das 179 unidades prisionais de São Paulo tomavam banho quente. O resultado final de tudo isso foi a redução da violência de forma geral. São Paulo alcançou a menor taxa de homicídios de sua história em 2021: com 6,04 casos por 100 mil habitantes. Em 2001, quando Mário Covas começava a sua segunda gestão, das várias em sequência nos 22 anos do PSDB no governo paulista, esse índice era de 33,3 mortes por 100 mil habitantes.

*

A tecnologia era uma das preocupações centrais do governo, de forma a melhorar o desempenho em todas as áreas, a começar pela educação. Durante a pandemia, o governo passou a oferecer ensino virtual gratuito a 3,5 milhões de estudantes da rede estadual, com transmissão de aulas remotas para a rede estadual. Para o sistema funcionar, subsidiou a compra de 160 mil computadores para os professores trabalharem de casa e 750 mil chips de internet celular, para eles e para os alunos. O sistema acabou se consolidando, com a integração com aplicativos, redes sociais, dois canais digitais de TV e uma parceria com a TV Cultura.

Em abril de 2021, João havia indicado José Roberto Maluf ao conselho da Fundação Padre Anchieta – instituição de direito privado, que opera canais de TV 24 horas no ar e rádios públicas, cujo carro-chefe é a TV Cultura. Eleito presidente da Fundação, Maluf reformulou a programação, fortaleceu o jornalismo "imparcial e plural" – como o *Roda Viva*, mais prestigioso programa de entrevistas da TV brasileira –, além de criar outros programas, como o *Linhas Cruzadas*, com a repórter Thaís Oyama e o filósofo Luiz Felipe Pondé.

Na gestão de Maluf, o que o governo paulista pagava dava para menos da metade da folha de funcionários da Fundação – o restante vinha de recursos próprios, com publicidade e projetos viabilizados por meio da Lei Rouanet. Por meio das TVs, a Cultura já produzia 4.500 horas de aula em vídeo para a Secretaria da Educação da Prefeitura de São Paulo. Na pandemia, Maluf assinou um contrato com a Univesp para produzir e veicular conteúdo exclusivo para a escola virtual, exibido no Multicanal, que ficou inteiramente voltado à educação. "Passamos a veicular dez horas ao vivo e catorze gravadas – aulas voltadas para o estudo daquela criança que não tinha acesso à internet, para todo o Brasil", diz Maluf.

Em 2022, o governo colocou no orçamento um investimento recorde em tecnologia, com 17 bilhões de reais destinados a instituições de ensino e pesquisa na USP, Unesp, Unicamp e Fapesp. O orçamento das universidades estaduais cresceu 41% em relação a 2018, ano anterior à gestão de João.

A Secretaria da Cultura, transformada em Secretaria da Cultura e Economia Criativa, levou adiante, mesmo com as dificuldades causadas pela pandemia, a reforma do Museu do Ipiranga, reinaugurado em 7 de setembro de 2022 com o "padrão Doria de qualidade". Já fora do governo, João foi quem fez o discurso de reabertura, numa noite fria, diante de uma plateia de convidados.

De todos os projetos, porém, João cultivava um em especial. Como um desafio particular, decidiu tornar o Vale do Ribeira, a região mais pobre do estado, um exemplo de recuperação e promoção do desenvolvimento econômico e social, de forma a transformá-lo num laboratório que pudesse mais tarde ser replicado em todo o país. "A ironia da iniciativa é que o Vale do Ribeira é a região de origem do presidente Bolsonaro", diz Lula Guimarães. Bolsonaro, natural de Glicério, passou a infância em Eldorado, um dos 22 municípios dentro do programa.

O projeto foi chamado de Vale do Futuro. Ali o governo estadual passou, desde 17 de outubro de 2019, a aplicar cerca de 1 bilhão de reais na geração de 30 mil empregos, primeira etapa de um programa de médio e longo prazo, com a participação das prefeituras e da sociedade civil para a criação de polos de desenvolvimento locais.

O modelo foi replicado em outras regiões. Surgiu o Sudoeste +10, na região de Itapeva; o Pontal 2023, no Pontal do Paranapanema; o Viva o Vale, no Vale Histórico e da Fé; e SP Alta Paulista, com um investimento total de 1,3 bilhão de reais. João remontou a regionalização do estado, com projetos locais, e recriou os conselhos de participação, instituídos por Montoro e abandonados com o tempo.

Para alguém com o perfil de João, acostumado a sempre avançar e querer mais, a Presidência era simplesmente mais um passo. "Ele pensa grande, é muito criativo, inventa moda, quer sempre mais e nunca relaxa, nunca para, nunca vi uma coisa igual", diz Letícia Bragaglia, coordenadora de comunicação. Para acompanhá-lo, acabava criando um entorno de pessoas muito resilientes. "Quem trabalha com ele tem uma capacidade de trabalho muito grande", diz ela.

Esse estilo pragmático, urgente e ousado de João era aplicado tanto no plano macro como no microeconômico, onde atuava sua célebre mania de perfeição. Apesar de se apresentar como um "gestor", ele era no serviço público o mesmo que nos negócios privados: o empreendedor, que tem a visão do negócio e do mundo, ambiciona e arrisca decisões, passa por cima de obstáculos, usos e costumes, e assim, por onde passa, eventualmente vai criando adversários. Com seu pragmatismo, ele se opôs ao negacionismo ilusionista de Bolsonaro, mas não se podia dizer que tinha ganhado o jogo.

A introdução da vacinação ajudou a trazer a vida de volta ao normal, com a pandemia sob controle no final de 2021, para a salvação de centenas de milhares de pessoas que deixaram de morrer. Ainda assim, o saldo da covid-19 era trágico. O Brasil era o segundo país com o maior número de mortos pela doença no mundo, com 619 mil vítimas computadas até 27 de dezembro de 2021, segundo a OMS, depois dos Estados Unidos, com mais de 800 mil. Com sua postura, sobretudo na pandemia, o presidente levantou contra si uma oposição feroz, com alta rejeição. Por outro lado, ele se fortaleceu expandindo seguidores – uma militância tão fervorosa quanto o lulismo nos seus melhores momentos.

E mais: Bolsonaro tinha a máquina do governo e podia, com promessas como a de distribuir 600 reais mensais de Auxílio Brasil, comprar a boa vontade de grande parte da população, que no seu governo, sobretudo após o cadastramento maciço de pessoas pela Caixa Econômica, feito para receber o "auxílio emergencial" na pandemia, tornou-se em grande parte assalariada pelo Estado. Com isso, Bolsonaro se apresentava como o novo pai do povo, único capaz de fazer frente e substituir Lula, ao mesmo tempo que, contra ele, ressuscitava politicamente o homem que, como João, tanto tinha se empenhado em enfrentar.

E Lula, dessa forma, voltou.

Nas prévias, para o PSDB escolher o seu candidato a presidente

SAÍDA PARA O BRASIL

A derrota de Alckmin na disputa à Presidência da República em 2018, bem longe de Bolsonaro, atrás de Haddad e até de Ciro Gomes (PDT), foi a pior, porém a mais previsível da longa série de frustrações do PSDB desde o final do governo Fernando Henrique. "A figura do Alckmin saiu muito desgastada, assim como a imagem do PSDB em si – ainda que tenha vencido no estado de São Paulo", escreveu o cientista político Henrique Curi, autor da dissertação de mestrado "Ninho dos Tucanos: o PSDB em São Paulo (1994-2018)".

Aquele parecia o canto do cisne para Alckmin no plano nacional. Em 2020, o partido lhe propôs algo humilhante: disputar uma vaga na Câmara dos Vereadores de São Paulo. Ele não aceitou e mostrou que não havia desistido de voos maiores para 2022. Em choque com o João, desde que este, ainda na prefeitura, se queixava da falta de apoio financeiro da sua parte, tinha uma ideia sobre como voltar à cena.

Em 2021, houve algumas tentativas de reconciliação, por iniciativa de João, que convidava Alckmin para almoçar no Palácio dos Bandeirantes. No último desses encontros, no início de maio de 2021, sugeriu que seu vice, Rodrigo Garcia, almoçasse com eles. Alckmin pediu para ficarem sozinhos. Durante a refeição, disse a João que queria ser candidato ao governo do estado de São Paulo.

– Não obstante eu achar que devemos renovar, o senhor tem todo o direito de pleitear a candidatura – disse João. – Então vamos às prévias.

– Das prévias eu não participo – respondeu Alckmin.

– Eu já disputei duas prévias, em 2016 e 2018 – insistiu João. – O senhor me deu uma aula política, falando sobre as prévias, me ensinou que elas legitimam, permitem o acesso democrático de todos os filiados para escolherem quem será o candidato, e agora não quer participar?

João disse ainda que disputaria as prévias para a escolha do candidato do PSDB à Presidência da República em 2022. Para a escolha do candidato do PSDB ao governo do estado, devia ser a mesma coisa.

Como opção, sem necessidade de prévias, João ofereceu a Alckmin o Senado, para o qual se abriria uma vaga com o fim do mandato de José Serra.

– Mas aí eu teria de falar com o Serra, para saber se ele quer voltar a disputar o Senado ou se tem uma opção diferente dessa – disse João.

Considerava que Serra, por causa da idade, poderia tentar a eleição para deputado federal, algo mais simples, em vez do Senado – o que de fato aconteceria.

Alckmin, porém, recusou-se. Viu que, em qualquer hipótese, o governador não lhe daria vida fácil. João mencionou a possibilidade de lançar Garcia para sua sucessão ao governo estadual, quando saísse para disputar a Presidência. Ex-deputado federal, Garcia havia sido secretário por três vezes em pastas diferentes nas gestões de Alckmin, quando estava no DEM. João colocava Alckmin na mesma posição em que fora colocado por este, quando estava na cadeira que ele agora ocupava. Alckmin também havia defendido a candidatura de seu vice ao sair para disputar a Presidência, Márcio França, em vez de apoiar alguém do próprio PSDB – contra ele, João. Alckmin argumentou que Garcia era do DEM e podia concorrer à eleição pelo seu próprio partido.

No final do almoço, João insistiu em chamar Garcia para participar da conversa e tomarem juntos ao menos o café. A bebida estava quente, mas a conversa da parte de Alckmin, segundo João, foi "fria". "Geraldo me disse: cada um disputa pelo seu partido, no segundo turno, quem perder apoia o outro", conta ele.

Para neutralizar o argumento de Alckmin, João pediu a Garcia que deixasse o DEM, onde estava desde os 21 anos de idade, trocando-o pelo PSDB, de forma que pudesse apoiá-lo. "João não era candidato à reeleição do governo estadual, e eu queria", diz Garcia. Como político, o então vice de João preferia "um entendimento" para disputar as eleições prévias do PSDB para o governo estadual. "Porém, quando não tem entendimento, é preciso algum mecanismo para ter uma solução", diz Garcia.

Tinha de haver certo cuidado. Prévia era diferente de eleição contra um adversário político – era uma disputa de diferenças, contra um oponente momentâneo, mas que depois tinha de se tornar aliado do vencedor para manter a unidade partidária. Garcia aceitou a proposta de João. Em 14 de maio, mudou para o PSDB e inscreveu-se para participar das prévias. "Foi o que Geraldo não quis", diz Garcia[59].

Alckmin deixou de disputar as prévias, fazendo de Garcia candidato único. Foi homologado na convenção estadual do partido, em 21 de novembro de 2021, um domingo, mesmo dia em que sairia também o resultado das prévias para a candidatura da legenda à Presidência[60].

Como queria, João emplacou seu vice como candidato do PSDB à própria sucessão no governo estadual. Ele se encaminhava também para ser o candidato oficial do partido à Presidência, naquele mesmo dia, na disputa das prévias nacionais. Porém, ali também não tinha vida fácil, e o resultado demorou a ser validado. Mais difícil ainda seria sair daquela dupla vitória de braço dado com os derrotados.

*

Num pleito com um universo de 45 mil eleitores, entre políticos e filiados ao partido, João disputou as prévias para ser o pré-candidato à Presidência pelo PSDB, ao lado do ex-governador do Rio Grande do Sul, Eduardo Leite, e do ex-prefeito de Manaus e ex-senador Arthur Virgílio Neto. Mais uma vez, enfrentava a má vontade das lideranças partidárias. Caciques da executiva nacional, como Tasso Jereissati (PSDB-CE) e Aécio Neves (PSDB-MG), prefeririam Leite. Como João era o favorito das bases, a executiva havia mudado, em 8 de junho de 2021, o critério de contabilização dos votos. Até então, cada voto tinha o mesmo peso nas prévias – não importava se o filiado tinha ou não cargo eletivo. Com a mudança, criaram-se categorias com pesos diferentes.

Todos os filiados sem mandato do partido – a esmagadora maioria numérica entre os votantes – passaram a pesar apenas 25% no resultado final da votação. Os 75% restantes foram distribuídos para três grupos de políticos: prefeitos e vice-prefeitos, vereadores e deputados estaduais e distritais, e, por fim, deputados federais, senadores, governadores e ex-presidentes do partido[61].

Em defesa de João, Marco Vinholi tentou aumentar a proporção dos filiados para ao menos 50%, sem sucesso. Como o PSDB tinha em São Paulo 1 milhão de filiados, cerca de um terço de todo o país, a executiva criou também um sistema para diminuir o peso dos votos paulistas. "Eduardo Leite fez um apelo, buscou uma regra que pudesse ser mais justa com ele, por saber da força de São Paulo no partido", diz Marco Vinholi. "Daquela forma não teria chance e criaram um sistema representativo, com os votos sendo pesados num colegiado, o que o favorecia."

João assimilou todas as mudanças, apesar de lhe parecerem casuísmos. "Mudaram as regras duas vezes, para que eu fosse derrotado", diz. Acusou a campanha de Eduardo Leite de tentar adiar a votação das prévias em benefício próprio. Leite, por sua vez, o acusou de comprar votos para garantir a vitória no pleito.

No dia da votação, marcada para 21 de novembro de 2021, o aplicativo do PSDB a ser usado na eleição deu sinais de que era "hackeável". Quem criou o aplicativo, por encomenda do PSDB nacional, foi a Fundação de Apoio da Universidade Federal do Rio Grande do Sul, sediada em Pelotas, terra natal de Leite. João defendia o uso das urnas eletrônicas, as mesmas das eleições realizadas pelo Tribunal Superior Eleitoral (TSE), como nas prévias anteriores. Havia várias vantagens, a começar pela segurança do sistema. Era barato: não precisavam pagar nada ao TSE. O partido arcaria apenas com o valor do seguro e o custo da logística da votação.

A executiva do partido insistiu com o programa de Pelotas e João exigiu auditagem do resultado, por meio da Prodesp, empresa de sistemas do governo paulista. Disse que o PSDB de São Paulo arcaria com esse custo. Depois de muita resistência, a cúpula nacional do partido autorizou a auditagem. Como foi constatado que o sistema era violável, quem pediu por nova votação foi Leite. "Deu errado até a escolha da tecnologia, feita para favorecer o Eduardo", diz João. O sistema foi inteiramente trocado e, uma semana depois, em 27 de novembro de 2021, uma segunda votação foi realizada. A vitória de João acabou sendo confirmada, com 53,99% dos votos. Leite ficou com 44,66%, e Virgílio, com 1,35%. "Foi uma decepção por parte daqueles que conspiravam contra mim, porque não tinha como dizer que não era aquele o resultado", diz João.

A partir daí, começou outro movimento. Mesmo tendo perdido as prévias, Leite renunciou ao governo do estado e, a convite do partido, começou a fazer campanha, numa espécie de candidatura paralela. O discurso era que a candidatura de João era inviável, pois ele tinha alta rejeição e assim não cresceria nas pesquisas. "Um conjunto de alegações daqueles que financiaram o Eduardo para rodar o Brasil, fazendo campanha", diz João. A candidatura de Leite, porém, não decolava. "Tinha pesquisa e sensibilidade: não havia nada que pudesse justificar a renúncia dele ao governo do Rio Grande do Sul, já que não ia bem nas pesquisas e também não era o candidato oficial do partido", acrescenta João.

Em 30 de março de 2022, penúltimo dia antes do prazo necessário para a desincompatibilização, João ainda receava sair do governo de São Paulo sem receber nenhuma garantia do partido de que teria de fato o apoio da legenda como candidato a presidente. Às 6 horas da tarde, chamou Garcia no espaço da ala residencial do Palácio que ele usava como gabinete de trabalho. "João me chamou, disse que não seria mais candidato [à Presidência], terminaria o mandato, mas, como era contra a reeleição, eu poderia disputar a sucessão", diz Garcia.

João sempre se manifestara contra a reeleição. Não queria candidatar-se a um segundo mandato. Era uma questão de princípios: considerava a reeleição "um mal para o Brasil". Não podia ser contra uma coisa e depois aceitá-la, por ser da sua conveniência. Assim, só tinha duas alternativas: ou sairia do cargo para disputar a Presidência, ou ficaria no governo até o final, sem concorrer à própria sucessão. Tanto em um como em outro caso, disse que apoiaria Garcia, com quem havia trabalhado muito de perto na sua gestão, para sucedê-lo.

"Com tanta informação, tantos movimentos contrários, eu não tenho segurança para sair, não sei o que pode acontecer", disse a Garcia. O vice-governador, então, se propôs a produzir uma carta para ser assinada pelo presidente do PSDB, Bruno Araújo, na qual este firmava o compromisso do partido de que João seria o postulante da legenda à Presidência. Essa carta seria previamente aprovada pelo próprio João. "Horas depois, o próprio Rodrigo me trouxe a carta, revisei, fiz um acréscimo, e ele a encaminhou ao Bruno Araújo", diz. "À noite, a carta veio para mim assinada."

Nesse último encontro do dia 30, Garcia lhe disse que só seria candidato se João saísse do governo, pois, se ficasse até o final, seria dele, João, esse direito. "Só vou ser candidato se eu for o governador", disse a João. "Não vou brigar com você, mas acho que está errado. O direito de ficar no cargo é seu." Acrescentou que respeitaria sua decisão, caso ficasse, e ele, sim, Garcia, renunciaria ao cargo de vice-governador.

O vice-governador foi embora para casa e faltou a um jantar que estava sendo promovido naquela noite pelo empresário Marcos Arbaitman, um velho amigo de João, dono da Maringá Turismo e outras empresas do ramo, ex-secretário de Esportes e Turismo na gestão de Mário Covas e seu vizinho de bairro. Para o jantar, estavam convidadas duas dezenas de empresários, de forma a angariar apoio à candidatura de João para a Presidência. Na saída do jantar, por volta da meia-noite, João, em tom confidencial, disse a Arbaitman que tinha desistido da candidatura e que ficaria no governo de São Paulo. Duas horas depois, porém, já entrando na madrugada, telefonou a Arbaitman. "Esquece o que eu lhe disse", afirmou. "Vou concorrer."

No dia seguinte, Garcia acordou achando que estava fora do governo – mas João anunciou sua candidatura. Lançava-se naquele terreno ainda nebuloso, mas que lhe pareceu, no final, a única alternativa – e abriu caminho ao vice para a sua sucessão.

No seu último dia de gestão, 31 de março de 2022, João recebeu 1.200 pessoas no Palácio dos Bandeirantes, entre as quais todos os prefeitos do estado. Confirmou, emocionado, sua saída do governo para disputar a Presidência da República – e o apoio a Garcia. Estava confiante de que o resultado do trabalho no governo de São Paulo ainda poderia lhe garantir uma boa campanha. O pragmatismo, os resultados da gestão em São Paulo, o "João da Vacina", tudo ainda levava a crer que poderia chegar lá.

*

O embate de João com Bolsonaro na pandemia ocorreu ao mesmo tempo em que ambos viam o ressurgimento de Lula. O ex-presidente acabou sendo beneficiado pela anulação dos processos que corriam contra ele, referentes a benefícios que teria recebido indiretamente de empreiteiras por favores do governo federal. Condenado em segunda instância a oito anos e dez meses de prisão, prazo depois revisto para doze anos, Lula foi solto em 8 de novembro de 2019, depois de 580 dias numa "sala especial" de 15 metros quadrados dentro da sede da Polícia Federal em Curitiba.

A decisão do juiz Danilo Pereira Júnior, da 12ª Vara Criminal Federal de Curitiba, seguia nova interpretação do Supremo Tribunal Federal, em votação no dia anterior, tornando ilegal a execução de penas antes que todos os recursos fossem julgados pela Justiça, incluindo as de segunda instância. O tribunal revertia, assim, sua própria decisão de outubro de 2016, que tinha servido de base a todas as penalizações efetuadas no âmbito da Operação Lava Jato.

A sessão que derrubou a prisão em segunda instância foi acompanhada do lado de fora pela militância petista, que, ao fim da votação, com seis ministros fazendo maioria em favor da mudança, terminou com festa e foguetório na frente do Supremo Tribunal Federal (STF). "Todos os dias, vocês foram o alimento da democracia de que eu precisava", discursou o ex-presidente, ao se encontrar do lado de fora da sede da Polícia Federal em Curitiba, levado embora da mesma forma que havia entrado: nos braços da multidão. "E viram o que o lado podre do Estado brasileiro fez comigo. O lado podre da Justiça. O lado podre do Ministério Público. O lado podre da Polícia Federal, da Receita Federal. Trabalharam para tentar criminalizar a esquerda, criminalizar o PT, criminalizar o Lula."[62]

O ex-juiz Sergio Moro – que assinou a sentença em primeira instância contra Lula –, depois que saiu do tribunal para o cargo de ministro da Justiça no governo Bolsonaro, passou a ser questionado, assim como toda a Lava Jato. Embora não fosse Moro quem havia tomado a decisão de manter Lula inelegível na eleição de 2018, tinha sido ele a conduzir o inquérito e mandar prender o ex-presidente – e Bolsonaro era o beneficiário direto da retirada do concorrente da disputa presidencial. Assim, acontecimentos *a posteriori*, incluindo o vazamento de conversas hackeadas entre Moro e os promotores do Ministério Público (a "Vaza Jato"), ajudaram a desqualificar a sentença original perante a opinião pública.

Em 24 de abril de 2020, cinco meses após a libertação de Lula, e depois de 1 ano e quatro meses no posto, Moro saiu do governo atirando contra Bolsonaro, acusando-o de tentar obter informações e interferir na Polícia Federal, que investigava seus negócios familiares. Dali em diante, o ex-juiz passou a experimentar ele mesmo a campanha de destruição de reputações pela milícia digital bolsonarista.

Um ano e cinco meses depois de criar condições para libertar Lula, em 15 de abril de 2021, o STF reverteu todas as decisões da Lava Jato, anulando os processos, incluindo o que condenara o presidente à prisão. A tese que prevaleceu era de que as condutas atribuídas a Lula não deveriam ter sido analisadas pela 13ª Vara Federal de Curitiba, cuja competência valia apenas para casos ligados diretamente à Petrobras. Com isso, todos os processos contra Lula, por favorecimento a empreiteiras, voltaram à estaca zero. Numa penada, o presidente recuperava seus direitos políticos e ganhava musculatura eleitoral, enquanto a Lava Jato se extinguia junto com os poderes de Moro, que no fim ficou sem ministério e sem tribunal.

O governo de Bolsonaro tinha se transformado numa ação sistemática para manter o poder, livrar-se das denúncias que o ligavam à corrupção das rachadinhas e ao milicianismo no Rio de Janeiro, além de contornar as críticas por sua gestão atrabiliária no governo federal – especialmente com a omissão proposital, pública e notória no enfrentamento à covid-19. Pesavam contra ele acusações de atrasar a vacinação, de usar a máquina pública com fins eleitoreiros e, no fim, de usar a crise para justificar a falta de avanços nas reformas econômicas prometidas em campanha. Ainda assim, a par da promessa de aumentar o Auxílio Brasil, a volta de Lula era o que ele precisava para manter seu discurso de combate à corrupção, como espantalho contra a volta de outro fantasma.

Bolsonaro disputou a Presidência pelo Partido Liberal, o PL, cujo presidente, Valdemar Costa Neto, tinha sido preso em 2012, condenado a sete anos e dez meses por corrupção passiva e lavagem de dinheiro por conta do Mensalão, do qual se beneficiou. Neto pagou uma multa de 1,6 milhão de reais e foi liberado em maio de 2016, por decisão do STF, assinada pelo ministro Luís Roberto Barroso, que seguiu parecer do procurador-geral da República, Rodrigo Janot, para quem ele preenchia os requisitos de um indulto da presidente Dilma Rousseff, publicado no fim de 2015: já cumprira um quarto da pena e estava em regime aberto.

Para João, a entrada de Bolsonaro no partido colocado no epicentro das acusações de corrupção da era petista era um sinal das semelhanças com Lula: dois políticos antípodas na ideologia, porém iguais nos seus defeitos e fraquezas, incluindo a falta de uma base mais ampla no Congresso, cenário favorável à chantagem. Entre esses dois polos é que se infiltrava a ideia da "terceira via" – alternativa política contra o radicalismo e a degradação galopante das instituições democráticas e da própria sociedade.

Um candidato alternativo a Bolsonaro e Lula, correndo por fora, dependia de aglutinar os demais partidos para fortalecer-se e conseguir passar para o segundo turno da eleição. Havia, nesse campo, concorrentes intransigentes ao defender candidatura própria, como Ciro Gomes, do PDT, que ambicionava o Palácio do Planalto havia muito tempo e achava que podia galvanizar essa força sozinho. Ficava no ar, então, a costura política para se saber quem seria a figura a ocupar esse espaço – se é que ele se abriria.

Apesar das diferenças entre João e Bolsonaro terem se acentuado a partir de 2018, ambos sofriam com o mesmo problema, agravado pelos ataques mútuos: a alta rejeição. O embate na pandemia, como uma troca franca de golpes, custou caro a ambos. Na pesquisa estimulada do Datafolha divulgada pela *Folha de S. Paulo* em 24 de março de 2022, Lula liderava com folga (43%), seguido de Bolsonaro (26%). João tinha 2% de intenção de voto – o dobro, no entanto, da candidata do MDB, Simone Tebet, senadora pelo Mato Grosso do Sul, que se destacara na CPI da covid-19, e tinha 1%. No mesmo dia 24, o Datafolha divulgou que, segundo a mesma pesquisa, Bolsonaro era o candidato com a maior rejeição (55%), seguido de Lula (37%). João vinha em terceiro, com 30%. Moro, que se alistava pelo Podemos, era rejeitado por 26% do eleitorado. O jornal apontava dificuldades para a terceira via, em razão da pulverização dos votos entre os candidatos que não eram Lula nem Bolsonaro. "Terceira via definha entre eleitores e divide migalhas", anotava o jornal[63].

O governador que havia lutado pela vacinação e pusera São Paulo e o Brasil para crescer, mesmo na pandemia, ainda acreditava que podia tomar a dianteira nessa corrida. Queria resgatar na campanha a figura do ex-presidente Fernando Henrique Cardoso, esquecido nas sucessivas campanhas do PSDB ao longo dos anos, todas derrotadas – com Alckmin, Serra e Neves, sucessivamente. Para ele, o ex-presidente, com dois mandatos presidenciais, fundador e ícone da legenda, quase inexplicavelmente tinha sido "esquecido e abandonado" pelo PSDB.

Após as vitórias do PT à Presidência, Fernando Henrique passou a ser criticado até por suas virtudes. Impunham-lhe a pecha de político "elitista", como se educação fosse um defeito e não qualidade, e dissociando-o do seu próprio passado, como o homem que, ainda ministro da Fazenda no governo de Itamar Franco, promoveu o Plano Real – reforma econômica que debelou a inflação crônica. No Planalto, Fernando Henrique consolidou a estabilidade econômica e monetária com uma política de desestatização e equilíbrio fiscal. E mais: estabeleceu um padrão de civilidade política por longo período no país. Tudo isso tinha sido justamente a base que favoreceu os mais pobres e restituiu a cidadania para a maior parte da população, ainda antes da primeira eleição de Lula, a quem se devia muito do trabalho de tentar apagar os feitos do seu antecessor para tomá-los como seus. "Ninguém sequer falava do Fernando Henrique nas campanhas", diz João, que via no PSDB "falta de coragem para defender o que merece ser defendido".

João apostava no seu antagonismo histórico, tanto com Lula quanto com Bolsonaro. João era, afinal, o homem que enfrentou o presidente contrário à vacina, que fugiu à responsabilidade de superar os danos econômicos da pandemia, e apenas procurava capitalizar o trabalho alheio, depois do fim da crise. Mostraria ser possível fazer o certo, sem cálculos maquiavélicos – a política, afinal, que se pedia para dar rumo outra vez ao Brasil. "Dessa forma, o partido sairia fortíssimo", afirma Andrea Matarazzo. "O João era a cara da terceira via, o partido marcaria posição e, mesmo que perdesse a eleição, seguiria mais firme para a eleição seguinte."

Porém, não foi o que aconteceu.

*

Conforme o velho dito político, João ganhou (as prévias), mas não levou (a candidatura). E pouca gente – por algum tempo, nem mesmo ele – entendeu direito o que aconteceu. Um dia depois de deixar o governo de São Paulo, com a divulgação daquela carta assinada por Bruno Araújo endossando sua candidatura, o presidente nacional do PSDB já afirmava que João poderia ser retirado da disputa em "favor de outro com mais condições de disputar o Planalto", dependendo de conversações com os outros partidos envolvidos na indicação de um candidato único – a Terceira Via. "O PSDB oferece a sua alternativa, mas definiremos de forma coletiva", disse Araújo ao jornal *O Globo*. "Com União Brasil, PSDB, MDB, Cidadania, num outro momento, eventualmente o Podemos, vamos encontrar quem é o candidato que aglutina as suas forças."

Araújo disse ainda que assinara a carta, publicada no dia anterior, na qual reafirmava o apoio da legenda à candidatura de João, somente para "garantir a estabilidade no partido", de forma a cessar a disputa interna com Eduardo Leite[64].

João passou a ouvir dos líderes nacionais do partido que, caso quisesse insistir na campanha, iria prejudicar a eleição de Rodrigo Garcia em São Paulo, assim como a de outros governadores, além de deputados federais e estaduais. Preferiam utilizar os recursos do Fundo Partidário nas campanhas para o Legislativo, no qual acreditavam ter mais possibilidades de sucesso. "O foco estava mais nas candidaturas a deputado do que na campanha presidencial", diz Vinholi. "A maioria da executiva era formada por deputados e certamente esse cálculo foi feito."

Ainda assim, João estranhou ser excluído das prioridades do caixa de campanha, quando o dinheiro ia para candidatos com perspectivas muito menores de eleição, mesmo no âmbito regional. Era o caso de Marcus Pestana, correligionário de Aécio em Minas Gerais, colocado pelo PSDB mineiro na disputa para o governo estadual. De fato, Pestana acabaria o primeiro turno da eleição com 60 mil votos, ou 0,56% do total – Romeu Zema, do Novo, foi reeleito com 56% dos votos, de 6 milhões de eleitores, cem vezes mais.

As conversas com outras legendas, como MDB e Cidadania, a fim de construir a candidatura única da "terceira via", não foram muito longe. O União Brasil, partido presidido pelo deputado Luciano Bivar, que estava participando das negociações, anunciou candidatura própria. Adversários contumazes de João dentro do PSDB, como Aloysio Nunes, anunciaram abertamente apoio a Lula. Em entrevista ao jornal *O Estado de S. Paulo*, Nunes disse em maio de 2022 que João não tinha "apoio consistente dentro do próprio PSDB". E declarou que Lula era o candidato capaz de derrotar Jair Bolsonaro. "Só há duas vias abertas hoje, a via da manutenção de Bolsonaro ou a derrota dele. E quem tem condição de derrotá-lo é o Lula", disse. "Não há hesitação possível. Vou apoiá-lo no primeiro turno."[65]

Como nova força no PSDB, João entrou em confronto com a velha política do partido, onde tinha provocado muitos adversários, a começar por Alckmin, excluído da candidatura ao governo do estado pela manobra de João com Garcia. Em uma entrevista para o UOL, em 29 de setembro de 2020, o ex-governador mostrava ressentimento com João, por aquele momento, embora tentasse dizer o contrário. "Santo Antônio de Pádua dizia que, quando não puder falar bem, não diga nada", afirmou. "Não guardo mágoa de ninguém, bola para a frente, não critico o PSDB."[66]

Depois de desistir de disputar as prévias com Garcia, e logo depois da homologação de João como candidato do PSDB à Presidência, em dezembro de 2021, Alckmin assinou sua desfiliação após 33 anos na legenda – estava nela desde sua fundação. Não anunciou de imediato para onde iria. Conversou com Gilberto Kassab, do PSD, para buscar sua candidatura por outro partido. Acabou indo para o PSB, onde estava Márcio França, seu antigo vice, sucessor no governo paulista, e a quem tinha apoiado para o governo estadual, contra João.

No PSB, apareceu para Alckmin uma inusitada oportunidade: tornar-se vice na chapa de Lula, com França candidato ao Senado. Atraindo Alckmin, que havia enfrentado o PT durante três décadas, Lula esvaziava ainda mais a Terceira Via, atraindo para si uma figura que na teoria ocupava aquele espaço. E mais: mostrava que velhos antagonistas podiam deixar no passado acusações de corrupção e antigas críticas e desavenças para superar Bolsonaro, juntos numa causa supostamente maior, da mesma forma que já tinha ocorrido no passado com a Frente Ampla, no esforço de redemocratização.

Os maiores oponentes de João na esfera estadual passavam para o lado de Lula. Isolado até mesmo dentro de seu próprio partido, dizia que Alckmin, "abraçado a Haddad e Lula", estava apenas sendo "coerente com a decisão de 2018 ao apoiar França".

Dentro do PSDB não havia mais o obstáculo de Alckmin, mas o alto tucanato ainda era formado por muita gente com quem ele se havia indisposto, a começar por Aécio Neves. Após a saída de Leite da disputa, o próprio Fernando Henrique, que em março havia manifestado publicamente apoio a João, foi pressionado a abandoná-lo. Aécio Neves ligou para o ex-presidente – disse que a decisão era de não haver candidatura própria e ela não iria mudar. Tasso foi pessoalmente falar com Fernando Henrique, em seu apartamento na Rua Rio de Janeiro, em Higienópolis, passando a mesma mensagem.

Enquanto Eduardo Leite, derrotado nas prévias, tendo desembarcado do projeto da presidência antes, se colocava como candidato novamente ao governo do Rio Grande do Sul, João corria o risco de ficar no meio do caminho – justamente o que ele queria evitar, antes de deixar o governo. No dia 15 de maio de 2022, um domingo, enviou uma carta formal a Bruno Araújo, reafirmando que não desistiria da candidatura. "Solicitamos que você [Bruno Araújo] respeite o estatuto do PSDB e a vontade democraticamente manifestada pela ampla maioria dos 30 mil eleitores do nosso partido [que votaram nas prévias]", afirmou.

Ameaçava entrar na justiça contra a decisão do partido de retirar-se da disputa direta. Denunciava a "movimentação de parte da cúpula" do PSDB contra ele, depois de concluído o processo interno. "Qual foi a nossa surpresa ao saber que, apesar de termos vencido legitimamente as prévias, as tentativas de golpe continuaram acontecendo", escreveu, num documento assinado também por um advogado. "As desculpas para isso são as mais estapafúrdias, como, por exemplo, a de que estaríamos mal colocados nas pesquisas de opinião pública e com altos índices de rejeição, cinco meses antes do pleito." "Agiu bem o candidato João Doria", apoiou o ex-presidente Fernando Henrique, pelo Twitter. "O resultado das prévias deve ser respeitado"[67]. Com a divulgação dessa carta de João, Araújo convocou uma reunião da Comissão Executiva Nacional do partido[68].

A rejeição a João, que estava na casa dos 37% na pesquisa do Datafolha em setembro de 2021, subia exponencialmente na medida em que se acirravam os ataques, com a eleição se aproximando. João chegou ao começo da campanha, em abril de 2022, com 63% de rejeição, segundo levantamento da agência de pesquisas Quaest, a pedido da Genial Investimentos. Ultrapassava a rejeição ao próprio Bolsonaro, cujo índice foi de 63% a 61%, e de Lula, com 42%[69]. "O João foi vítima da máquina de destruição de reputações do bolsonarismo nas redes sociais", diz Lula Guimarães. "Essa é a especialidade deles: disseminar o ódio."

Para João, as pesquisas refletiam o momento. Ele já havia saído do zero para a vitória no passado. Tinha uma confiança muito grande no sucesso. "Ele teve muitos embates desde a infância, na vida pessoal, o caminho dele nunca foi fácil, isso o forjou, mas tudo que ele fez sempre deu certo", diz Letícia Bragaglia. "A empresa dele deu certo, ele venceu as prévias, venceu a eleição para a prefeitura, depois as prévias para o governo estadual, venceu de novo, assim como as prévias presidenciais."

Para ele, dessa forma, quando acontecia, o revés servia somente para dar mais vontade de vencer.

*

Doze dias depois da saída de João do governo paulista como candidato ungido nas prévias do PSDB, em 12 de abril, o presidente do partido, Bruno Araújo, declarou a um grupo de quarenta empresários que não via nele condições de aglutinar aliados na Terceira Via, conforme relatado em O Globo[70]. Os sinais emitidos pelo partido eram cada vez mais fortes, no sentido de deixá-lo sem apoio na disputa. "Ele teve várias pedreiras pela frente", diz Marco Vinholi, presidente do PSDB estadual, coordenador da pré-campanha. "Mesmo das prévias para a frente, a maior parte do partido entendia a dificuldade da eleição, com cenário muito polarizado nacionalmente entre Bolsonaro e Lula, que criava muitas dificuldades, como a de ocupar os palanques regionais. E nunca lhe deu tranquilidade para trabalhar."

João anunciou a decisão de desistir da candidatura em 23 de maio de 2022, após uma última reunião com a cúpula tucana. "Para as eleições deste ano, me retiro da disputa com o coração ferido, mas com a alma leve", anunciou, no calor da hora. Mais tarde, mais tranquilo, ponderou que não tinha saída. "Você não é vencedor nem de uma batalha, quanto mais da guerra, sem um exército unido", diz.

"O João não foi tirado da disputa, porque ele ganhou a legenda, e teria até o último dia para concorrer", diz Rodrigo Garcia. "Houve má vontade do partido, ele analisou as dificuldades que teria e desistiu." Sem João na disputa, ficou aberto o caminho justamente para seus dois maiores adversários – Lula e Bolsonaro. Nem mesmo poderia terminar o mandato no governo do estado, ao qual tinha renunciado, em favor de Rodrigo Garcia.

Depois da decisão de deixar a corrida presidencial, João fez uma reunião com seus colaboradores mais próximos, no escritório que funcionava como QG de campanha, já montado e pronto para entrar em operação, na Avenida Brasil. Com base na experiência da campanha à prefeitura, Lula Guimarães estava à frente do marketing e a produção tinha começado. Naquele momento, uma equipe de vídeo estava na Bahia fazendo um documentário sobre a história de João – a começar pela origem de seu pai. Seria a primeira peça a ser veiculada na propaganda eleitoral. Naquele dia, porém, "pararam as máquinas".

Em apenas seis anos, João tinha avançado muito. Interrompia aquela trajetória do dia para a noite, tão subitamente quanto entrara.

"Desde que ele entrou para a política, essa foi a primeira vez que algo não deu certo", diz Letícia Bragaglia. Depois do encontro com os colaboradores, João convocou a imprensa para anunciar sua desistência.

Era um momento de reflexão. Diante do tipo de obstáculo da política tradicional que ele rejeitava, acreditava estar saindo da corrida eleitoral – e da política, possivelmente – com dignidade. Na realidade, tinha ido bem mais longe que outros antecessores com o mesmo perfil – o do empreendedor que se lança à política. Dono da segunda maior emissora do país, homem de TV como João – e muito mais popular –, Silvio Santos tentou lançar-se à Presidência em 1989 e teve a candidatura impugnada pelo TSE, quando liderava as pesquisas eleitorais. Tentou também em 1992 ser prefeito de São Paulo, mas foi novamente impedido pelo Judiciário.

Outro empreendedor de sucesso frustrado na disputa política foi o empresário Antônio Ermírio de Moraes, candidato ao governo do estado de São Paulo em 1986. Representante mais castiço do empresariado nacional, à frente da Votorantim, maior corporação industrial brasileira, celebrizado por sua competência e dedicação ao trabalho – e hábitos extraordinariamente espartanos para um biliardário –, Moraes também ambicionou impor as práticas de gestão e o pragmatismo da iniciativa privada na gestão pública. Perdeu a eleição para Orestes Quércia, um político de carteirinha – desgostoso, disse depois que "a política é o maior de todos os teatros".

Nesse palco, João podia dizer que era o único brasileiro a vencer cinco eleições em seis anos, somando a da prefeitura e a do governo de São Paulo com as três prévias do PSDB, incluindo a que o apontou como candidato do partido à Presidência em 2022. Mais que se eleger, conseguiu mostrar o que acontece quando um empreendedor de talento tem a oportunidade de impor seu jeito de fazer na gestão pública, fazendo o estado crescer mesmo com a pandemia e realizando tudo o que o governo federal não havia feito – da reforma administrativa à atração de investimentos externos.

Com sua postura de empreendedor na política, ou de antipolítico, colocava na mesa a questão do que estava mais correto: adaptar-se à política, ou o sistema político passar a trabalhar pelo que era objetivamente mais certo e eficaz, com espírito de servir ao público.

*

Publicamente, ao deixar a corrida presidencial, João declarou de imediato que não apoiaria ninguém na eleição, sobretudo se no segundo turno a disputa ficasse entre Bolsonaro e Lula. "Eu não erro duas vezes", diz ele. "Aquilo [o apoio a Bolsonaro no segundo turno em 2018] foi um equívoco." Quanto a Lu la... Nem pensar. Era contra o apoio sistemático a qualquer candidato. "Devemos ser aderentes aos princípios da liberdade, de conhecimento econômico, aderentes ao estado democrático de direito, aos valores institucionais", diz João. "E não aderentes especificamente a um governo."

Avisou que não voltaria ao LIDE – ficaria apenas na presidência do conselho, *pro bono*, isto é, sem remuneração, ao lado de Luiz Fernando Furlan e do terceiro conselheiro, Henrique Meirelles. Abriu uma empresa de consultoria, D Advisors, para "não ter mais que dez clientes". De volta para casa, depois de se despedir dos colaboradores e deixar para Garcia seu escritório de campanha, em junho de 2022, anunciou seu retorno ao setor privado, como presidente do *advisory board* do LIDE.

Aos fundos, começava a obra de um escritório novo, ao lado do campo de futebol onde João tinha machucado o joelho, jogando bola com a turma dos filhos. Por recomendação médica, andava de muletas – situação simbólica ou sintomática de quem saía de uma batalha com dignidade, mas claudicante. Instalou-se improvisadamente na sala de ioga da filha Carol, que estava fora do país, enquanto não ficava pronta a construção do escritório. Operários trabalhavam celeremente num espaço retangular, ao lado do campo de futebol, que seria seu novo local de trabalho. "Invadi a sua sala", disse ele à filha, pelo celular. "É só por um tempo."

*

Com a saída de João da corrida presidencial, era a primeira vez desde a sua fundação, 33 anos antes, que o PSDB não apresentava candidato próprio à Presidência da República. O partido deu seu apoio formal à senadora Simone Tebet, do MDB, ficando na chapa com a vice-presidência – indicou a senadora de São Paulo Mara Gabrilli. A manobra aumentou a projeção de Tebet no cenário nacional, mas, para o PSDB, foi apenas uma das faces de um grande desastre. Tebet terminou o primeiro turno em terceiro lugar, com 4,16% dos votos, ainda menos que Alckmin na eleição anterior, bem atrás de Lula (48,3%) e de Bolsonaro (43,20 %), que, assim, passaram ao segundo turno.

Apesar da liderança de Lula, o resultado mostrou que Bolsonaro, contra todos os que apostaram no seu fim com o negacionismo na pandemia, sabia o que estava fazendo. Apesar de ter ficado em segundo lugar no turno inicial, tinha recebido vasto apoio e vinha crescendo nas pesquisas, graças ao uso eleitoral da máquina pública numa escala jamais vista na história da República. Na campanha, varreu o trumpismo da pandemia para baixo do tapete. O mesmo presidente, que reclamava da obrigatoriedade das vacinas em 2021 e dizia que quem as tomasse viraria jacaré, chegou a dizer nos debates e em declarações públicas que o governo federal tinha liderado a vacinação e enaltecia a produção doméstica de imunizantes contra a covid-19.

A imprensa se especializava em publicar listas com as mentiras do presidente, a ponto de serem criadas seções nos portais somente para a checagem do que ele dizia. O presidente mentia e reiterava mentiras sobre tudo, do desmatamento na Amazônia à morte de crianças por covid-19. No STF, corriam dois inquéritos pela guerra da desinformação patrocinada por ele nos seus quatro anos de mandato, um relativo ao processo eleitoral, outro sobre a pandemia[71]. Vasta parcela do eleitorado, porém, se mostrava suscetível ao marketing digital do presidente, catalisador e multiplicador da intolerância crescente, e se mostrava indiferente à realidade, como um auto de fé.

Ao fim da votação em primeiro turno, além de Bolsonaro, João viu Alckmin passar ao segundo turno, como vice na chapa de Lula. Tebet, candidata apoiada pelo seu partido, incontinenti passou a integrar as caravanas de Lula no segundo turno. "Praticamente eu mergulhei num abismo, pulei de um penhasco político, mas o fiz por convicção e não por cargo", disse ela, em entrevista à *Veja*, em 28 de outubro, três dias antes da votação em segundo turno.

No plano estadual, no primeiro turno, João em nenhum momento havia participado da campanha – nem mesmo como lembrança. Garcia evitou mencionar seu nome, como se não tivesse saído ele mesmo de dentro do governo de João, ou João não tivesse governado. "O Doria, seu padrinho, onde ele está?", perguntou o candidato do Republicanos, Tarcísio de Freitas, no debate em 7 de agosto, na TV Band. "Quem tem padrinho aqui, quem precisa de padrinho é você", disse Garcia do oponente, ex-ministro da Infraestrutura, candidato apoiado por Bolsonaro no estado. "Eu sou candidato da minha própria história, tenho mais de 24 anos dedicados a São Paulo."

Garcia perdeu no primeiro turno, colocado em terceiro lugar, com 18,4% dos votos. Passaram ao segundo turno, com 42,32% dos votos, Tarcísio de Freitas e Fernando Haddad, do PT, com 35,70%. Depois de mandatos sucessivos no governo de São Paulo, com Mário Covas, três vezes com Geraldo Alckmin (uma como vice de Covas e duas eleito), José Serra e uma com ele mesmo, João, o PSDB perdia o governo paulista depois de 28 anos no poder. "O que foi julgado nessa eleição não foi a administração do Doria, depois minha", diz Garcia. "Ela é aprovada, as pesquisas mostram. Não perdi a eleição por fadiga do PSDB, nem por ser vice do João Doria, que tinha certa rejeição. O programa de televisão era aprovado. Nada disso adiantou."

Garcia entendia que as pessoas não estavam avaliando a gestão, apesar de suas tentativas de discuti-la na campanha. Em outros países, as eleições de presidente e governadores são em datas diferentes, para que possa haver uma discussão exclusiva dos interesses regionais. "Perdi a eleição pela verticalização de voto, de presidente da República e governador", diz. "Eu só seria vitorioso se fosse candidato do Bolsonaro, o que preferi não ser. Representei o centro político no primeiro turno, fiquei firme e fui sacrificado."

*

Em 4 de outubro, dois dias após a eleição em primeiro turno, Garcia declarou seu "apoio incondicional" no segundo turno a Bolsonaro. "Eu não sou de ficar na neutralidade, sou contra anular voto", explica ele. "Entre Bolsonaro e Lula, não titubeei um minuto, fiquei com a minha história, sou desses que acham que vale tudo contra o PT. Isso não me torna bolsonarista ou alguém que aprova todas as atitudes do Bolsonaro."

"Apoio incondicional", explicou, significava que apoiava Bolsonaro sem pedir nada em troca. Declarou-o ao próprio Bolsonaro, ao encontrá-lo no Aeroporto de Congonhas, onde o presidente fazia escala nas viagens de campanha. O PSDB liberou seus integrantes para votarem em quem quisessem – e Garcia apenas anunciou publicamente o que dizia já estar resolvido pela maioria do partido.

Na prática, a legenda se esvaziava, indo para a direção de Bolsonaro, ainda no governo. Em 20 de outubro, durante a campanha para o segundo turno, Garcia recebeu o presidente em campanha no saguão do Palácio dos Bandeirantes, mesmo lugar transformado por João em QG da luta da informação contra o negacionismo, na jornada da covid-19. Os assessores, que na pandemia corriam para abastecer as entrevistas coletivas e gráficos com curvas de mortes e infectados pela pandemia, assistiram consternados ao trabalho do comitê de recepção para o presidente e seu filho, o deputado federal Eduardo Bolsonaro.

No mesmo espaço onde João promoveu mais de 250 entrevistas coletivas durante a pandemia, o presidente, que havia chamado a doença de "gripezinha" e quem queria se vacinar de "maricas", entrou como um César em triunfo. Garcia parou para mostrar aos fotógrafos de imprensa a camisa da seleção brasileira que Bolsonaro lhe deu, com seu número de registro no TSE às costas: 22. Na sequência, ambos entraram na ala residencial e comeram macarrão preparado com massa artesanal, feita pelos cozinheiros do palácio.

Ficava claro que o movimento contra João dentro do partido era também em direção a Bolsonaro. Essa "bolsonarização" significava um esvaziamento maciço do PSDB, tanto em cargos do Executivo quanto do Legislativo em todo o país, enquanto se fortaleciam as forças do presidente. Bolsonaro ligou para Bruno Araújo, dizendo que Garcia o estava ajudando a obter apoio junto à cúpula do partido. "Pô, você foi rápido, hein?", disse João quando se encontraram pela primeira vez após o segundo turno, num jantar previamente marcado.

*

Depois de seu auge, em 1998, com a reeleição de Fernando Henrique, o PSDB já vinha em declínio. Elegeu oito governadores em 2010 e esse número já havia caído para três em 2018. Em 2022, manteve o número de governadores, mas perdeu sua hegemonia no maior colégio eleitoral e estado mais rico do país. Por ironia, a maior vitória no executivo estadual foi a eleição de Eduardo Leite, o ex-candidato a candidato a presidente. Depois de passar apertado para o segundo turno, com uma margem de apenas 2.441 votos sobre Edegar Pretto, do PT, Leite venceu no segundo turno o candidato de Bolsonaro, Onyx Lorenzoni, com 57,12% dos votos. Era de novo o governador do Rio Grande do Sul.

Igualmente pesadas foram as perdas do PSDB no Congresso Nacional, onde em 1998 chegou a ter uma bancada de 115 parlamentares, dos quais 99 deputados e 16 senadores. Em 2022, a legenda perdeu dois senadores, inclusive o de São Paulo, com a saída de José Serra, que concorreu a deputado federal, e também não se elegeu, assim como José Aníbal e outras das suas figuras históricas. Das seis vagas que tinha no Senado antes da eleição, ficou com quatro; das 29 na Câmara Federal, ficou com 13. Enquanto isso, o PL de Bolsonaro se tornou a maior bancada da Câmara, com 99 deputados, seguido pela "Federação do PT", com 80.

O número de deputados estaduais do PSDB caiu 26% em todo o país: eram 73, restaram 54. "Neste momento, o PSDB é um partido perdedor", disse João em 4 de outubro, dois dias após o primeiro turno da eleição, em entrevista à jornalista Fabíola Cidral, no UOL. "A seguir nesse ritmo, tende a desaparecer, o que seria uma pena."

O senador Tasso Jereissati fez publicamente sua avaliação da crise no partido, em entrevista ao UOL, em 18 de novembro de 2022. Atribuiu a João parte da crise partidária. "Nunca se integrou ao partido inteiramente e tinha obsessão de ser candidato a presidente desde que foi eleito prefeito", disse. "E ele praticamente foi arrasando e atropelando as grandes lideranças de São Paulo, que sempre fizeram parte básica do PSDB."[72]

"Logo depois de eleito prefeito, com sofreguidão, que é uma característica do temperamento dele, [João] se lançou candidato à Presidência, atrapalhando os projetos políticos de quem o apoiara,

Geraldo Alckmin, e tentou tomar conta do partido", disse Aloysio Nunes. "Com isso se isolou muito."[73] As bases partidárias protestaram – houve até um movimento "Fora Bruno", que entrou para os *trending topics* do Twitter, responsabilizando o presidente da legenda, Bruno Araújo, pela retirada da candidatura de João, traindo assim o voto da base, isto é, da militância partidária.

*

Ele mesmo, João, pensava que não tinha sido eleito para agir politicamente, ou segundo as regras da política tradicional, e sim para mudá-las, ainda que para isso criasse inimigos. Era aquela forma de agir e pensar que levava o Brasil ao atraso – e, se fosse para melhorar, quem tinha de mudar era o sistema, e não ele. "Todo fazedor enfrenta oposição, porque o mais fácil é não fazer. Aí você não contraria ninguém", diz ele. "Muitas vezes fiz o que o outro deixou de fazer e nunca desisti diante de um desafio, e sempre encontramos um caminho. Não há como fazer ovos mexidos sem quebrar os ovos."

*

Em 19 de outubro, o próprio João anunciou sua saída do PSDB, após 22 anos no partido, em comunicado pelo Twitter. "Encerro minha trajetória partidária de cabeça erguida", declarou. "Com minha missão cumprida, deixo meu agradecimento e o firme desejo de que o PSDB tenha um olhar atento ao seu grandioso passado em busca de inspiração para o futuro." Manifestou também sua intenção de deixar a vida "político-partidária", isto é, não trocaria o partido por outro. "Foram seis anos de vida pública ativa, entre campanhas e governo, e 22 anos de PSDB. E viramos a página."

Depois de tudo que tinha acontecido, a saída de João da legenda não causou surpresa. "O ex-governador de São Paulo não podia tomar outra atitude", escreveu o colunista político Tales Faria, colunista do UOL. "Depois de ter sido traído pelo seu partido como nunca antes na história deste país um governador assim o foi, ele tinha mesmo que se desfiliar." Apontava que João não soubera como lidar com a tucanagem – sua parte de responsabilidade. "Quando era o então poderoso governador do estado mais forte do país, e tendo elegido o presidente da legenda, Doria ignorou os tucanos de todos os matizes, da velha guarda aos parlamentares de seu estado e de outras regiões", escreveu o colunista Tales Faria, no UOL. "Errou ao considerar que o mineiro Aécio Neves não tinha mais poder de articulação no PSDB e tentou expulsá-lo da legenda de forma humilhante, criando um inimigo poderoso no tucanato. Errou ao trair/atropelar o ex-governador Geraldo Alckmin, quem mais lhe deu a mão no partido."[74]

Em 2 de novembro, David Uip também se desfiliou do partido. Tinha permanecido no governo, a convite de Rodrigo Garcia, num novo cargo, sugerido por ele mesmo: o de secretário de Ciência, Pesquisa e Desenvolvimento em Saúde. O objetivo: preparar o estado com tecnologia para novos desafios da saúde, incluindo futuras epidemias. Estava havia 27 anos no PSDB, onde entrou a convite de Mário Covas.

A saída de João da cena política foi um alívio para a família. Mais do que o sacrifício pessoal, a campanha difamatória sistemática que passou a ser inerente à vida de quem ocupa cargo público na era digital deixou todos desgastados. Bia Doria se lembrava dos momentos mais agudos da pandemia, quando João em pessoa pedia combustível para veículos, roupas e máscaras para hospitais, além de doações.

Quando a 3M deixou de dar conta da produção de máscaras, João estimulou a produção informal, máscaras feitas em casa e vendidas ao preço de 3 a 5 reais, gerando um novo comércio. Como os cobertores para as pessoas que dormiam na rua eram passados de uma pessoa para outra e disseminavam o coronavírus, ela mesma desenvolveu um saco de dormir de uso individual. Impermeável, servia para a chuva e podia ser enrolado como uma mochila, com um capuz e uma alça, para ser carregado durante o dia. Encomendou sua produção a Celeste Chad, do Orienta Vida, ONG que recebeu cerca de 700 mil reais de doação privada para comprar o tecido, fazer as peças e distribuí-las à população na rua.

Era ainda mais frustrante receber de volta o ódio, ainda que de um grupo circunscrito de pessoas, depois daqueles esforços na pandemia, nos quais João e seus familiares tinham empenhado o seu melhor.

"Ficou um sentimento de injustiça, pelo que falaram dele, mesmo com tudo o que fez", diz ela. "João tem uma cabeça brilhante, não pensava em capital político, só em resolver os problemas corretamente. O Brasil tem uma cultura de ingratidão. João não merece a nossa política."

Mesmo um homem bem-sucedido, que entrega resultados, com genuínos propósitos, sabe que o jogo político tem seu preço. Foi o caso do presidente Juscelino Kubitschek, que construiu Brasília, deu um novo molde à República, cumprindo seu programa de "cinquenta anos em cinco". Como político empreendedor, acabou acusado por militares de aumentar a dívida pública, ser apoiado por comunistas e gerar a crise que, mal administrada por Jânio Quadros, culminou na sua renúncia, na posse de João Goulart e, depois, no golpe de 1964. Por essas razões, JK, como o pai de João, teve cassado seu mandato de senador por Goiás e os direitos políticos suspensos, com a diferença de que o ex-presidente foi preso após retornar do exílio.

Como o outro lado da mesma moeda – o empreendedor político –, João atingiu seus objetivos. Podia se satisfazer com o sucesso na execução do governo, da forma como queria, e seu grande triunfo no combate à pandemia. Ainda assim, recebeu sua dose de maldade e incompreensão por parte da opinião pública, num cenário que rumava para um aumento do conservadorismo e da destruição dos valores democráticos – única fonte real de transparência, essência da eficiência e dessa forma de progresso.

Assistiu dessa forma ao paradoxal sucesso político dos principais personagens que havia enfrentado em suas batalhas políticas pessoais. Em São Paulo, na votação em segundo turno, o candidato de Bolsonaro, Tarcísio de Freitas, foi eleito com 55,27% dos votos válidos, contra 44,73% de Fernando Haddad. Na esfera nacional, Lula emergiu vitorioso, por estreita margem de votos. O petismo, que levou João a entrar de corpo e alma na política em 2016, teve seu dia de maior glória – ou vingança.

Na condição de vice da chapa de Lula, Alckmin ganhou sua aposta pessoal. Depois de duas derrotas na disputa direta à Presidência, reconstruiu o caminho para o Palácio do Planalto, embora no segundo escalão, a cavaleiro de seu mais antigo e ferrenho adversário. Aliado a Lula, ressurgiu – ou nasceu – um outro Alckmin.

"Só Lula tinha condições de vencer a indústria da mentira, e vencer o uso e abuso da máquina pública de uma forma jamais vista neste país", disse, em discurso no trio elétrico na Paulista, ao lado do presidente eleito pela terceira vez, no seu discurso da vitória, na noite de 30 de outubro, três horas após o anúncio do resultado oficial. "Obrigado, presidente Lula, e obrigado, Fernando Haddad, prefeito de São Paulo e melhor ministro da Educação."

Lula nomeou Alckmin como chefe da equipe de transição, como um nome mais palatável para conversar com os integrantes do governo Bolsonaro. Alckmin recebia informações e preparou a entrada no governo, enquanto Lula anunciava o ministério. Haddad levou o seu quinhão: em 9 de dezembro, foi indicado como futuro ministro da Fazenda. Alckmin, conforme anunciado em 22 de dezembro, ficou com a pasta do Desenvolvimento, Indústria e Comércio. Márcio França foi apontado por Lula como ministro dos Portos e Aeroportos, desmembramento da pasta da Infraestrutura, invenção do novo presidente, que assumiu distribuindo 37 ministérios, quase o dobro dos 23 de Bolsonaro. Tebet, após negociações, ficou com a pasta do Planejamento.

João se viu diante do cenário mais adverso que poderia ocorrer, com Lula e Alckmin no Palácio do Planalto, e dois eleitos pelo bolsonarismo no estado: o astronauta Marcos Pontes, ministro da Ciência e Tecnologia de Bolsonaro, que ficou com a vaga paulista no Senado, e Tarcísio de Freitas no governo estadual. Porém, isso apenas o fazia agarrar-se às próprias convicções. "Desisti da Presidência da República por isso mesmo: essa política", diz. "Se tivesse de fazer tudo de novo, faria igual."

Os resultados da gestão em São Paulo mostravam que, mesmo com as dificuldades da pandemia, o realismo ainda era o instrumento mais eficaz do serviço público, assim como na iniciativa privada, essência e início de qualquer transformação. Imaginava o que teria acontecido se o presidente tivesse optado pelo enfrentamento construtivo da pandemia. "Se ele não tivesse sido contra a vacina, tivesse um pouco de bom senso, teria sido reeleito", diz João. "Mas bom senso não é o que havia ali. Ele perdeu sozinho." Com isso, ganhava somente o candidato que estivera à margem daquela guerra, e capitalizava o medo da continuidade daquele governo *kamikaze*. "Lula criou Bolsonaro e Bolsonaro ressuscitou Lula", diz Raul Doria.

*

O empreendedorismo levado à política por João criou animosidades, mas a aposta de que algo poderia mudar na política estava de pé. Do estilo agressivo dos empreendedores, aplicado à eficiência na gestão pública, ficava demonstrada a capacidade de transformação, que ia da vida de um indivíduo, como ele tinha promovido na sua própria, à da coletividade. Era um jeito de fazer, construtivo, pragmático e incansável, utilizável em qualquer esfera de ação, do município ao plano nacional.

"O João é um líder muito eficaz, efetivo, um administrador de visão e muito ativo, voltado à comunicação – algo muito importante tanto no setor público como no privado", diz Meirelles. "Ele e eu combinamos, porque temos uma característica em comum muito importante, que é o foco no resultado: separamos o que dá certo e o que não dá certo, não adianta ficar só no palavrório."

No governo paulista, João ganhou adversários importantes, mas também o respeito de quem viu os benefícios e as vantagens de lidar com ele, com seu jeito espartano, sempre em busca da otimização e dos resultados, esforçado e cumpridor de acordos, o que garantia a obtenção de resultados efetivos para todos. Depois da prefeitura e do governo, já não era um corpo estranho na política, mas um exemplo do que um empreendedor podia fazer para o bem da sociedade.

Era quem pedia uma nova política, contra a política tradicional, indicando o caminho, para quando se quisesse realmente mudar o rumo da política – e o Brasil. "O que te levou para fora é o que pode te trazer de volta", disse a João o prefeito de Araraquara, Edinho Silva, do PT, e coordenador da campanha de Lula, quando o encontrou após sua desistência da corrida eleitoral.

Essa percepção não vinha só do Brasil. "Governador, eu realmente gostaria de tirar meu chapéu para você", disse o prefeito de Nova York, Eric Adams, durante o São Paulo Day, seminário em Nova York para a apresentação de oportunidades em São Paulo, quando ele ainda estava no governo, em 3 de dezembro de 2021. "Enquanto outros não entenderam que a vacinação era indispensável, você entendeu. Nós precisamos cumprimentá-lo por isso, e a história será gentil quando refletir a sua administração e como o senhor pensou à frente."

Apesar das queixas familiares, João acreditava que o tempo ainda se encarregaria de colocar as coisas no lugar. "Ao longo de meus anos na vida pública, eu fui aquilo que eu prometi ser: um gestor, um administrador, para cuidar das pessoas", diz ele. "Não tinha outra ambição. Queria ter sido um bom governador. E, modéstia à parte, fui."

Na Bahia, durante a pré-campanha de 2022

O PASSADO E O FUTURO

A presidência de Jair Bolsonaro, com a pandemia e as eleições de 2022, foi um grande desafio para a democracia brasileira. Tendo sido eleito prometendo austeridade fiscal e combate à corrupção, o presidente jogou o país no caminho contrário. Na sua gestão, o Congresso ampliou poderes, com o desvio de função do Fundo Partidário. Dinheiro que serviria em tese para eliminar a dependência de recursos privados, suposta fonte de corrupção do poder público, o Fundo na prática criou uma cornucópia de recursos controlados pelos partidos para perpetuar seus integrantes no poder. "É triste esse sentimento de que, ampliando e perpetuando esse tipo de comportamento, o país vai se deteriorar ao nível da irreversibilidade, entregue ao populismo, distante da ética, da compaixão, da verdade, da liberdade, do respeito", diz João.

O isolamento político de Bolsonaro fez com que, para ganhar apoio no Congresso, o Executivo aceitasse a aprovação, depois da Lei Orçamentária de 2020, de um outro tipo de estrepolia política: as Emendas de Relator Geral, um dinheiro extra para uso do Congresso ao critério de uma pessoa só. Tais emendas já existiam, mas eram usadas para ajustes de quantias baixas no orçamento. Só que, em 2020, os parlamentares decidiram alocar 30 bilhões de reais para emendas, um número quatro vezes maior, retirando dos ministérios recursos até então geridos pelo Executivo.

Antes, os recursos controlados pelo Congresso Nacional eram usados por meio de Emendas Individuais – valores distribuídos igualmente entre os parlamentares, com transparência, informando qual deputado ou senador usava os recursos e para qual finalidade. Assim, as Emendas do Relator Geral – troca de apoio parlamentar por dinheiro, que funcionava na prática como o Mensalão de Bolsonaro – passaram a ser chamadas de "Orçamento Secreto".

Escolhido na Comissão Mista de Orçamento, o relator da Lei Orçamentária tornou-se responsável por recursos, definidos na lei, a serem distribuídos pelo Congresso a estados e municípios, livremente e sem registro. Dentro dessa caixa-preta, parlamentares podiam pedir dinheiro ao relator para enviar aos seus redutos eleitorais. Institucionalizou-se, dessa forma, a troca livre de dinheiro por favores, como apoio à aprovação de projetos de lei, ou apoio à reeleição para a presidência da Câmara e do Senado.

A deturpação do sistema das emendas chegou até as suas vertentes. Parlamentares tinham dinheiro para prefeitos investirem – em escolas, obras, serviços. Em troca, recebiam apoio para sua reeleição – processo fisiológico e antidemocrático por natureza, já que uma das regras de ouro da democracia é permitir a renovação política, em vez de alimentar sistemas para a perpetuação de uma casta.

As emendas de relator podiam ser distribuídas sem levar em consideração critérios técnicos, nem condições socioeconômicas. Dessa forma, entre 2020 e 2022, foram liberados mais de 50 bilhões de reais para deputados e senadores gastarem com as despesas que bem quisessem – sem nenhum tipo de transparência ou fiscalização. Setores importantes foram prejudicados. Em carta-denúncia, o Conselho Nacional de Saúde (CNS) alertava em 26 de outubro que "o governo federal decidiu reservar no Projeto de Lei Orçamentária 2023 cerca de R$ 20 bilhões para as emendas parlamentares, sendo metade delas destinada ao Orçamento Secreto". Dessa forma, ficavam garantidos 10 bilhões de reais – equivalentes a 13% do valor do orçamento federal de 2023 –, para "ações e serviços públicos de saúde sem ter a obrigação de respeitar as diretrizes aprovadas na 16ª Conferência Nacional de Saúde"[75].

Indicativo de que o Orçamento Secreto era um instrumento de Bolsonaro para ganhar apoio parlamentar nas eleições, em 1º de dezembro de 2022 o presidente mandou suspender seus recursos para 2023. Nesse mesmo dia, o presidente da Câmara, Arthur Lira, candidato a ficar no posto no ano seguinte, havia recebido em Brasília o presidente eleito, Lula. Até então, Bolsonaro esperava a fidelidade dos políticos a quem tinha oferecido a cornucópia federal. Traído, deixava para Lula o ônus de aprovar ele mesmo o

"Orçamento Secreto", caso quisesse fazê-lo trabalhar a seu favor.

O assistencialismo, que Bolsonaro tinha prometido acabar na sua primeira campanha, só cresceu durante seu governo, ainda que não houvesse dinheiro para isso. A crise econômica e social pelo Brasil, agravada com a pandemia da covid-19, havia desestruturado a cadeia de produção, eliminado empregos formais e aumentado o empobrecimento de maneira geral. O crescimento econômico em São Paulo não tinha sido para todos – e no interior do estado, onde se abrigava um eleitorado de perfil mais conservador, a insatisfação fortaleceu o bolsonarismo, que tinha um discurso crítico em relação à política e em especial ao regime democrático.

Um levantamento do Instituto Brasileiro de Geografia e Estatística (IBGE) mostrou que a pobreza no país foi recorde em 2021, segundo ano da pandemia. Segundo a pesquisa, cerca de 62,5 milhões de pessoas estavam na linha de pobreza – 29,4% da população, com um crescimento de 22,7% em relação ao ano anterior. Desse total, 17,9 milhões (8,4%) – 48% mais que em 2020 – ganhavam até 2,15 dólares por dia.

Eram não somente os maiores percentuais obtidos na pesquisa desde o início de sua realização, em 2012, como indicavam uma perversidade. Estava abaixo da linha de pobreza quase metade (46%) da população com menos de 14 anos. Pretos e pardos representavam 37,7% dos mais pobres, mais que o dobro dos brancos (18,6%). E estavam em grande parte no Nordeste (48,7%) e Norte (44,9%).

A necessidade de o Estado sustentar aquela massa de gente desempregada, sem educação nem perspectivas, fazia com que grande parte da população brasileira se transformasse em assalariada do governo. Por motivos eleitorais, ganhara de Bolsonaro a promessa de campanha de ver sua bolsa mensal elevada a 600 reais. Não havia dinheiro para isso, de maneira que o Executivo arquitetou um projeto de Emenda Constitucional (PEC) para permitir o estouro orçamentário – o motivo que havia levado a presidente Dilma Rousseff ao *impeachment*. A PEC "fura-teto", como foi chamada, recolhia de vez as travas para o uso político dos recursos públicos. Na prática, era a definitiva pá de cal na prometida austeridade fiscal da gestão de Bolsonaro, cuja propalada garantia era o ministro Paulo Guedes.

Para João, era frustrante ver que muitos dos ganhos obtidos no governo estadual acabavam anulados por políticas frustradas no plano nacional. Tentara debelar a pobreza em São Paulo, a maior cidade do país, mais próspera cidade latino-americana, sétima maior do mundo. No entanto, paradoxalmente, ao final do governo Bolsonaro, a população de rua se multiplicara em relação a 2017, quando ele estava na prefeitura. "O país empobreceu numa velocidade extraordinária, por causa de um governo incompetente, ideológico e autoritário, o conjunto perfeito do desastre", diz. "Nenhum outro país, com exceção da Venezuela, conseguiu esse feito: tudo piorou."

A pobreza somente favorecia projetos de eternização de lideranças populistas e demagógicas. "A esquerda quer ficar quarenta anos no poder, além de influenciar a América Latina, a África, e depois, se possível, o mundo", diz ele. "Pela direita, um projeto autoritário quer golpear com os militares, se puder, ou, se não puder, com o Congresso, que ele conseguiu comprar. Excluída a Venezuela, o Brasil é o maior desastre da América Latina."

*

O último e maior fator de instabilidade democrática vinha da própria pessoa do presidente da República, cujo perfil continuava o mesmo desde que fora afastado das Forças Armadas por tramar uma ação terrorista como achaque para aumentar o soldo, que o levara para a política. Criou uma rede para influir diretamente nas eleições, como a nomeação na direção da Polícia Rodoviária Federal e um diretor-geral, Silvinei Vasques, que se declarava abertamente bolsonarista, e agiu para interferir no resultado eleitoral. No dia da eleição, promoveu uma blitz generalizada nas estradas do Nordeste, de modo a impedir ou atrasar a chegada de eleitores nos endereços de votação, nos estados sabidamente de maioria lulista.

Depois da eleição, Vasques orientou os policiais rodoviários para serem lenientes com os manifestantes que bloqueavam rodovias em protesto. Para não ser demitido, e sob investigação policial, "tirou férias", de acordo com a instituição. Em 10 de novembro, a Polícia Federal abriu um inquérito para investigar o diretor-geral por crime de prevaricação e violência política, explicitados no Código Penal.

Depois da eleição, Bolsonaro mergulhou no silêncio dos conspiradores, enquanto mandava o presidente do seu partido, Valdemar Costa Neto, questionar a validade do resultado nas urnas (mas só do segundo turno, porque no primeiro o PL fez a maior bancada do Congresso). Omitiu-se propositadamente quando grupos bolsonaristas bloquearam estradas e sitiaram quartéis, em vigílias, com o objetivo de despertar as Forças Armadas para seu suposto papel de defender a democracia, destruindo-a. A dois dias do final do mandato, tomaria um avião sem despedida nem aviso, escamoteando a entrega da faixa na cerimônia de posse de Lula. Foi para os Estados Unidos, assistir com ares de inocência vingarem as sementes da desordem que tinha espalhado.

*

O clima refletia quanto o sistema desandava. A eleição de Lula deixava a impressão de que o Brasil continuava andando em círculos, como a Argentina, sem uma real mudança, capaz de lançar o país, no futuro, dentro da profunda metamorfose do mundo global. Com o agravante de que a miséria só havia aumentado, assim como o crescimento das forças paralelas ao Estado, incluindo o crime organizado, cada vez mais incrustado nos aparelhos do poder.

A reversão desse quadro implicava, segundo João estava convencido, em mudanças de longo prazo, que começavam por garantir a democracia, a liberdade, os princípios básicos de uma economia longe da estatização e processos que fugissem da ideologia, com respeito às pessoas. "A falta de educação é o problema mais grave do Brasil, uma violência", diz João. "Sem isso você não dá às pessoas acesso às oportunidades. Enquanto não houver boa educação, as razões da crise continuarão."

Para ele, educação seguia sendo "obrigação intransferível do Estado". "Não há governo liberal que resolva isso", diz. "É o Estado que tem de oferecer boa remuneração para os professores, boas condições materiais, boa alimentação para os alunos, ensino de qualidade – incluindo o idioma inglês, porque o mundo está globalizado. E estudar em tempo integral, para que os pais possam trabalhar e procurar emprego, e as crianças protegidas e amparadas, em vez de estar nas ruas."

Essa era, pensava, a prioridade número 1. A número 2: gerar empregos, com investimento em obras públicas e privadas. "Para isso você não precisa ter necessariamente reformas, e sim atitude", diz. "Claro que com reformas é melhor."

*

Em 14 e 15 de novembro, o LIDE realizou em Nova York a LIDE Brazil Conference, evento programado desde julho. No primeiro dia, a convite, participaram da mesa, intitulada "O Brasil e o respeito à liberdade e à democracia", seis ministros do STF, cinco ativos (Alexandre de Moraes, Luís Roberto Barroso, Gilmar Mendes, Ricardo Lewandowski e Dias Toffoli) e um aposentado (Ayres Britto). No dia 15, foi a vez de um painel com autoridades, economistas e lideranças políticas empresariais, nos moldes dos eventos de avaliação do cenário promovidos pela empresa. Entre os participantes estava o sócio do BTG Pactual, o ex-presidente do Banco Central Pérsio Arida, por coincidência convidado para integrar a equipe de transição na área econômica do presidente Lula, em Brasília, da qual logo em seguida acabou saindo.

Realizado em Nova York, no salão do New York Harvard Club, a curta distância do hotel onde estavam as autoridades que iriam palestrar e os 260 participantes, além de vinte jornalistas convidados, foi o primeiro evento de peso do LIDE a se realizar após a eleição, marcada pelo clima de instabilidade e ameaças ao regime democrático. Do lado de fora, a tropa bolsonarista buscava utilizar a ocasião para alimentar conteúdo nas redes digitais, estimulando o clima da cizânia.

Desde o final de semana, um grupo de manifestantes perseguia os participantes do fórum pela rua, com xingamentos e palavras de ordem, para constrangê-los, com câmeras de vídeo na mão. À frente estava Allan dos Santos, ex-colaborador da campanha de marketing digital de Bolsonaro, com ordem de prisão no Brasil – estava ilegalmente nos Estados Unidos, mas enviava vídeos sobre a manifestação. Num deles, provocando o ministro do STF Luís Roberto Barroso, ouviu de volta: "Perdeu, mané, não amola".

A frase rapidamente viralizou nas redes sociais. Mais tarde, em 8 de janeiro, quando uma turba com cerca de 1.500 invasores tomou a sede dos três poderes da República, em Brasília, numa pane da segurança de responsabilidade do governo do Distrito Federal, a frase "perdeu, mané" seria pichada nas janelas e na estátua *A Justiça*, de Alfredo Ceschiatti, em frente à sede do STF.

Os protestos na porta do hotel e depois no evento seguiam as ações das duas primeiras semanas após a eleição, nas quais manifestantes bloquearam rodovias e promoveram uma "vigília cívica" diante dos quartéis. Pediam a intervenção das Forças Armadas contra a eleição de Lula, sob o silêncio conivente do presidente da República, ainda em exercício, e com a cooperação subterrânea da milícia política bolsonarista. Pretendiam criar o ambiente para tumultuar o resultado eleitoral, cuja garantia tinha sido dada, em grande parte, pela conduta daquelas mesmas autoridades presentes ao evento em Nova York – especialmente o ministro Alexandre de Moraes, que conduziu todo o processo da eleição, como também presidente do TSE.

Enquanto do lado de dentro falava-se sobre o futuro do país e a garantia da democracia constitucional, do lado de fora bolsonaristas cantavam o Hino Nacional e rezavam o Pai-Nosso, enrolados em bandeiras do Brasil. Afirmavam que o sistema eleitoral tinha sido fraudado, apesar de não haver nenhuma prova nesse sentido, e que o TSE tinha favorecido Lula. "Polarização é útil, mas a radicalização, não", disse o ex-presidente Michel Temer, também hostilizado à frente do hotel, no domingo, ao abrir o evento.

O LIDE pediu auxílio à polícia de Nova York, que colocou dois carros com equipes diante do hotel. Carla Zambelli, deputada federal reeleita, estava em Nova York e tentou entrar no evento, pedindo convite para pessoas que tinham alguma relação com as instituições financeiras patrocinadoras do evento. Pretendia fazer "questionamentos" ao ministro Moraes. Não lhe deram essa oportunidade.

"A democracia foi atacada no Brasil, mas sobreviveu", disse Moraes, que havia atuado praticamente como uma força policial contra abusos e a proliferação de notícias falsas durante o tempo das campanhas. "Não é possível que as redes sociais sejam terra de ninguém." "Supremo é o povo", disse o ministro Luís Roberto Barroso, respondendo às críticas segundo as quais o Judiciário teria extrapolado suas funções. "O povo se pronunciou, e a eleição acabou, só cabe respeitar o resultado. O resto é espírito antidemocrático, quando não selvageria."

Havia, ainda assim, uma grande preocupação com o retrocesso. "Um país onde há gente passando fome precisa parar tudo e cuidar disso", disse Barroso. Reiterou a necessidade de investimento em educação e acrescentou: "Mentir precisa voltar a ser errado de novo".

João, de volta à iniciativa privada como membro do conselho do LIDE, sentado numa das cadeiras acolchoadas do salão, apenas ouvia.

*

De volta ao Brasil, João passou a despachar no escritório ao lado do campo de futebol de sua casa, obra concluída em prazo recorde. Já deixara as muletas da convalescença da contusão no joelho. De apoio, usava o de sempre: um escapulário pendurado no pescoço, feito por José Antônio Bernardes, comprado na joalheria Casa Castro, com a inscrição SSJ, que usava havia mais de quarenta anos. Acabara também a fase para se lamentar. "Ele ficou muito triste", diz Marcos Arbaitman. "Por duas semanas."

João podia não combinar muito com a política, mas, se parou, não tinha sido pelo voto. "Como meu pai, ele foi excluído pelo sistema político", diz Raul. "Ganhou uma eleição e depois, de certa forma, foi também cassado: houve uma conspiração." Ao manter sua posição, porém, deixava um exemplo. Se as pessoas queriam um serviço público menos corrompido e mais eficiente, a política é que devia mudar, e não ele.

E o tempo se encarregava de mudar as opiniões, antes desfavoráveis. Era o caso dos dirigentes do grupo Itaú, um dos maiores conglomerados financeiros do país. Depois do contencioso com a Humanitas360, as impressões sobre as firmes posições de João nos clãs do Itaú mudaram. Em entrevista a *O Globo*, em 28 de setembro de 2021, Alfredo Setúbal, presidente da Itaúsa, *holding* controladora de participações no Itaú e outras empresas, como a Alpargatas e a Dexco, declarava preferir João como presidente, reconhecendo sua gestão no estado. "Ele tem se mostrado um grande gestor público, tem feito um governo excepcional, embora as pesquisas não deem a ele esse mérito", disse Setúbal. "São Paulo vai crescer 8% este ano, depois de ficar estável no ano passado [com a pandemia]."

O próprio João, que entrou na política em 2016 com a memória do pai, um homem intransigente na defesa das próprias ideias e que, apesar de ter enriquecido com o sistema, desafiava o poder do capital, via a sua experiência de forma construtiva: como um aprendizado. "A política me aperfeiçoou, aprendi a ser mais tolerante com a própria política", diz. "Você pode ser executivo, ter velocidade, mas não pode ser impaciente nem intolerante. É uma lição construtiva da política, que se leva para o resto da vida: respeitar e compreender as diferenças, as críticas, e não reagir imediatamente à crítica, mesmo quando é injusta."

Passou a aceitar mais a convivência com os divergentes, de maneira a ter menos problemas. "Na política, é preciso ter a compreensão de que o adversário de hoje pode ser o aliado de amanhã", diz. "Por isso, nunca transforme um adversário num inimigo. Mesmo que ele continue um adversário, pode multiplicar a sua força contra você."

Os atritos criados por João em sua passagem pelo mundo tanto empresarial quanto político se davam porque João, de fato, nunca foi um gestor, como se apresentou para a política, desde a campanha à prefeitura. Um gestor é apenas um cumpridor de tarefas – alguém capaz de compor. E João, na atividade privada como na pública, sempre foi um empreendedor – o líder que quer realizar, não importam os obstáculos.

Os empreendedores são os grandes transformadores: não importa se em tempos normais, na pandemia ou numa guerra mundial, eles encaram a realidade, buscam as melhores soluções, fazem a vida andar para a frente, muitas vezes sem limites para a ambição. Na prefeitura de São Paulo, assim como no governo do estado, João foi o mesmo que construiu para si um império pessoal, assumindo riscos. "Na minha lápide, podem colocar: esse foi um fazedor", diz ele. Inovar, mudar e jamais desistir, até porque não ter a quem pedir ajuda faz parte da essência do empreendedorismo, que João procurou aplicar na atividade pública.

Tinha suas compensações.

Montoro e Covas, como promotores da democracia e da justiça social no Brasil, eram para João parte importante tanto da formação de suas convicções quanto da sua memória afetiva. O processo de transformação do país misturava-se à sua transformação pessoal, desde o menino que passava fome até o empresário bem-sucedido e o governador, paradigma de uma ampla luta, que fazia a história de toda a sua geração.

Pouco afeito a demonstrações de afeto, deixou, no entanto, a emoção escapar em alguns momentos. Na campanha à prefeitura de São Paulo, em 2016, sua equipe organizou uma visita à escola estadual onde João tinha estudado, a Marina Cintra, na Rua da Consolação. Na porta de entrada, chorou. "O João normalmente é uma pedra", diz Jorge Damião, que o acompanhava. "E todo mundo chorou junto, porque ninguém estava preparado para aquilo."

Depois do governo de São Paulo, teve outro momento especial. Em 6 de novembro, embarcou em seu helicóptero particular e foi a Campos do Jordão com familiares inaugurar o novo teleférico do Parque Estadual Capivari, ao lado de Rodrigo Garcia, ainda governador em exercício. A inauguração era para ter sido em setembro, mas Garcia, em campanha, pediu a João que a adiasse para depois do segundo turno.

Nem de longe era a maior, nem a mais importante obra da sua gestão como governador, mas a cerimônia acabou ficando para o final, como um ato simbólico, na cidade que João ligava ao período mais feliz da sua infância. Nesse dia, o Parque Estadual recebeu o nome de Parque João Doria, homenagem ao seu pai – o publicitário que colocou primeiro o sobrenome da família na política.

Tradicional espaço em Campos do Jordão, porta de entrada do centro turístico da cidade, onde no passado havia apenas cavalos e charretes de aluguel diante de um morro pelado, o parque tinha entrado desde abril de 2019 no rol das concessões do governo estadual, por meio da Secretaria dos Transportes Metropolitanos. Depois de um leilão na Bolsa de Valores, passou a ser operado por uma empresa privada, a Eco Jordão, num contrato de 30 anos. Com a concessão para a operação privada também do Horto Florestal, as empresas vencedoras das duas licitações se comprometeram a fazer investimentos no total de 45 milhões de reais – um negócio ao estilo de João.

Incluído no festival "Arte Primavera-Campos: Florada Cultural", a inauguração do teleférico e o novo nome do parque foram celebrados com um show de Ivan Lins ao ar livre, gratuito, e uma apresentação da Brasil Jazz Sinfônica. Importado da Áustria, o teleférico era o primeiro modelo híbrido da América Latina – tinha a opção de cadeira para seis pessoas ou oito, em cabine fechada, levando passageiros para o mirante no Morro do Elefante, com 1.800 metros de altitude. "Igualzinho ao das estações suíças e austríacas", diz João.

Com uma área total de 40 mil metros quadrados, área de alimentação, lojas e espaço para espetáculos, capaz de abrigar o tradicional Festival de Inverno, o parque ainda tinha roda-gigante, carros de controle remoto, *parkids* (um espaço para crianças), um lago com pedalinhos (para duas pessoas) e vela (para quatro pessoas), minitrem, carrossel, *airsoft* (jogo de tiro ao alvo) e um trenó de montanha sobre trilhos, com 485 metros de extensão. Inaugurado no início de dezembro, somente o trenó custou 12 milhões de reais.

Para João, uma festa com gosto dos tempos de criança.

*

Cada ex-governador paulista passa para a galeria no Palácio dos Bandeirantes, onde se penduram na parede os retratos dos seus antecessores. João não queria um retrato a óleo, como rezava a tradição, por ser algo antigo, caro e demorado, a seu ver – uma tela podia levar até seis meses para ser pintada, com resultado geralmente decepcionante para o retratado. Sugeriu ao governador Rodrigo Garcia, seu sucessor, então em final de mandato, que a partir dali os ex-governadores fossem enquadrados em registros fotográficos. Garcia consultou Márcio França e este também concordou. O governo paulista, então, incumbiu o fotógrafo Bob Wolfenson de fazer as fotos para a galeria.

O episódio ajudou a aproximar as pessoas que tinham se afastado, muito embora mantivessem suas diferenças. João queria que os retratos fossem mais clássicos, em preto e branco. França pediu a

Wolfenson que o seu fosse colorido. Wolfenson fotografou França e Garcia em 21 de novembro de 2022. No dia seguinte, estava na casa de João. Um grande fundo branco foi levantado por dois assistentes na sala de entrada, tapando os dois grandes painéis de Di Cavalcanti sobre as paredes, para o retrato oficial.

João posou de gravata, com um paletó em padrão Príncipe de Gales. "Estou vendo muito *The Crown*", disse ele, sorrindo, referindo-se à série da Netflix sobre a realeza britânica, que, assim como a padronagem, simboliza a elegância clássica, nunca sai de moda e também jamais deixa o poder.

João não perdia o estilo – tanto no jeito de se vestir como de ironizar um pouco a própria ambição, algo próprio de quem nunca sabe até onde pode ir.

NOTAS

1 OMS: covid-19 causou pelo menos 14,9 milhões de mortes diretas ou indiretas/ *ONU News*, 5/5/2022.

2 CPI para riquezas naturais/ *Folha de S. Paulo*, 20/9/1963.

3 Castilho Cabral denuncia o IBAD/ *Última Hora*, 7/9/1963.

4 *Diário Carioca*, 4/9/1963.

5 ADEP não foi fechada ainda/ *Correio da Manhã*, 7/9/1963.

6 Exército garante a suspensão do IBAD/ *Folha de S. Paulo*, 6/9/1963.

7 Ação Judicial fechará a Promotion em 48 horas/ *Última Hora*, 6/9/1963.

8 Jango quer implantar República sindicalista após fechar Congresso/ *O Jornal*, 4/9/1963.

9 Deputado agride colega a socos na Câmara por causa do IBAD/ *Correio da Manhã*, 5/9/1963.

10 A CPI do IBAD suspende os seus trabalhos e aguardará a decisão final da Câmara/ *O Estado de S. Paulo*, 3/9/1963.

11 Denunciadas na CPI empresas jornalísticas estrangeiras/ *A Nação*, 22/11/1963.

12 Jornalistas brasileiros contra revistas estrangeiras/ *Política & Negócios*, 26/9/1963.

13 Câmara telegrafa a irmão de Kennedy desejando que atentado seja esclarecido/ *Jornal do Brasil*, 29/11/1963.

14 Sucessos e tormentos de João Doria/ *A Tarde*, 26/6/2000.

15 CPDOC/FGV.

16 *Folha de S. Paulo*, 2/8/2007.

17 "Cansei" x "Cansamos": muita espuma para pouco movimento/ Pedro Venceslau, Portal Imprensa, 1/8/2007.

18 Exército foi sondado para decretar estado de defesa, diz general/ Thaís Oyama e Robson Bonin, *Veja*, 21/4/2017.

19 Sabatina: Geraldo Alckmin, vice de Lula/ UOL/*Folha*, 29/9/2022.

20 Doria nega acusações de Matarazzo e diz lamentar saída de rival do PSDB/ G1, Globo, 18/3/2016.

21 A guerra do cashmere/ Julia Duailibi, revista *Piauí*, agosto/2016.

22 A "maré cinza" de Doria toma São Paulo e revolta grafiteiros e artistas/ Gil Alessi, *El País*, 24/1/2017.

23 Doria reclama de proibição de uso de slogan "Acelera SP" pela Justiça: "Querem me censurar"/ Patrícia Falcoski, G1, 17/3/2018.

24 João Doria visita o Estado e recebe título de "Cidadão Vilavelhense"/ *Folha Vitória*, 22/8/2017.

25 Áudio: Aécio e Joesley Batista acertam pagamento de R$ 2 milhões/ G1 e TV Globo, 19/5/2017.

26 Passagem de Doria por prefeitura é reprovada por 47% dos paulistanos/ *Folha de S. Paulo*, 16/4/2018.

27 Assembleia Legislativa de SP aprova projeto de Doria para extinção de estatais/ Bruno Tavares, *Bom Dia SP*, 16/5/2019.

28 MBL declara guerra a Doria e o acusa de enganação, estelionato eleitoral e traição/ Edson Sardinha, *Congresso em Foco*, 21/1/2018.

29 A briga de Doria com ONG de herdeiros do Itaú por privatizações de presídios de SP/ Leandro Machado, *BBC News*, 23/10/ 2019.

30 Presidente do TJ cassa liminar e libera privatização de presídios de Doria/ *Estadão Conteúdo*, 2/2/2020.

31 No 1º mês de uso das câmeras grava tudo, PM de SP atinge menor letalidade em 8 anos/ *Folha de S. Paulo*, 7/2021.

32 Em Davos, Doria busca investidores estrangeiros para o Metrô de SP, estradas, aeroportos e Butantan/ G1, 21/1/2019.

33 Grupo asiático confirma investimento de 7 bilhões/ Fabiana Holtz, *Estadão*, 30/7/2019.

34 Em Davos, Bolsonaro cita reformas e menciona Doria como futuro presidente/ *Correio Braziliense*, 23/1/2019.

35 Demissão de Sergio Moro: perguntas e respostas/ G1, 24/4/2020.

36 Sem ação, em duas semanas Brasil viverá cenário de guerra, dizem especialistas/ Wesley Galzo, CNN, 1/3/2021.

37 Governo de São Paulo decreta quarentena de 15 dias em todo o estado por causa do coronavírus/ *Jornal Nacional*, 21/3/2020.

38 "Venceremos o vírus", afirma Bolsonaro em pronunciamento aos brasileiros/ Agência Brasil, 24/3/2020; "Gripezinha": leia a íntegra do pronunciamento de Bolsonaro sobre covid-19/ UOL, 24/3/2020.

39 Aloysio: Doria errou, mas foi traído no final; bolsonarismo corroeu o PSDB/ UOL, 20/10/2022.

40 Bolsonaro repete, em *live*, notícia falsa sobre pessoas comerem cães e gatos em Araraquara; prefeitura desmente/ G1, 3/2/2022.

41 SP chega a 12 hospitais de campanha com inauguração de unidade no Centro da capital/ Portal do Governo, 13/4/2021.

42 Aprovação do Ministério da Saúde sobe 21 pontos e é mais que o dobro da de Bolsonaro, diz Datafolha/ Igor Gielow, UOL, 30/4/2020.

43 Fala de Bolsonaro sobre crise é monumento ao radicalismo irracional/ Igor Gielow, UOL, 24/3/2020.

44 Doria anuncia plano de reabertura, mas não crava fim da quarentena/ Clara Cerioni, *Exame*, 22/4/2020.

45 Veículos de comunicação formam parceria para dar transparência a dados de covid-19/ G1, *O Globo, Extra, Estadão, Folha* e UOL, 8/6/2020.

46 "É simples assim: um manda e o outro obedece", diz Pazuello ao lado de Bolsonaro/ Guilherme Mazui, G1, 22/10/2020.

47 Donald Trump Has Stake In Hydroxychloroquine Drugmaker: Report/ Ron Dicker, *Huffpost*, 7/4/2020.

48 US stockpile stuck with 63 million doses of hydroxychloroquine/ Elizabeth Cohen e Wesley Bruer, CNN, 17/6/2020.

49 Brasil recebe 2 milhões de doses de hidroxicloroquina/ Andreia Verdélio, Agência Brasil, 1/6/2020.

50 Fauci: I'm not going anywhere/ Dareh Gregorian, *NBC News*, 12/10/2020.

51 Doria anuncia plano de vacinação antes da aprovação da CoronaVac no Brasil/ Manoela Albuquerque, *Jota*, 7/12/2020.

52 Estado de SP registra queda de 93% de mortes por covid-19 desde abril/ Portal do Governo de São Paulo, 3/11/2021.

53 CPI aponta que Pfizer buscou governo 34 vezes/ CNN, 27/5/2021.

54 Exclusivo: governo Bolsonaro pediu propina de U$ 1 por dose, diz vendedor de vacina/ *Folha de S. Paulo*, 29/6/2021.

55 "Um dólar por dose": Luiz Paulo Dominguetti reafirma à CPI ter recebido pedido de propina por vacina/ *BBC News Brasil*, 1/7/2021.

56 Relatório acusa governo federal de atraso na compra de vacinas e de negociações ilícitas no caso Covaxin/ Rodrigo Resende, Rádio Senado, 22/10/2021.

57 Desemprego fica em 14,7% no trimestre terminado em abril, diz IBGE/ G1, 30/6/2021.

58 Após um ano de uso de câmeras em uniformes, mortes por policiais caem 80%/ Wanderley Preite Sobrinho, UOL, 5/7/2022.

59 Rodrigo Garcia, vice-governador de SP, deixa DEM depois de 27 anos e se filia ao PSDB/ Rodrigo Rodrigues, G1, 14/5/2021.

60 PSDB oficializa vice-governador Rodrigo Garcia como candidato ao governo de São Paulo em 2022/ G1, 21/11/2021.

61 PSDB define regras para prévias, mas Doria ainda tenta mudar peso dos votos/ *Poder360*, 8/6/2021.

62 Lula livre: ex-presidente deixa a prisão em Curitiba/ *Poder360*, 8/11/2019.

63 UOL, 24/3/2022.

64 MDB e União Brasil terão de avaliar Doria, diz presidente do PSDB/ Guilherme Caetano, *O Globo*, 1/4/2022.

65 "Não há hesitação possível; vou apoiar Lula no 1º turno", diz ex-chanceler Aloysio Nunes, do PSDB/ Léo Arcoverde, GloboNews, 13/5/2022.

66 Sabatina: Geraldo Alckmin, vice de Lula/ UOL/ *Folha*, 29/9/2022.

67 FHC defende Doria em disputas internas do PSDB e reafirma que prévias da sigla devem ser respeitadas/ G1, 15/5/2020.

68 Presidente do PSDB convoca Executiva após Doria enviar carta em que cita "tentativas de golpe"/ G1, 14/5/2022.

69 Rejeição a Doria ultrapassa a de Bolsonaro pela 1ª vez, diz pesquisa/ Rosana Hessel, *Correio Braziliense*, 7/4/2022.

70 Presidente do PSDB afirma que pacto para terceira via é maior do que as prévias/ Gustavo Schmitt, *O Globo*, 12/4/2022.

71 Covid, vacina e eleições: as mentiras que marcaram o mandato de Bolsonaro/ UOL Confere, 28/12/2022.

72 Tasso Jereissati diz que PEC da Transição é um absurdo e votará contra/ UOL, 18/11/2022.

73 Aloysio: Doria errou, mas foi traído no final; bolsonarismo corroeu o PSDB/ UOL, 19/10/2022.

74 João Doria está sendo coerente ao abandonar partido que o traiu/ Tales Faria, UOL, 19/10/2022.

75 CNS denuncia a organismos internacionais corte de R$ 22,7 bilhões no orçamento do SUS para 2023/ CNS, 26/10/2022.

Os Vieira de Moraes, família materna de João Doria: poder financeiro e preconceito com o casamento da filha.

CADERNO DE FOTOS

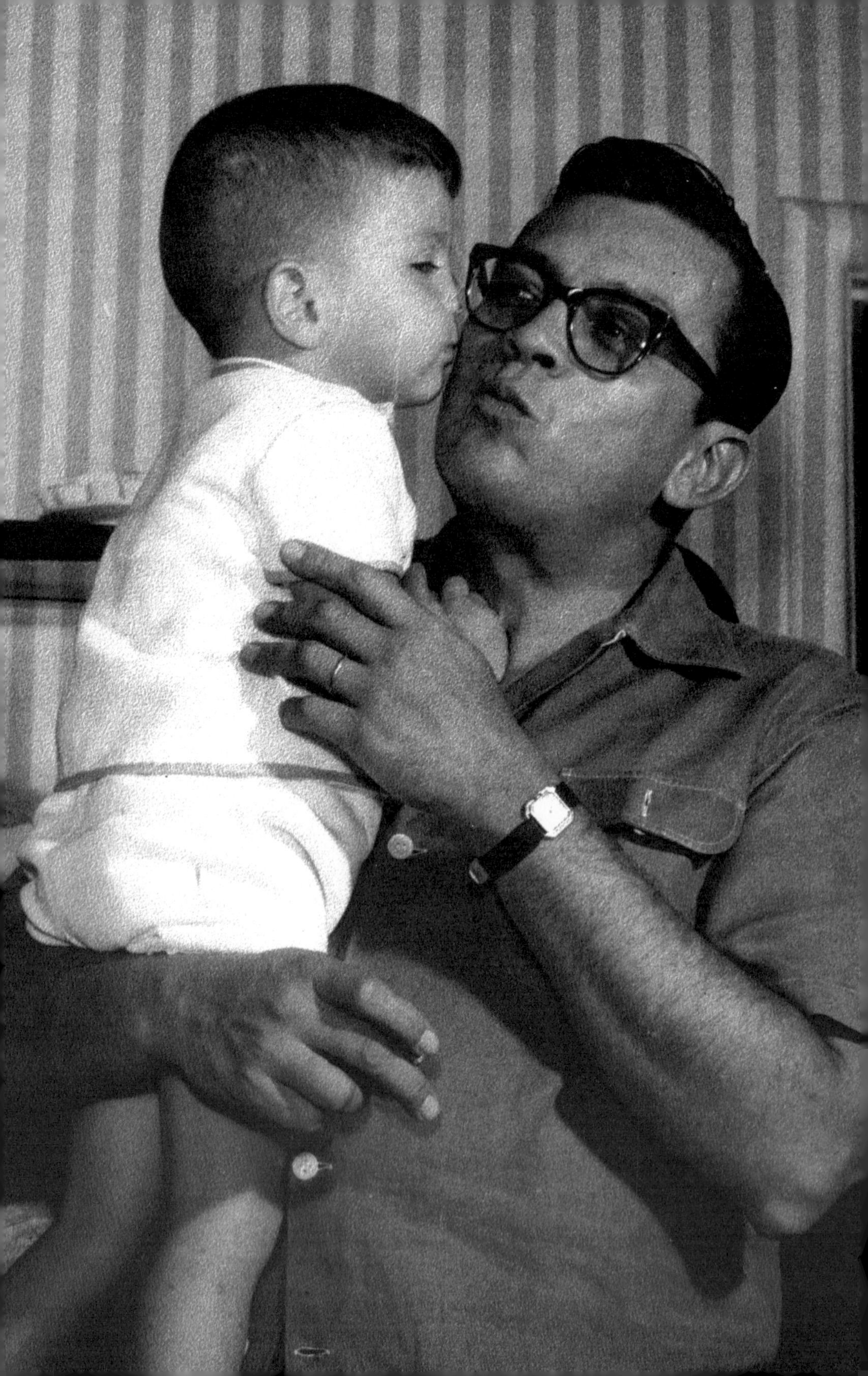

À esquerda: João com o pai.

Abaixo: João Doria, o irmão Raul e a mãe, Maria Sylvia.

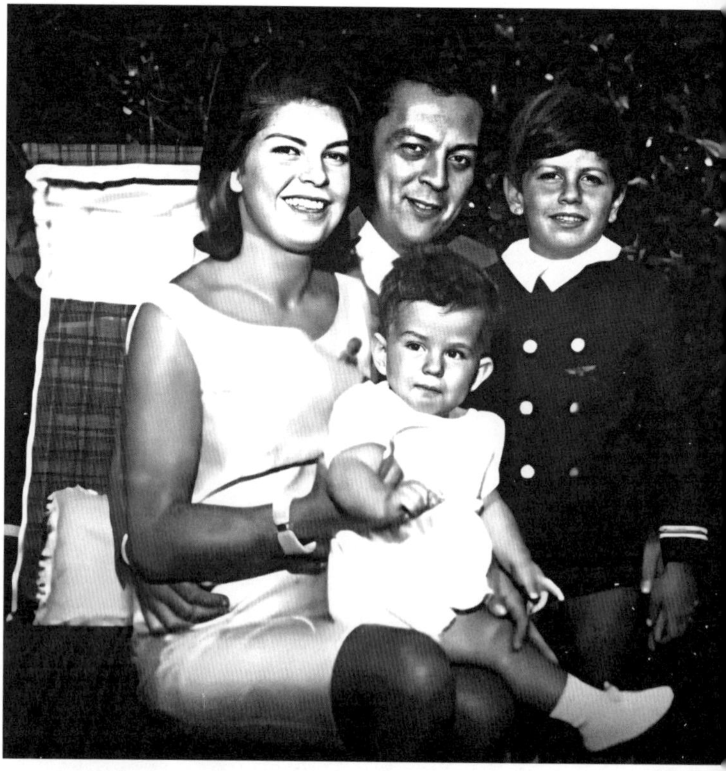

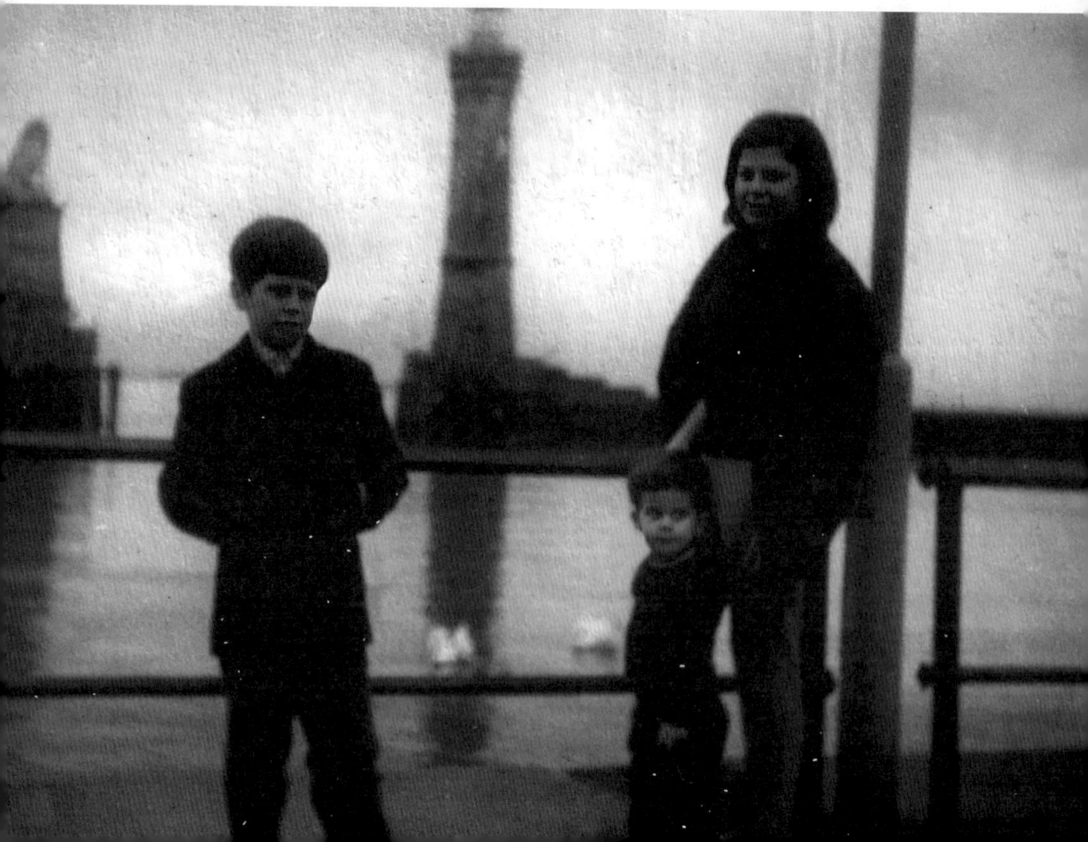

Maria Sylvia:

Estou asilado na Embaixada da Iuguslávia, onde estou sendo muito bem tratado juntamente com diversos outros ex-deputados. Esta é a única embaixada de país estrangeiro em condições jurídicas e materiais (só este país construiu o seu edifício em Brasília) de dispensar asilo político.

Como previra, o pior aconteceu. Espero, portanto, que Você se capacite da realidade e procure conformar-se. Peço também que aguarde, com discrição, paciência e confiança, a solução que necessariamente teremos que dar as nossas vidas. A hipotese mais viável, no momento, será beneficiar-me do asilo político e transferir-me para um país qualquer da Europa onde possamos recomeçar as nossas vidas, isso se V. estiver disposta a suportar o onus de uma vida modesta no exílio. Caso não queira me acompanhar, irei só.

Tenho a consciência tranquila de que cumpri o meu dever. Não me arrependo das posições que assumi, pois embora seja a menos vantajosa e a mais ingrata, é contudo a que melhor corresponde as minhas convicções. Não abro mão delas a troco de uma vida comoda ou de uma prosperidade negociada as custas da miséria do povo brasileiro.

Beije carinhosamente por mim os nossos filhos, cuja ausência prolongada constitui, juntos com Você, talvez o sacrifício mais duro de suportar.

Tenha coragem, tranquilidade e prudência.

Até à vista.

Acima: a carta na qual o pai explica a necessidade do exílio, que mudou a vida da família.

À esquerda, acima: Natal em família antes do exílio do pai e das dificuldades financeiras.

À esquerda: na Alemanha, em 1965.

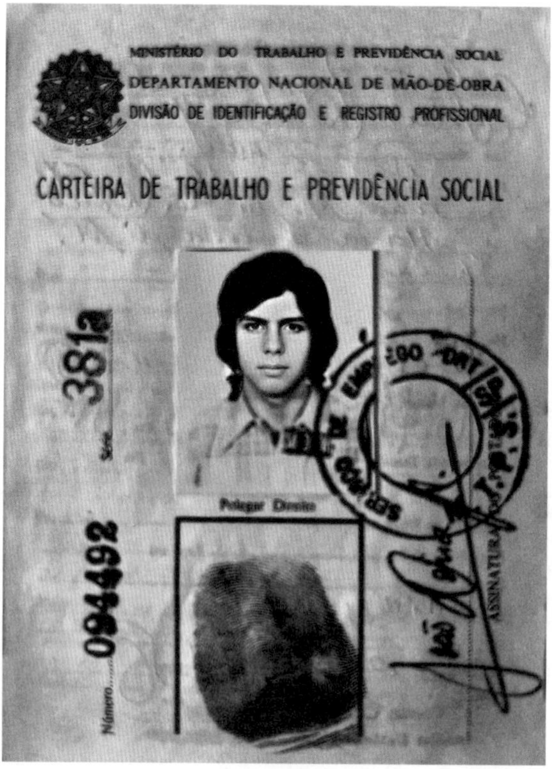

MINISTÉRIO DO TRABALHO E PREVIDÊNCIA SOCIAL
DEPARTAMENTO NACIONAL DE MÃO-DE-OBRA
DIVISÃO DE IDENTIFICAÇÃO E REGISTRO PROFISSIONAL

CARTEIRA DE TRABALHO E PREVIDÊNCIA SOCIAL

Número......094492

Série 381a

Polegar Direito

ASSINATURA

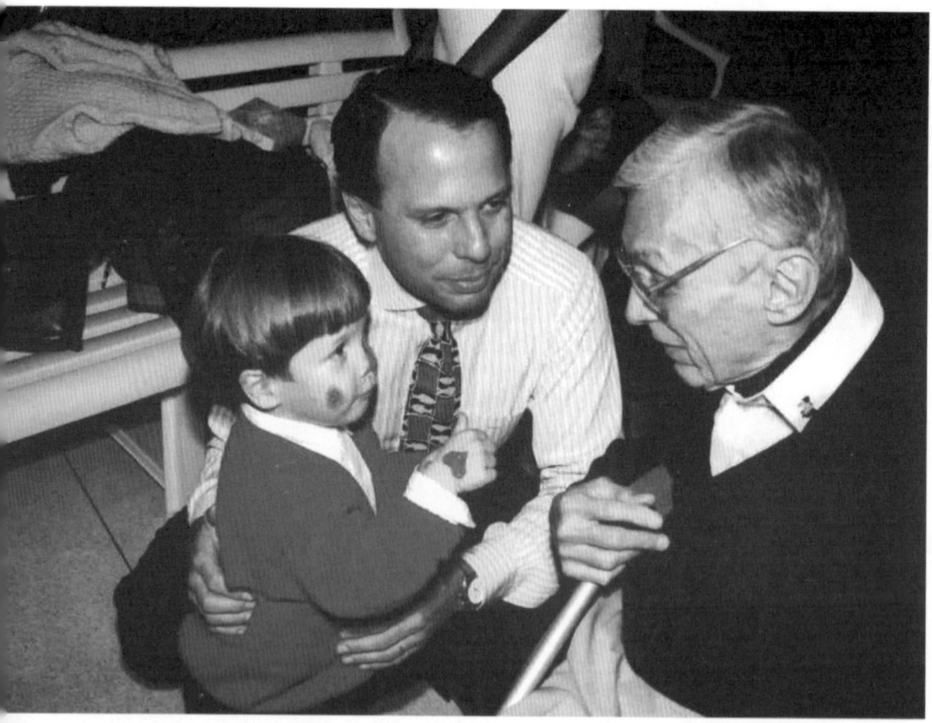

À esquerda, acima: aos 16 anos, João Doria assina a carteira de trabalho.

À esquerda, abaixo, três gerações: com o pai e o filho, João Doria Neto.

Abaixo: com Jorge Amado, que ajudou na nomeação à Embratur, e Franco Montoro.

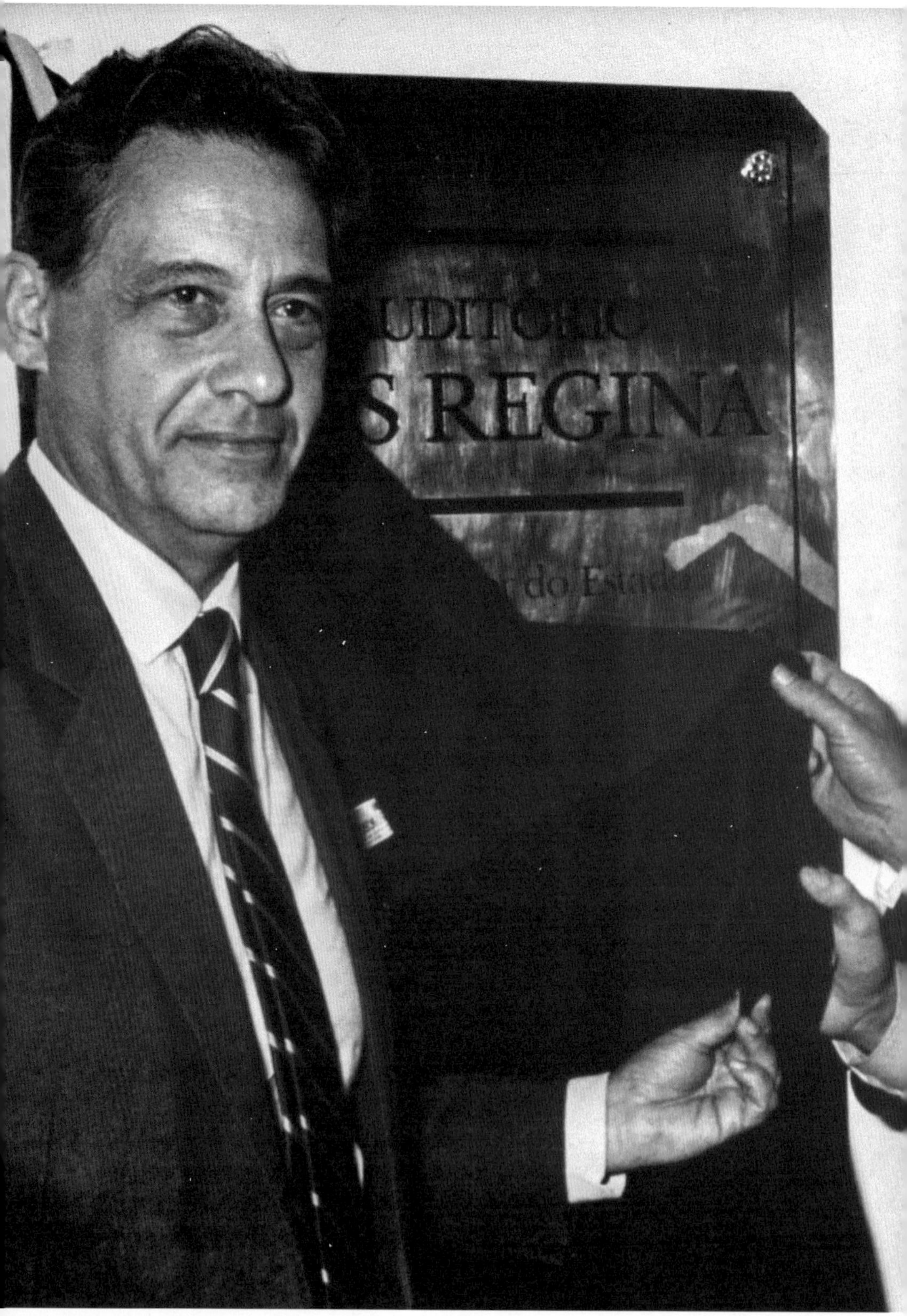
S REGINA

Com Fernando Henrique Cardoso e Mário Covas: paradigmas.

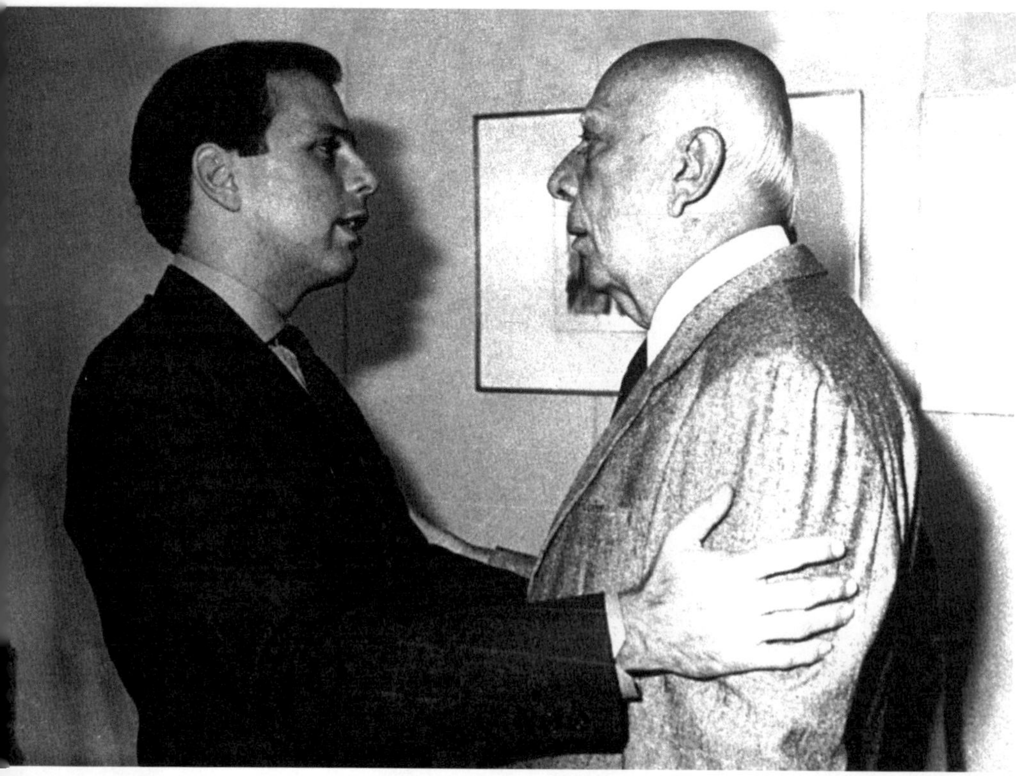

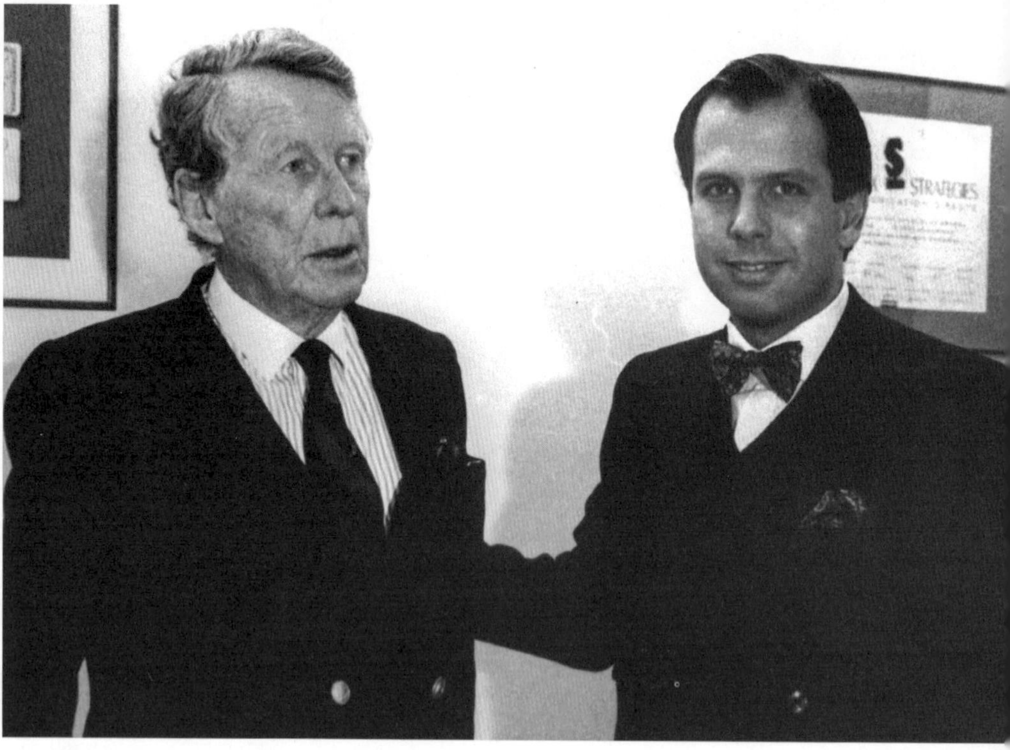
STRATEGIES

À esquerda, acima: com Ulysses Guimarães, que ajudou o pai de João Doria.

À esquerda, abaixo: com David Ogilvy, realização de um sonho.

Abaixo: Doria com Ayrton Senna.

À direita, acima: com Carlos Slim, maior empresário de comunicação do México.

À direita, abaixo: com Kofi Annan, ex-secretário geral da Organização das Nações Unidas e prêmio Nobel da Paz em 2001.

Abaixo: foto com o ex-primeiro-ministro britânico Tony Blair.

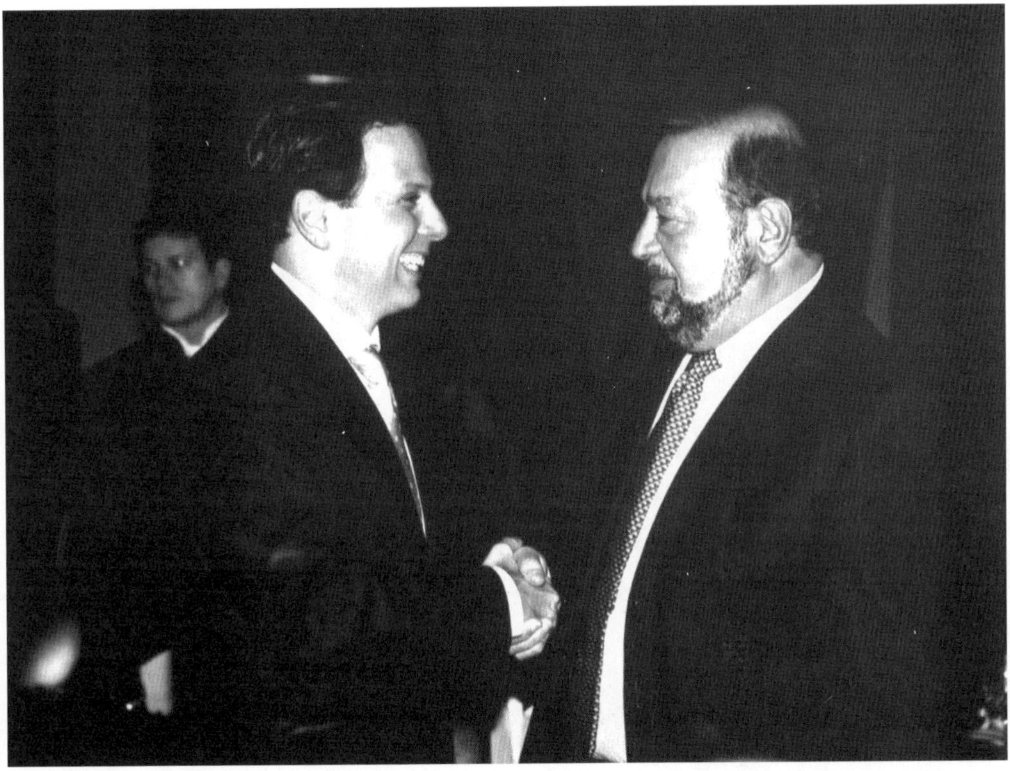

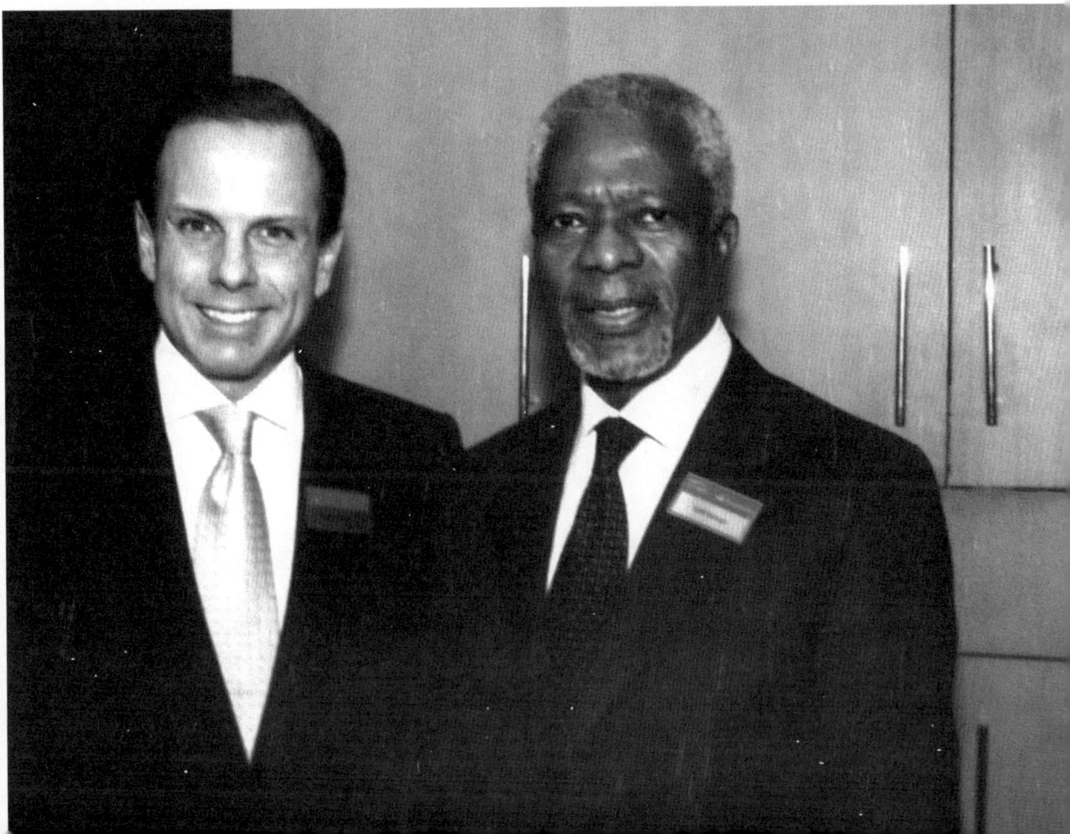

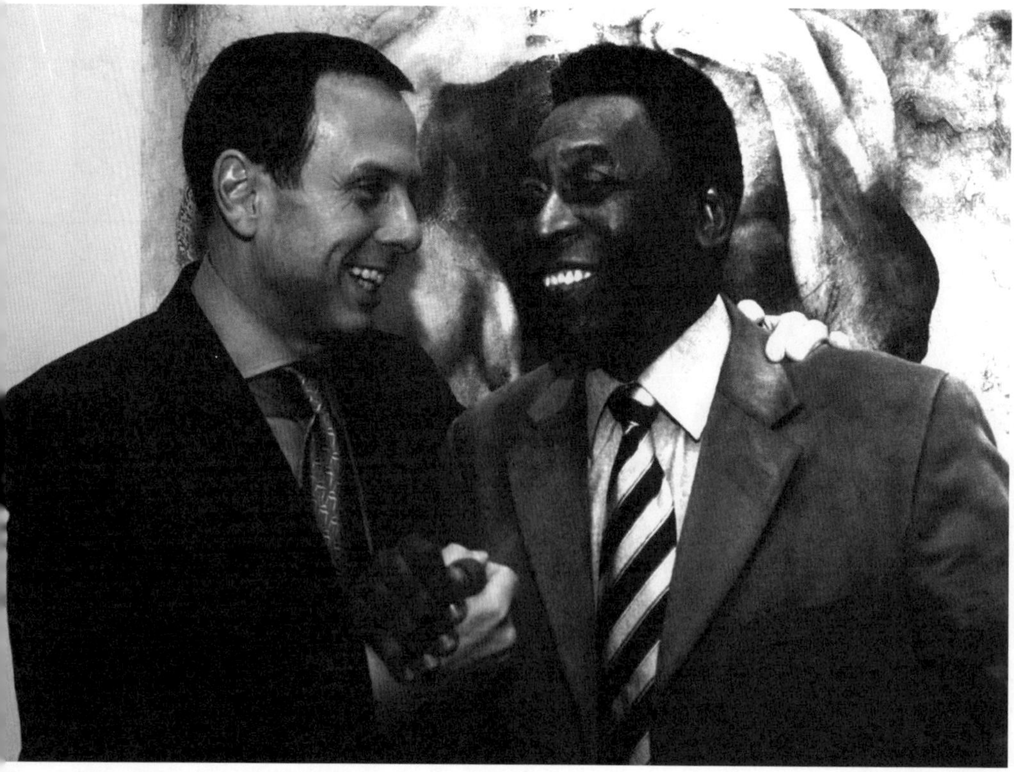

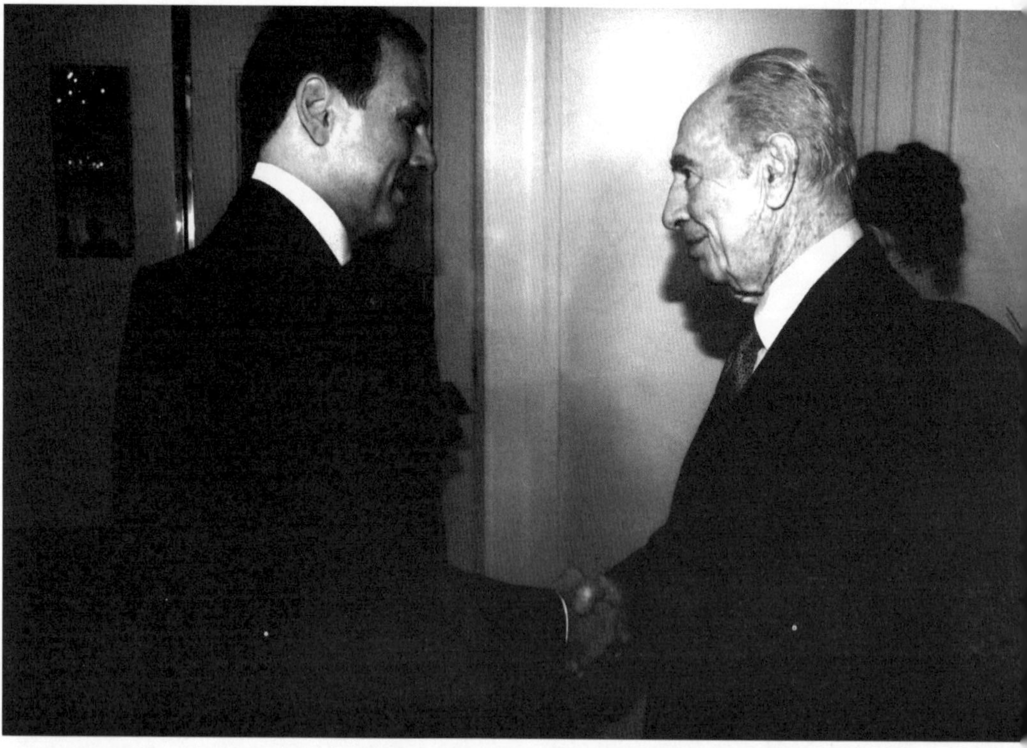

À esquerda, acima: com Pelé, o eterno rei do futebol.

À esquerda, abaixo: Shimon Peres, ex-primeiro ministro de Israel e prêmio Nobel da Paz em 1994.

Abaixo: com o ex-vice-presidente norte-americano Al Gore.

Acima: o ex-presidente da Colômbia Juan Manuel Santos, prêmio Nobel da Paz em 2016.

À direita, acima: com o diretor de cinema James Cameron.

Ao lado: conversa com a ex-chanceler da Alemanha Angela Merkel.

Com Lélia Salgado, o fotógrafo Sebastião Salgado e a esposa, a artista plástica Bia Doria.

MATRIX